ムスリム女性に救援は必要か

ライラ・アブー＝ルゴド 著
鳥山純子・嶺崎寛子 訳

書肆心水

DO MUSLIM WOMEN NEED SAVING?
by Lila Abu-Lughod

Japanese translation published by arrangement with
Harvard University Press through The English Agency (Japan) Ltd.

目次

凡例

一、原文における強調のイタリック体部分は訳文では傍点を付して示した。書名のイタリック体部分は『　』で示した。
一、訳者による文意の補足は〔　〕で括って示した。
一、訳注は（　）括りの二行割で記し、冒頭に＊印を付けた。但し、原注に挿入した訳注は、訳者による文意の補足同様に〔　〕で括って示した。
一、訳語に対する原語を示す場合は少しサイズを下げた（　）括りで示した。
一、著者による引用文への挿入は［　］で示されている（原書のままの表記）。
一、日本語訳がある文献の訳は、原則として訳を引用したが、必要に応じて訳出した箇所もある。
一、巻末附録のＮＧＯ等団体名一覧は訳者が作成した。
一、索引は書肆心水が作成した。

ムスリム女性に救援は必要か

私の奮闘を見守ってくれた母に

はじめに——権利と人生

二〇一〇年一二月のある晴れた日、私はエジプト南部の村に住む女性、ザイナブとお茶をしていた[1]。彼女とは何十年も昔からの知己だった。互いの近況を伝えあっているとき、ザイナブは気を使って、私の新しい研究テーマについて尋ねた。欧米の人々がどうして「ムスリム女性は抑圧されている」と信じているかについての本を書いている、と私は説明した。するとザイナブは反論した。「でも実際、女性たちは抑圧されているじゃない！　色んな意味で権利がないし、職場でも、学校でも、それに……」

その激しい口調に驚いて私は「でもそれは、イスラームが原因？」と訊いた。「欧米の人々は、イスラームこそが女性を抑圧していると信じているのだけど」。

今度はザイナブが驚く番だった。「え？　そんなわけないじゃない！　それは政府のせいよ」。彼女は説明した。「政府が女性を抑圧しているの。政府が国民を見捨てているの。国民に仕事がないのも、何もかもが高くて誰も何も満足に買えないのも、政府にとってはどうでもいいこと。貧乏はつらい。男たちだって同じように、貧乏には苦労してる」。

その会話を交わしたのは、エジプト人が路上を埋め尽くし、権利と尊厳と、三〇年続いた政権の打倒を求めて声をあげ、世界の耳目を集めたあの日（*アラブ民主化運動が始まったとされる二〇一一年一月二五日か）より、ほんの三週間前のことだった。その日、ザイナブには怒るに十分な理由があった。その日の朝着いてすぐ、私は彼女の一家が苦悩の渦中にいることを見てとった。

ザイナブの自宅の古いリビングルームを改装して開いたカフェのシャッターは降りたままだった。なかでは気落ちした息子が、無気力にソファーに寝そべっていた。彼はこのカフェを切り盛りする彼女の末息子で、実務に長けた働き者だ。初めて会った頃、彼は頭のいい熱意に満ちた子どもで、私の夫がザイナブを手伝って洗濯機を直すのを食い入るように見つめていた。彼が見せてくれる自作の電動おもちゃに、私たちはいつも心を躍らせた。彼はいつも率先してロバのカートを引き、ザイナブが乳を絞って収入を得ていた羊や水牛の飼料を集めに出かけていった。

ザイナブは警察署から帰って来たばかりで、興奮していた。カフェで息子を手伝ってくれていた男の子が連行された理由を、警察署に聞きに行ったのだ。彼女の説明はこうだ。カフェに地元の公安警官（the local security officer）が来て朝食を出せと要求をした。〔しかし〕他のお客に先に朝食が出された。どうやら公安警官や憲兵隊（the military police）は日常的に、自ら来るなり手下を使いによこすなりして、食料をせしめているらしい。息子が彼らにと準備していたとびっきりの食事——本物の澄ましバターのたっぷりかかったフール（*ソラマメの煮込み。朝食の定番）、卵、チーズ、ピクルス、そして山盛りのパン——のことを、ザイナブは身振り手振りを交えて鮮やかに説明してみせた。彼らは定価を払おうとしたことなど一度もなく、時々は代金を踏み倒した。そして今回は、彼らはウエイターの少年を逮捕したというわけだ。

ザイナブは頭痛をやわらげるため濃い紅茶を飲んだ。私はふざけた提案で彼女や家族を元気づけようとした。「メニューと値段がすぐにわかるように、板にメニューと値段を書いて置いておいたら？　あいつらが自分たちがしていることを恥ずかしく思うように、定価の隣に『警官用特別割引価格』って欄を作ればいいじゃない」。ザイナブも末息子も笑わなかった。ザイナブたちは、この嫌がらせに疲れ果てていた。

「問題は」とザイナブは説明する。「誰も彼らに立ち向かう勇気がないってこと」。たった一言で、この男たちは彼女のカフェを潰すこともできる。すでにザイナブは、日々公安警察と観光警察に袖の下を支払っていた。制服の男性や私服警官らが来ては煙草の包みをいくつかせびり、支払いを拒否する度にザイナブがいきり立つのを、私はずっと見てきた。彼らはザイナブを無知な農民とみくびっていた。彼女の顔は長年の野良仕事で日に焼け、黒い外套（*遅れた農民女性のシンボル）が彼女を無学に見せていた。彼らはザイナブが無力だと知っていた。なるほど彼女が「政府は女性を抑圧している」と政府を責めるのも当然だ。[2]

私はかれこれ二〇年前から、ザイナブとその家族と親しくつきあってきた。彼女の末っ子は私の双子の子どもたちと同い年で、私たちは子どもたちが赤ん坊の頃に知り合った。彼女が子育ても家計の切り盛りもほぼ一人でしている姿に私はつくづく感心させられた。彼女の夫は、この不景気な地域で多くの人がそうしたように仕事を探しにカイロに行き、短い休暇の時だけ戻ってくる。[3] 挽歌から農業の経済までのあらゆる知識を持つ知的な彼女は、家族の暮らしを良くするため、倦まずたゆまず頑張ってきた。子どもたちが育って働き手となってからは、保存状態の良いファラオ神殿目当ての観光客が訪れる村のバス停のそばという地の利を、十全に生かせるようになった。彼女は小さなキヨスクを出し、タバコやバッテリーやチューインガムを売り、その後手を広げてミネラルウォーターや炭酸飲料、お菓子なども扱うようになり、しょっちゅう品物を出し入れし、客の相手をし、品物を手配し、許可証を申請し、袖の下や罰金を払い、頭痛が日常化して、収入も安定しなかった。

もちろんザイナブの個人的な状況は唯一無二のものではある。彼女はエジプトの貧しい地域に住む。結婚生活も理想からはほど遠い。活動的で独立不羈で、ビジネスのセンスもあり、複雑な農場経営も、何年もほぼ一人でこなしてきた。一度も学校に行けなかったことが後悔の種だが——彼女が育った時代には、学校に行かない女の子が多かった——しかし鋭い彼女は、学校に行った彼女の子どもたちよりも、自分のほうが世界のことを理解しているように思えるのはどうしてなのか、と不思議がった。

そんな彼女が私の「ムスリム女性」本に示した反応は、私がアラブ世界各地で見た何かを裏付けるものだった。彼女は困難のただなかで、家族のためにどうやったらベストを尽くせるかをいつも考えていた。彼女は自分の生活や立ち位置を規定する政治情勢——それが治安国家からくるものであれ、国際的な観光経済の一部であることからくるものであれ——に対しても鋭い認識を持っていた。欧米人は誰もが、彼女は宗教によって抑圧されていると信じるだろう、という私の指摘に彼女はショックを受けた。大学教授から村のビジネスウーマンまで、アラブ世界で私が知りえた多くの女性たちと同じように、ムスリムとしてのアイデンティティは彼女にとって重要であり、神への信仰は自分や共同体に関する感覚と切っても切れない、不可欠なものとしてあった。

人類学者的思考

私は民族誌的研究を長く続けるうちにザイナブのような女性たちと知己になった。そして「ムスリム女性」について読んだり聞いたりすると、たびたび戸惑うようになった。エジプトの農村部で女性たちに出会って培った自分の経験と、アメリカのメディアにおけるムスリム女性の表象や、夕食会の席上で、医者のオフィスで、子どもたちのサッカーの試合の横で、私が中東について書いていると知った後に人々が気軽に話しかけてくる内容とを、整合性を持って理解するのは本当に難しい。人々があんなにもたやすく、ムスリム女性に権利などないと決めつけることには驚かされる。

本書は、自分の経験と前述のような人々の反応とのギャップを理解しようとした、私の学問的な「旅」の記録である。二〇〇一年、アフガニスタンへの米軍による軍事侵攻を正当化するために、「ムスリム女性の権利の擁護」が叫ばれた時点で、私にはすでに二〇年近く、エジプトの様々なコミュニティでの女性の生き方について書いてきたキャリアがあった。七〇年代末に、私はエジプトの西方砂漠のとあるベドウィン・コミュニティに二年住みこんだ。当時の私は人類学を専攻する大学院生で、論文を書くためにフィールドワークをし、この経験をもとに『秘められた感情[4]（*Veiled Sentiments*）』を出版した。その本には、驚くべき発見を書いた。コミュニティの女性たちにとって詩がかけがえのないものであることや、彼女たちがその詩を通じて、男性や人間関係、人生などについて、感情を表現していたことを書いたのである。哀切な調子の詩の朗誦によって自分自身を表現する女性たちは、アラブ・ムスリム・コミュニティにおいて、文化的・道徳的生活がどう複雑に絡み合っているかを、最初に私に教えてくれた。

しかしこの最初の本は学術的かつ専門的な議論を扱うもので、私が知りえた女性たちの、社会における関係や態度の細かなニュアンスを含めた、生き生きとした様子を伝えきれなかったのではないかと心配になった。そこで八〇年代半ばに同じコミュニティを再訪し、そこに六か月間滞在した。この時の調査をもとに、女性たちの語りだけで構成した二冊目の本を出版した。この二冊目の本『女性の世界を書く（*Writing Women's Worlds*）』で私は、一人ひとりの女性たちの日々の物語を通じて、彼女たちの世界を貫く精神（spirit）を少しでも捉えようと試みた。

女性たちの夢、願い、怒り、そして失望を、彼女たち自身の言葉で示すことで、私はできればステレオタイプを覆したかった。子どもが欲しいと切に願う女性もいれば、子どもが多すぎて疲労困憊の女性もいた。結婚したい女性もいれば、結婚を避ける女性や避けるふりをする女性もいた。夫と素晴らしい関係を築いている女性もいれば、夫に心を傷つけられている女性もいた。悲惨な結婚から逃げおおせた女性もいたし、子どもへの愛情から、悲惨な結婚に縛り付けられている女性も大勢いた。これらは嫉妬や諍い、底なしの相互依存についての物語、そして年と経験を重ねることによる変化の物語だった。私が描いた女性たちのなかには、大家族に暖かく見守られ、自信にあふれ、パワフルな人もいれば、孤独で貧しい生活を送る女性もいた。大胆で自尊心の強い女性もいれば、運命に翻弄される女性もいた。若い女性でありながら、自分がコミュニティの欠陥とみなせば、それを拒絶する者もいた。彼女たちは、核となる価値を堅守し、そうした行動をより良いムスリムになるためのものだと主張することもあった。誰もが自分の権利について、鋭い感覚を持っていた。

こうした女性たち一人ひとりの経験の個別性と、人生や人間関係についての彼女たちの考えは、社会科学的手法に基づく一般化と、それを通じた文化の典型の描写であると私が感じる人類学的傾向に対して、再考を迫る。私は二冊目の本の読者には、人類学者だけでなくフェミニストを想定した。語りを前面に出すことで、「家父長制」について語ることや、権力の働きを指摘することの難しさを感じてほしかった。長年にわたる調査によって、私は中東の女性をよく知らないのに偏見まみれの世論に、これまで言われてきたのとは何か違うものを示したかった。エジプトの小さなコミュニティで長年暮らし、子どもたちが育ち、女性が家族を作りあげる努力をし、人々が夢の実現方法を見出し、人間関係や役割が変化し、そして時に希望があきらめに変わる様をつぶさに見てきた自分の経験をもとに、私は「生きられるままの人生」の手触りを伝えるべく、できる限りの努力をした。[5]

私は自分の取り組みを「文化に抗して書く」と名付けた。私は、文化の一般化は、人々のかけがえのない経験や、私たち誰もがそのただなかにある偶発性に気づく妨げになるばかりでなく、それと向き合うことすら難しくすると考えている。文化〔という概念〕は、これまで以上に国際政治や常識の中核をなす構成要素となりつつある。[6] 専門家たちは、我々の世界では、文明や文化の衝突が起きていると言う。彼らは、西欧と「その他」の地域には埋めようのない溝があると言う。とりわけムスリムは特殊で、西欧の文化を脅威に晒す――「その他」の地域のなかでも最も文化的同質性が高く、最も問題含みの――存在として描かれる。ムスリム女性はこの「新たな常識」のなかでは、ムスリムの文化がいかに異質かを示すための、単なる象徴にすぎない。

西欧におけるムスリム女性の表象には長い歴史がある。[7] しかし二〇〇一年九月一一日の同時多発テロ以降、「虐げられるムスリム女性」というイメージは、現地の女性たちを彼女たちの文化から救うという使命と結びつけられるようになった。本書で明らかにされるように、こうした見解は、中東や南アジアにおけるアメリカとヨーロッパの国際的な暴挙にもっともらしい説明を与え、それを合理化する。メディアは女性の地位や女性の抑圧の物語に喜んで多くの紙面を割いた。フェミニストもこの活動に参加した。ムスリム女性が書いた大衆的な自伝は、イラン、アフガニスタン、サウジアラビアに暮らす無学な同胞女性たちの苦境を白日の下にさらけ出し、西欧でベストセラーとなった。女性団体は、人権や法律の専門家集団とともにアフガニスタンに赴いた。後にそうしたグループはイラクに事務所を構えるが、皮肉なことに、イラクはもともとアラブ世界において最高レベルの教育がなされ、女性の労働市場参加率が高く、政治参加も進んだ国だった。[8]

ムスリム女性に対する共通の懸念〔というイッシュー〕においては、改革派と右派の差は曖昧である。保守派のなかには、「ムスリム社会が女性に課す従属状態」などの「際立った不正義」に対し、効果的な反対運動ができていないとして、アメリカのフェミニストを非難する者もいる。(9) 彼らは、フェミニスト研究者たちが、「女性らしさ」を警戒し、反家族的で、伝統的宗教に敵対しているのは言うまでもないが、さらには、反アメリカ主義の害毒に蝕まれ、偏在する家父長制に執着しすぎて、「我々には想像もつかない蛮行」を見過ごしにしている、と非難する。一方で、米国のフェミニスト運動の評論家は、九〇年代のアメリカ・フェミニズムの復興には、国内問題からグローバルな課題への問題関心のシフトが見られるという。例えばファレルやマクダーモットは、七〇年代以降のアメリカ・フェミニズムの停滞を、アファーマティブアクション、教育、就労、性的権利などの勝ち取った成果が、保守的なバックラッシュによる異議申し立てに晒された結果と見る（それと同時にアメリカのフェミニズムが人種差別的であるという少数派の批判も、フェミニズムを衰退させた）。グローバル・フェミニズム、インターナショナル・フェミニズムへのシフトを、評論家は「個別の家庭内政治からの戦略的転換」であるという。アメリカのフェミニストは、周囲への働きかけが容易な、女性器切除、ヴェール着用の強制、名誉殺人などの、壮大な抑圧行為に注目するようになった。身近ではない問題をとりあげることで、彼女たちは「人権の擁護者としての米国という、大きな政治的議論の末端」に安定した場所を確保することができたのである。(10)

こうした変化を前に、構成メンバー全員がムスリムであるコミュニティで、長い間女性たちとともに暮らした経験を持つ人類学者として、私は自分の民族誌的研究を通じて得た知見をもとに、現状において何ができて何をすべきか、とことん自問させられた。民族誌的研究のいろはの「い」は、長い間日常生活をともにし、直接物事を見聞きすることである。私は二〇年もの間、今や女性の権利を守らねばならない場所として均質化されてしまった「ムスリム世界」における女性の生き方について、なにがしかを学ぼうと試みてきた。そして私は、なぜムスリム女性の窮状という西欧の新たな常識が、私自身の経験や歴史を学ぶことによって得た知見とこんなにも食い違うのか、その理由を詳細に検証するプロジェクトを始めることにした。本書は、ムスリム女性と彼女たちの権利に関わる問いをどのように考えるべきか、を明らかにするための試みである。

私が行うのは、メディア表象の分析や批判にとどまらない。大衆的なレトリックがどのように政治利用されているのかの検証だけでもない。私が行うのは、長年の知り合いである女性一人ひとりの生き方と真剣に向き合うことである。[11] この本のなかで私がその人生を紹介するどの女性も、教条的見解に疑問を抱くよう私たちを促してくれる。本書で紹介する一人ひとりの女性たちは、彼女たちが非常にジェンダー化された生活を送っていることを教えてくれるその時にも、ムスリム女性が行使する権利（もしくは行使できない権利）についての、今日の理解のあり方の問題点を私たちに教えてくれる。彼女らのなかには、移動が制限されている女性もいる。振る舞いや道徳性に強い理想を抱き、男性と女性の権利と義務を区別する法や規範に従って生き、そのなかで望ましい選択を行うために苦労している女性も多い。彼女たちの事例を用いて私は、彼女たちがまさにそのとき、その場所で直面する具体的なジレンマと困難と、西欧に広く流通する、自分たちの文化に抑圧された恵まれないムスリム女性という物語との、断絶に橋を架けたい。

オルタナティブ・ボイス

西欧世界で流布するムスリム女性のイメージへの違和感を訴えているのは私だけではない。そしてこうしたイメージと、今日勢いを増している暴力の政治との安易な結びつきとに、何らかの関連があるのではと疑問を抱いているのも私だけではない。アメリカの公的空間では、非公式な形での仲裁や、慎重な批判がされている。二〇一一年四月一三日、ムスリマ・メディア・ウォッチという、ムスリム女性の表象を監視するウェブサイトが、ショッキングなドイツの人権キャンペーンのポスターをウェブで公開した[12]（＊参考文献のDusenbery, Maya およびFakhraie, Fatemeh の項のURLから参照可能）。最初に目に飛び込んでくるのは、ビニールのごみ袋が泥壁にそっていくつか並んでいる姿である。黒のごみ袋もあれば、青のごみ袋もある。よく見るとごみ袋に混じって、一つ青いブルカ（アフガニスタンの全身を覆うタイプのヴェール）がある。そこには、ドイツの人権キャンペーンのスローガンが読める――「抑圧された女性はたやすく見落とされます。彼女たちの権利のための戦いに支援をお願いします」。他のフェミニストのウェブサイトもこのポスターを取り上げ「行為主体（Agency）はたやすく見落とされます。特にそれが意図的にかき消された場合は」と反論した[13]。ムスリムであれ非ムスリムであれ、そのポスターに注目したフェミニストはこう問いかける。なぜ人権キャンペーンを担う人々を含めこれだけ大勢の人が、ムスリム女性の特定の服装なんぞを、彼女たちを行為主体性を持つ個人とみなさず、自分の意見表明ができない女性と決め付ける根拠とするのか。こうしたフェミニストたちは、女性たちが晒されている虐待を無視しているわけではない。そうではなくて、ムスリム女性たちを物言わぬごみ袋のように扱う代わりに、そうした女性たちと言葉を交わし、彼女たちが向き合っている問題を知る必要があると訴えているのである。

　フェミニスト哲学者のマーサ・ヌスバウムもまた、ヴェールを纏うことや体を覆うことを抑圧の象徴とするのは問題であるとの見解を公にしている。二〇一〇年の『ニューヨーク・タイムズ』紙のブログ記事で彼女は、ヨーロッパ諸国のブルカ禁止法に、アメリカの法律と歴史的価値観の中核をなす概念である良心の自由という原則と、尊厳の平等という人権の概念にもとづいた議論によって反論した[14]。女性の衣服の一部を禁止することを支持するお決まりの議論を彼女が高い見識に基づいて論破していくさまは、説得力があるだけでなく、小気味よかった。

まず彼女は、ブルカは男性支配と女性に課される強制の象徴だという議論を取り上げ、そうした服装批判を繰り広げる人々は、イスラームのシンボルについて何も知らないのみならず、自分たちの社会の、男性支配を示すよくある慣行を根絶しようとすらしない、と切り捨てた。営利目的での女性の搾取、美容整形、男子学生社交クラブにまつわる暴力(fraternity violence)などは、自文化の男性支配のよく知られた事例である。ヌスバウムはブルカ禁止賛成派による二つの議論、すなわち、(1)「安全管理上、公的空間においては顔を出す必要がある」と、(2)「顔の一部を隠すことによって、市民の関係に適切な透明性と互恵性が損なわれる」という議論には矛盾があることを、日常的な例を使って説明した。「シカゴは、ヨーロッパの多くの地域同様寒さの厳しい土地です。通りを歩く時には帽子を耳や眉が隠れるまで深く被り、鼻や口の周りにしっかりとスカーフを巻きます。透明性も安全性もそれで問題はありません。公共の建物に入るのを禁止されたりすることもありません。さらに言えば、人気があり信頼を集める専門家にも、一年中顔を隠している人たちが大勢います。外科医、歯科医、アメリカンフットボール選手、スキー選手やアイスホッケー選手たちです」。

その後掲載された記事でヌスバウムは、ブルカは女性を非人間(ごみ袋のように)として表象するため他のものとは別ものだという読者にこう答えた。彼女は「私たちの詩では多くの場合、目は魂の窓とされています」と書き起こす。シカゴ大学の彼女のオフィスの建築工事の間、粉塵が歌声に悪影響を及ぼすことを恐れた彼女は、目以外〔の顔〕を全て覆わなくてはならなかった。学生はすぐにそれに慣れた。彼女は「私の個性が殺されもしなければ、彼らが私の個性に触れあうことができない、と感じることもなかった」

と言う。[15] そして彼女は、もしも人間に平等な尊厳を認めるのであれば、ブルカ禁止を訴える議論が差別的であることを自覚しなければならない、と締めくくった。後の彼女の著作『新たな宗教不寛容——恐怖と不安の政治の時代に（*The New Religious Intolerance: Overcoming the politics of Fear and Anxious Age*）』ではさらに、「覆い隠すこと」を禁止する提案を加速せしめたのは、顔を隠すことによって生じる問題ではなくて、イスラーム教徒に対する恐怖であった、と述べている。[16]

しかしムスリム女性に対するステレオタイプに反対する人々は、女性たちの苦しみを見逃してはいない。ヌスバウム自身、世界中で起きているジェンダーに基づく総体的な不平等や女性への不快な暴力を糾弾している。[17] 私も、飢餓や貧困、家庭内暴力、性的搾取、そして女性の健康や尊厳を損なう行為などで、今のように女性が苦しまずに済む世界であってほしい。女性にとってより良い世界を望むなら、理想主義的であろうとも、道徳的、政治的理想を目指さなければならない。しかし、女性に対するひどい抑圧の典型例や格好の事例とされてきた女性たちと暮らしてきた研究者として私は、女性の苦しみの本質および原因を分析する際には慎重でなければならないと主張したい。そのために、ザイナブのような女性の知見を真剣に取り上げることから始めたい。

フェミニズムはどこに

過去二〇年は、女性の権利という新しい国際的な「道具」の発展と、フェミニストの女性〔問題〕に関する関心事が世界的な連結を生み出したという二点において重要な時期であった。一九九〇年代には、一九九五年に行われた第四回北京世界女性会議や、「女性の権利とはすなわち人権である」と訴えるキャンペーンの成功によって、女性同士の世界的交流、女性のエンパワーメントに尽力するNGO活動家の運動、第三世界におけるフェミニスト・エリートの出現、西欧フェミニストの他地域における活動などに彩られた、新たな時代が幕を開けた。国連女性差別撤廃条約（CEDAW）は重要な理論枠組みと、ジェンダー平等推進のための関連機関とを作り上げた。[18] 学界でもそれ以外の場でも、活発な議論がなされるようになった。自文化外での家父長制を非難し、普遍的なジェンダー公正を唱えるリベラル・フェミニストは、人種的差異、社会階級、地理的位置によって女性たちの経験はそれぞれ異なっているという、第三世界のフェミニストや西欧の有色女性の主張を突きつけられた。[19] 女性を画一的な一つのカテゴリーとみなすことなど、一体できるのだろうか。

フェミニストの間では、女性という一つのカテゴリーに括れるほどに女性は共通項を持つのか、という問いをめぐり激しい論争が行われてきた。この論争は、本書の対象とも密接に関わっている。私たちは、「ムスリム女性」という同じように均一化されたサブカテゴリーを考察の対象とすべきではないか。私が「ムスリム女性」を対象とするのは、ムスリム・コミュニティの内外で、女性の権利がこのカテゴリーのなかで枠づけられているためである。私が本書で分析する個々の女性はみなアラブ世界の人々で、そのほとんどが、私の調査地であるエジプトの農村コミュニティに住んでいる。こうした、「一般」と「個別」とのつながりには、説明が要る。

ムスリム女性は全ての大陸に住む。南アジアや東南アジアには、中東をはるかにしのぐ数のムスリムが暮らしているし、法や文化に関わる重要な発展は、南アジアや東南アジアで生じた。研究者たちは、ムスリム女性たちが暮らす全ての国について、各国が抱えるジェンダー問題を書いてきた。こうした様々な文脈を生きる女性の経験は、私のエジプトにだけ特化した仕事とは違った事柄について教えてくれるだろう。

ムスリムが暮らす国にはそれぞれ異なる歴史がある。ムスリムが少数派の国もあれば、多数派の国もある。ほとんどのムスリムが豊かな暮らしを送る国もあれば、ほとんどのムスリムが貧しく暮らす国もある。人類学者や社会学者による詳細な民族誌や、生き生きとしたドキュメンタリー映画や、アーカイブを扱った歴史学者による研究や、そうしたコミュニティ出身の女性によって書かれた小説、詩、随筆、さらには専門家による法や法改革の記録は、そこには非常に大きなばらつきがあることを教えてくれる。

もし私がインドの専門家であれば、何百年も歴史を遡ったり、地域区分をするなどして、バラエティに富んだ経験や状況を描いたに違いない。実際、インド亜大陸におけるムスリム女性の権利や生活を形作るダイナミクスは、めまいがするほど複雑だ。グジャラートでの悲劇的なコミュニティ暴動のときの彼女たちの立場の弱さ（＊二〇〇二年二月二七日の列車炎上事故をきっかけに約三か月続いたグジャラート動乱を指す。ヒンドゥー教徒によるムスリムの襲撃が頻発し、犠牲者は二〇〇〇人以上、その多くがムスリムであった）から、遡れば印パ分離独立前に駒として利用された歴史まで、（ヒンドゥー教徒やシーク教徒の女性たちと同様に）ムスリム女性たちは戦利品として扱われた。一転して分離独立後には、ムスリム女性たちは国家の名誉として扱われた。いずれの経験においても核になったのは、ムスリムというアイデンティティであった。インドでは、現行の家族法に代わる、宗教を問わない統一民法（Uniform Civil Code）の制定の是非をめぐり、長年にわたり論争が続いている（＊現行のインドの家族法はそれぞれの宗教の宗教法や慣行を法源とする。よって宗教ごとに適用される法律が異なる）。ムスリム身分法における離婚の事例がインド人フェミニストによって問題にされたことで、ムスリムのコミュニティは、ムスリム身分法の堅持を求める方向で固まりつつある。[20]

ムスリム女性に対する、よりセンセーショナルで世界中の注目を集める虐待は、私が暮らし仕事をする場所とは別のところからやってくる。アフガニスタンには、二〇〇一年から米国の軍隊が駐留している。そのため米国の新聞では、定期的にアフガニスタンの女性が抱える問題が取り上げられる。そこで語られるのは、戦争による負傷や、その他軍事化の影響や戦争による強制移動の顛末ではなく、「文化的実践」である場合が多い。これについては一章で取り上げる。こうした見出しの裏を読むことが重要である。

バングラデシュは、女性への酸攻撃（*塩酸などの強酸を女性の顔などにかける暴力。身体に深刻な後遺症を残す）の報道によって一躍脚光を浴びた。アメリカのドキュメンタリーテレビ番組、「希望の顔」はその代表例である。この問題とその報道のあり方について研究したエローラ・チョードリー（*女性学、トランスナショナル・フェミニズム研究者）によれば、酸攻撃には、現地の献身的なフェミニストが長年抗議活動を行っていたという。フェミニストたちは援助団体を設立し、被害者に対するサービスを提供すべく、下準備を進めていた。バングラデシュの活動家と被害者（同じ人物の場合もある）は、自分たちの活動に国際的な支援を取り付けることに成功した。しかしチョードリーが指摘するように、こうして設立された援助団体が費やしてきた努力は、国際人権団体であるアムネスティ・インターナショナル（Amnesty International）が、アメリカのドキュメンタリー番組に賞を与えたことで忘れ去られてしまった[21]。さらに気がかりなことに、チョードリーはこうした事件や問題にかかわる人口の変化が、「ムスリム女性の進歩」（あくまで括弧つき）の語りに沿うように単純化されたことを明らかにした。それは、虐げられたムスリムの女性たちは、「野蛮人」の手から啓蒙された「救済者」によって救い出され、新しい人生を得たという物語だ[22]。硫酸をかけた人たちは誰だったのか、なぜ被害者は攻撃されたのか（セックスを拒否したこと、家族間の問題、土地問題など）といった事実の煩雑さは問題にはならなかった。さらに深刻なのは、善意の支援者たちが問題を肩代わりしたことが被害者の人生にもたらした影響である。こうした介入は人生を変化させ、キリスト教への改宗を含む、新たなプレッシャーに彼女たちを晒すことになった。救済者のシナリオに反した選択をしたと非難された少女たちもいた。要するに、ニュースの舞台裏では事態は複雑な様相をみせているのだ。それは「ムスリム女性は自分たちの文化によって抑圧されている」というストーリーには到底収まりきらない。

ムスリム女性の問題は、定期的に国際的な論争の的となってきた。他の地域の女性たちはそのようには扱われない。ディーナ・マフナーズ・シッディーキー（＊文化人類学者）の、国際的な女性の権利団体が取り上げてきたバングラデシュの有名なレイプ事件を対象とした細部まで目配りが行き届いた研究は、事件が国際的に知れわたるにつれて、いかに歪められてしまったかを明らかにしている。シッディーキによれば、裁判官が被害女性にレイプ犯と結婚するよう言い渡し、物議を醸した事件は全て、女性の証言と弁護士の説明によれば、実際には、元は合意に基づく恋愛関係が後に上手くいかなくなったケースであった。妊娠によって関係が露見したり、結婚の約束を反故にされたときに、現地の女性たちはレイプや誘惑の被害としての告発に踏み切った。女性をレイプの無実の被害者として描き出すことは、その女性の体面や尊厳を守り、男性に交際相手と結婚せよというプレッシャーをかけるために役立つ。国際的な人権団体や女性の権利団体は、この解決法を少女たちの人権を著しく侵害するものと捉えるが、問題は、その社会における女性の尊厳にかかわる社会的理念であり、セクシュアリティに関するスティグマであり、女性の選択肢を制限する法制度の偏狭さなのである。こうしたジェンダー化された制約と、おぞましい「女性への犯罪」とを混同してはならない。なおこの問題はイスラーム法とは何の関係もない。事件は、世俗の国家裁判制度のもとで裁かれる[23]。

最近ではシャリーアが――この言葉は今ではごく大雑把に、イスラームの法的伝統によって導き出された法全般を指すものとして使われている――国際的なムスリム・アイデンティティのシンボルとされてきた。西欧の多くの人々は、シャリーアを女性の権利に対する恐ろしく手ごわい、伝統的な敵とみなしている。「シャリーア法」を適用することの影響と意味については激しい議論が戦わされてきた[24]。東南アジアではアチェで、インドネシア政府との長きにわたる紛争の後、自治と津波の後の経済復興の〔どさくさの〕なかで、シャリーア法なるものが適用された(25)。シャリーア法が現地のジェンダー規範に違反することや、シャリーア法と政治紛争とのつながりは、実のところシャリーア法が伝統とは程遠い何かであることを露わにした。アチェの近隣のマレーシアでは、イスラームの姉妹たち（Sisters in Islam）を名乗る画期的なムスリム・フェミニストのグループが、保守的なイスラーム法解釈に異議を唱えている。二〇〇九年にはこの団体から、イスラーム家族法の法改正を求める国際的な運動が生まれた(26)。

　地域の異なるムスリム世界の多様な事例は、ムスリム女性が身を置く様々な状況、彼女たちが加わるあらゆるタイプの議論と戦略、そしていかに頻繁に彼女たちの経験が誤解され、状況の複雑さが省みられなかったかを描き出す。「ムスリム女性は抑圧されている」という単純な物語の何が問題なのかを批判したこれらの分析は、私たちへの戒めとなる。女性の権利の侵害や虐待は明らかにされなければならない。これは場所を問わない。シアトル、テルアビブ、ドバイでの性的人身売買であれ、ベルギー、カンボジア、ボスニアでのレイプであれ、シカゴ、ケープタウン、カーブルでの家庭内暴力であれ。また同時に、女性たちが日々晒されている、不安感から飢餓や病気に至るあらゆる苦しみにも目を向けるべきだ。その苦しみは常にジェンダー化されているわけでも、特定の文化や宗教コミュニティならではのものでもない。個々の女性が向き合う問題の原因となっているのは、誰、ないし何なのか、という難問を回避してはならない。これらの問題に対する最も効果的な対応とは何か。またどういう人間が、これらの問題を理解し、対処するのに最も向いているのか。ムスリムの女性活動家は、自らのコミュニティにおけるジェンダー問題に長年取り組んできた。エジプト、シリア、また今日バングラデシュとなった地域では、その歴史は一世紀以上にもなる。エローラ・シェハーブッディーン（＊バングラデシュを専門とする政治学者）が記したように、そうした改革運動はもともと男性の主導で始められたが、「一九世紀末から二〇世紀初頭には（中略）ムスリム女性たち自身が、熱心に変革に向けて嘆願を行うようになった」[27]。

ここ一〇年の間、私は「抑圧されたムスリム女性」という言説の流布の政治と倫理について考えようとしていた。私は私の専門である人類学という学問分野よりも、世界で今まさに起きている出来事に触発されたのだった。そして「ムスリム女性の権利」が社会のなかで頻繁に使われる、その様を注視してきた。二〇〇一年の対アフガニスタン戦争の時の、抑圧されたムスリム女性という悲しいイメージがこの問題に目を向けるきっかけではあったが、この問題に対する最適なアプローチは、私が知る個々の事例をとことん検討することだと思う。それが、エジプトの小さなコミュニティに住み込んだ経験に基づいて、議論を進める理由である。私は、私が分析する女性たちがムスリム女性の代表であるとも、他の全ての女性を代表できるとも言っていない。そうではなくて、私が彼女たちの事例を使うのは、場所はどこであれ個々人を親密なレベルで知ることは、文化、宗教地域による単純な一般化に満足せず、問題にはわかりやすい要因や解決策などないということを示すためである。私は、論客の大胆な筆致よりも、小説家の繊細な記述や共感に強く惹かれる。

選択が生み出す混乱

多くの人はメディアが注目し、「ムスリム女性」の悲惨な状況についての真実として広めたセンセーショナルな抑圧の話を受け流すかもしれない。しかし、それでも大多数の人々は、女性の権利は選択と自由という価値観にもとづいて定義されるべきで、ムスリムのコミュニティではそれがどうしようもないほどに損なわれている、という頑固な思い込みを抱き続けている。この束縛に対する思い込みを、外部の人間のみならず、ムスリム世界の進歩主義者も抱いている。それは、ヴェール（ヒジャーブ／ニカーブ／ブルカ／ヘッドスカーフ）への偏執的な懸念のなかに完璧に集約されている。ヴェールを纏う女性は強制されて、あるいは男性からの圧力に屈していると思われている。実際は（公共の空間で）覆いを纏わなければならない状況は数えるほどしかない。そして教育を受けたムスリム女性は過去三〇年にわたって、これと正反対の問題と格闘してきた。彼女たちは反ヴェール運動に悩まされつつも、彼女たちが大事に思っている敬虔なイスラーム的な服装をするために、家族や、時には法にすら挑まなければならなかったのである。ライラ・アハメドは、女性がヴェールを纏う決断をすることを「静かな革命」と呼ぶが、それは、その意味をめぐる長い歴史的な論争のなかで形作られてきた[28]。服装は自由や拘束の象徴となりうるのだろうか。ある衣服を着るのが、自由選択の結果なのか、慣習なのか、社会的プレッシャーからなのか、ファッションなのかを区別することなど果たしてできるのだろうか。二〇〇七年、ニューヨークの主要な文芸雑誌、『ニューヨーカー』の表紙に登場したイラストは、このジレンマを見事に表していた。三人の女性がニューヨークの地下鉄車両に並んで座る。一人は全身黒い衣装を纏い、ニカーブを被り、目だけが見える。その隣には大きなサングラスをかけ、ビキニトップと短パンを着、ビーチサンダルを履き、ペディキュアをしたブロンドの女性がいる。その隣には、メガネをかけた修道女が修道服を着て座る。見出しは「女子は女子」である。（＊https://www.newyorker.com/magazine/2007/07/30）

ムスリム女性の生について西欧で表象され議論される際に使われる用語のために、ムスリム世界における女性を対象とする本は必ず、選択をどう考えるか、またなぜ、自由に究極的価値があると主張するのか、という問いに直面する。問題の根幹をなすこうした課題に、私は本書のなかで何度も立ち戻るだろう。私たちはみな家族のなかに生まれ、それぞれが特定の社会的世界に位置づけられて生きている。私たちは特定の国の特定の社会階級、コミュニティに属し、かけがえのない歴史的瞬間を生きている。私たちの欲望はそうした状況に基づき生み出される。そしてその同じ状況のために、選択肢は限られている。いずこも同じというつもりはなく、なかには、相対的に選択肢が少なく、選択を可能とする権力にアクセスできない個人やコミュニティもあるが、つまるところ、ヴァージニア・ウルフが『自分一人の部屋（*A room of one's own*）』で教えてくれたように、少なくともイギリスでは、第二次世界大戦まで、より多くの選択肢を持ち、選択を可能とする権力を持っていたのは通常、男性だった。[29] しかし、選択を可能とする相対的権力の有無を決定づけるのは、単に性別や文化なのだろうか。私たちは、自分の人生を主体的に生きる上で誰もが経験する限界について考える必要がある。さらに、選択肢があることが人生の価値を計る唯一の指標ではない〔と考える〕人々のことをどう捉えるか、と自問すべきである。ほとんどの宗教的伝統は、人は自分に起きる出来事を完全にはコントロールできない、という前提のもとに成り立っている。古代ギリシャ人も、ヒュブリス――神々を侮る傲岸不遜なプライドや自信――を、致命的弱点とみなしていた。

　このような問いは、ムスリム女性とその権利について考える上で非常に重要である。リベラルな民主主義はムスリム女性が何を着るべきかを法で規制したがる、という奇怪な見解について検討するとき、ウエンディ・ブラウン（＊フェミニスト思想を専門とする政治学者）は、世俗主義は、西欧の女性に自由も平等ももたらしていないということを気づかせてくれる。ブラウンは、私たちのものの見方は「むき出しの肌やセクシュアリティの誇示は、女性の自由と平等を計る指標である、という暗黙の前提」に基づいていると言う。[30] その前提に、どうしたらより良いムスリムになれるかをモスクで学ぶ女性たちや、新たなタイプのヴェールの着用を宗教的義務として肯定的に捉える女性たちは当惑する。[31] 黒い外套を纏い、頭部を布で覆っている私の友人、ザイナブは、おそらくこの前提にショックを受けるだろう。ムスリム女性には相対的に選択の余地が少ない、という私たちの思い込みについてブラウンは、「全ての選択は重層的に重なり合う様々な権力によって状況づけられ、選択とは所詮貧弱な自由にすぎない」ことを無視していると結論づけている。

自由に関するこんなにも単純な考え方がどうやって命脈を保ってきたのか、という問いは、本書を貫くテーマである。〔本書で〕私は、政治的なレトリックと大衆文化の二つを見ていく。ソマリア出身の移民、アイヤーン・ヒルシ・アリは、北アメリカとヨーロッパにおける女性とイスラームについてのイメージ形成に、過去一〇年のあいだ絶大な影響を及ぼした。彼女はムスリム女性を「籠にとらわれた乙女」と呼ぶ。彼女は自らを、籠から自力で逃げ出し、イスラームに基づくと彼女が説明する「部族的な性道徳」を拒否し、無神論者として自己を解放したムスリム女性として描く。[32] 彼女は、若いムスリムの少女に、実践的な家出指南をする。[33] 虐待されるムスリム女性を扱う大衆向けの文庫本は、彼女たちを囚われの鳥、捕まえられたハエ、ビンに入れられたクモ、などの比喩で表すことで、アリのような見解を補強する。

傷ついた小鳥

自由と不自由の対比は、現代のアメリカ・フェミニズムの中核を占め、それは強力な国家のイデオロギーや政治哲学に依拠している。非常に詩的でよく知られたイメージは、マヤ・アンジェロウ（*アメリカの黒人女性詩人）の今や古典となった自伝、『私は知っている、なぜ籠の鳥が歌うかを（*I know why the caged bird sing*）』（*日本語版タイトルは『歌え、飛べない鳥たちよ』）のタイトルによく表れている。籠の鳥と自由な鳥という対比が、人種差別と性虐待からの解放を扱った彼女の自伝的物語を象徴している。籠の鳥の影は、アンジェロウの詩では、「悪夢を見て叫び声をあげる」[34]。

この典型的な対比について、ヨルダンで聞いた、悪夢の叫びについての別の歌を通して考えてみたい。この歌は、私達が今日生きている新しい文脈、すなわちアイヤーン・ヒルシ・アリのような、西洋の自由とイスラームによる束縛を対比させる大衆言説が支配的な文脈に対して語りかけ、女性と自由の意味について、これまでと異なった考え方をするように私たちを促してくれる。私達が持つイメージと自由の意味についての思索を、一方では個々人の毎日の暮らしのなかに位置づける必要があり、他方では介入という「帝国」の政治のなかに位置づけなければならないと、この歌は真摯に訴えているのである。自由か抑圧か、選択か強制かという二者択一状況など、ほとんど存在しないことがわかるだろう。文化による束縛こそが原因であるかのように他者の不自由な状況を表象すると、外部の人々は救済という使命へと駆り立てられる。そうした表象は、正義をめぐって内部で交わされた議論や制度的闘争などの、どの国家も持つ歴史を覆い隠してしまう。またそれは、人々のそうした生き方に責任を有する社会的・政治的権力から人々の関心を逸らさせもする。

私にその歌を聞かせてくれたのは、大好きなオバだった（厳密には彼女は私の父のイトコだったが、私たちは彼女を「オバさん」と呼んでいた）。一〇年前に寡婦になった彼女は、兄弟姉妹の近くに住むためにヨルダンに越してきた。一九四八年のパレスチナ人の追放以来、家族は散り散りになっていた。しかし彼女の兄弟たちは、多くのパレスチナ人同様、第一次湾岸戦争時にクウェイトから追い出され、後に再集した。私は彼女と長いこと会っていなかったが、ヨルダンでの会議に参加したときに久しぶりに連絡を取った。七〇歳代後半なのに、彼女はまだ美しく魅力的だった。センスのいい化粧をし、髪は色鮮やかなクリップでまとめていた。親戚を訪ねる時には、エレガントな黒のロングスカートと流行のアンクルブーツを履き、緩やかで優美なひだを作ったシフォンスカーフで頭を覆っていた。覚えている限りいつも、彼女は礼拝の時間に正確だった。彼女は常に、ムスリム世界で時を過ごした者なら誰でも知っているような、神への嘆願や信仰を示す決まり文句を唱えていた。しかしオバは歌を歌うのも大好きだった。ある日、彼女は私たちのために歌を歌おうとした。「私が作った沢山の歌のなかで、もの悲しいこの歌が一番、私の気持ちをうまく表現してる」と彼女は言った。興味深いことに、この歌はマヤ・アンジェロウが自由について書いた詩と同じイメージを呼び起こした。

私は傷ついた小鳥
私は世界を生きる、よそ者として
自分の国を探して、探して
見つけたのは自分の嘆きだけ

私の傷は深く
癒すには長い時がかかる
私は内に叫ぶ
でもその声を聞くのは私だけ

彼女は私にこの歌を訳してくれた。私がアラビア語がわかるか、深い意味を理解できたのか、不確かだったからだ。「皆、私のことを幸せだと思っている。表向きは優しくて、面白いことが好きだから」と彼女は言った。陽気で面白い。確かに彼女は活き活きとした話し手で、人々の弱みすら魅力として捉えることができた。彼女が自分の膝や視力の衰えに不満を漏らすとき、彼女は目を輝かせ、「わかるでしょ、三七歳と半分になることがどんなに大変か！」と言った。彼女は、この歌は、彼女の娘（私と同じくらいの年で、私とも仲が良かった）がウィスコンシンで大学の友人と交通事故に遭い、亡くなった後に作ったものだと打ち明けてくれた。彼女は数か月、家に閉じこもった。しかし今は別の気持ちでこの歌を歌っているという。夫を亡くしたすぐ後に、彼女は長男をガンで亡くしていた。

　オバは、彼女に相応しい人生を生きてはいなかった。才能と知性があり、ヤーファー（＊ヤッファとも。地中海に面した港町。一九五〇年にテルアビブと合併。）の良家の出のオバは、当時は良いと思われた結婚をした。彼女の相手はかなり年上だったが、イエズス会〔設立の学校機関〕できちんとした教育を受けていた。彼は、リッダ空港（現在のベングリオン空港）のイギリス税関で立派な仕事についていた。彼女は結婚式の日に写真館で撮影した白黒写真を引き伸ばして寝室に飾っていた。写真のなかの彼女は淑やかに椅子に座り、髪をカールし、白い真珠のネックレスを首にかけ、若い、女性らしい体を丈の長い、白いレースのドレスに包んでいた。しかし彼女たちの人生に、思いがけない形で転機は訪れた。

　結婚から数年後、ヤーファーでもパレスチナにユダヤ国家の建設をもくろむテルアビブのユダヤ人との間で諍いが起こった。混乱の時期に、彼女の夫は妻と幼い二人の息子を連れてエジプトに「休暇」に向かった。スーツケースを二つ持っていた。彼女は、ヤーファーがシオニストの手に落ちたというニュースを聞いたときに何が起きたかをよく話した。シオニストの入植者が力ずくでヤーファーを奪ったと聞いたとき、彼女と家族はカイロのホテルにいた。国連の分割案では、ヤーファーはパレスチナ人の手に残るはずだった。しかしイスラエル国家の建国が宣言され、ヤーファーはイスラエル領になった。彼女の夫は、自分の頭を壁に打ち付けた。二度とは戻れず、彼らはそれから二〇年、カイロの下層中産階級の居住区でつつましく暮らした。

私が彼女たちと親しくなったのは、五〇年代後半に父がエジプトでユネスコに奉職した時だった。私たち兄弟は、彼女の子どもであるイトコたちと遊ぶのが大好きだった。オバはおいしい食事を作り、家事をしながら歌を歌い、私たちに近所で悪ふざけをさせてくれた。彼女は一人で家庭を切り盛りしていた。難民だった彼女の夫は職探しに苦労していて、遠隔地に行かされることもあった。そもそも彼は気難しい男だった。少なくとも私が彼を知った頃にはそうで、何か国語（アラビア語、フランス語、英語、ヘブライ語）も話せることを誇りにし、本に埋もれていることも多かった。彼はオバの人生や音楽への熱意を分かち合ってはいなかった。彼らは四人の子どもを育て、順番にアメリカの大学に通わせた。長男は技術者になり、すぐに両親を呼び寄せて、アメリカ中西部の郊外に彼らの住居を用意した。

彼女の人生は、不公正なことだらけだった。一九三〇年代、四〇年代にヤーファーで育った少女は、教育を受ける前に早すぎる結婚をした。何十万という他のパレスチナ人同様、難民となった彼女は全てを失い、一九四八年以降は家族にも会えなかった。相性の良くない男性と五〇年以上連れ添い、人生を謳歌したとは言い難いが、彼女なりに最善を生きた。歌は彼女が前に進むためのよすがとなった。彼女自身を歌った傷ついた小鳥の歌はしかし、彼女の個人的な窮状以上のものを表している。「私はパレスチナと同じなの。私の傷は深い。私たちパレスチナ人は、みな傷ついていて、みな世界のよそ者なの」と彼女は私に説明してくれた。特定の歴史的、政治的状況は彼女の個人的な状況と分かちがたく結びつき、彼女の人生を形作り、それを限定した。

オバは歌で癒され、家族に喜びを見出した。しかし会話から、彼女が礼拝によって心の平穏を得ている部を苦心しつつ読んでいた。オバは、十分な教育を受けることができなかったにもかかわらず、毎日クルアーンの一部を苦心しつつ読んでいた。彼女は目を輝かせ、クルアーンは素晴らしいと私に言った。そして「人生に対して哲学的になってきたわ。人生が運んでくるものは受け入れなきゃね」と語った。

オバはザイナブよりも経済的には恵まれていた。彼女はザイナブのように畑で働く必要も、治安警察と衝突する必要もなかった。今では彼女は、ドライフラワーと、彼女が愛しそして喪った故人たちの写真で飾った自分の部屋で、中産階級の快適な暮らしを送る。彼女が、黒衣を纏い泥レンガの家に暮らす農村女性を自分と重ねていたとは思えないし、同じように、アメリカで流通するムスリム女性のイメージ——無慈悲な神に奴隷のように服従し、とあるクルアーンの節のために、みじめな幽閉状態と男性からのひどい仕打ちに甘んじるムスリム女性——に自分を重ねていたとも思えない。家族への愛と、神への信仰が、彼女の生を支えていた。

こうした女性たちの人生は、ある女性が経験する困難の原因がいかに多様で複雑かを教えてくれる。二〇一一年のエジプトにおける治安警察の権力の乱用から、植民地統治者であるイギリスの支援をうけたシオニストによる、一九四八年のパレスチナ人の土地やわが家からの追放という不正義に至るまで、女性たちの人生における最も基本的な条件は、政治権力によって形作られている。その影響は非常にローカルな形で現れるが、もともとは国家規模、もしくは国際的な規模の出来事に由来する。どちらの女性にも、彼女たちが活躍することを後押ししてくれる夫はいなかった。それは個人的な性格の問題に由来することもあれば、不安定な経済的、政治的状況に由来することもあった。こうした女性たちの自信や公的な体面は、男性たちに揺るがされることがあった。しかし彼らも、自分たちの恥や不安を隠しながら、家族のために必死だった。彼らが完璧な夫になれなかったのは、彼らがムスリム男性だったからなのだろうか。

そして私たちは、こうした女性たちの回復力や主導力をどう評価すればいいのだろうか。どちらの女性も子どもたちにより良い生活を提供するために身を粉にして働き、子どもたちのために生き、人生を子どもたちに託した。大切な人たちの喪失はオバを苦しめた。彼女はその悲しみを、神への信仰によって凌ごうとした。ザイナブは息子たちの苦難と失敗、長女の孤独、末娘の糖尿病で疲弊した。神を信じることで、ザイナブは強さと今後の見通しを持つことができていた。

ザイナブやオバのような女性たちの人生は、抑圧、選択、自由という用語が、彼女たちの人生の力強さや鮮やかさを描き出すためには使えない、なまくらな道具であることを示している。これらの用語は、こうした女性たちの大変な努力や、喪失や寂しさを表す歌、さらには権利に対する激しい怒りを理解するためにはほとんど役に立たない。二人の女性は二人とも大変な人生を生き、実際にジェンダー化された物事によって苦しめられもした。しかしそれでも彼女たちは、自分が文化によって拘束されているとか、宗教によって抑圧されているとみなされることをおかしいと感じるだろう。籠の鳥や道端のごみ袋などのイメージは、彼女たちが生きる社会的現実や、困難な状況のなかで彼女たちが編み出す創造力に富んだ対処法を不可視なものにしてしまう。

日常という政治

本書で探求する問いに私は、二〇〇一年九月一一日以降、ムスリム女性の権利に大衆が大いに関心を寄せた、その盛り上がりのなかで向き合った。私は、ムスリム女性の窮状の表象のされ方や、彼女たちは無権利状態であるなどの議論が実際に政治的に機能する、そのあり方に懸念を抱いている。本書では、「ムスリム女性の権利」という概念が論争の場や文書資料、女性団体の創設や、女性運動などで使い回されることと、それが難民キャンプや国連の会議場で女性の生き方を左右する、その様子を辿る。はるか遠くの女性たちの人生を、権利や、権利の存在ないし欠落という用語で説明する枠組みが、私たちの目から日々の暴力と愛の形の両方を覆い隠してしまう、そのしくみを明らかにする。権利〔という概念〕によって人生を評価するそのやり方が、様々な女性たちに何をもたらして（そして奪って）いったのかを問いたい。平行して、ムスリム女性に文化的他者性を与えるための鍵となるシンボル――ヴェールから名誉犯罪まで――が、二一世紀の政治プロジェクトのなかでどのように取り入れられているかと、なぜそれらのシンボルが私たちを魅了するのか、その理由を明らかにする。

人々の人生を理解しようとすることは私の生きがいである。そしてそれは、人類学者としての使命でもある。だからこそ私は、前述のような大きな問いを、私の知るある個人の生き方を通して追究するのである。ここで取り上げるのは、良い暮らしを求めて奮闘し、現在や将来の不確かさという制約のなかで、時には難しい選択をする女性たちである。私は、家族と、コミュニティと、国と、そして世界と共に暮らす個人として、長年彼女たちとつきあってきた。彼女たちは直面する問題をどのように捉えているのか。彼女たちは自分たちが欲するものについて何と言っているのか。彼女たちを私達の生活と隔絶した場所で全く違った人生を生きている人々とみなすこと。それが、国家とも地域とも個人的状況とも切り離された神話的な場所にムスリム女性を位置づけてしまっていること。これらを検討することは、ムスリム女性について何を教えてくれるのか。彼女たちが置かれた状況を考えることは、私たちに人生――それがいかなるものであれ――における選択や自由の価値について、何を教えてくれるのか。

こうした女性たちは、ここ一〇年の間に現れ大きなうねりとなった、グローバルな女性の権利を擁護する動きや、「ムスリム女性」の権利（や誤った仕打ち）に特別な関心が寄せられる、その理由を批判的に検討するための一助となると信じる。ムスリム女性を救う、という現代の道義的十字軍（moral crusade）の戦いは、どのように正当化されているのか。善意から発する問題関心は、世界のあちこちで女性が苦しめられていることに対し、どのような世界規模の影響をもたらしているのだろうか。女性たちは自らの文化に閉じ込められているという主張はなぜ、「世界コミュニティ」による救助というファンタジーの精神的支柱たりえているのか[35]。こうした問いは私にとっては非常に重要である。経験上、ザイナブやオバのような女性がこうした懸念のありかたに驚くことを知っているからである。

1　ムスリム女性に（いまだに）救援は必要か

鼻を切り落とされたアフガニスタン出身の若く美しい女性が『タイム』誌の表紙を飾ったのは、政治的な時宜にかなった出来事だったと識者は述べたものだ（＊参考文献のStengel, Richardの項のURLから参照可能）。ターリバーンのメンバーである夫とその家族の懲罰によってこのような姿になったビビ・アーイシャの写真が路傍の売店に並び、人々の心をかき乱したのは二〇一〇年八月のことである。八か月前、オバマ大統領はアフガニスタン駐留軍の増員を許可した。しかし最近では、調停のための会合にターリバーンのメンバーも迎えようという話が出ている。『タイム』誌の表紙には、ビビ・アーイシャの写真と並んで「我々がアフガニスタンを見捨てたら、何が起きるのか？」という見出しがついていた。つまり、女性たちが最初の犠牲者になるだろう、と言いたいのである。そこに書かれていないのは、彼女の鼻が切り取られたとき、アフガニスタンにはまだ米英軍が駐留していたという事実である[1]。

『タイム』誌は、大量の図像の中からビビ・アーイシャの写真を選んだ。撮影したのは南アフリカ人の才能ある写真家、ジョディ・ビーバーである。彼女は、二〇一〇年の世界報道写真大賞の授賞式で、この写真を撮影した経緯について語った。アフガニスタンで女性たちの肖像写真を撮る仕事を請負った彼女は、政治家やドキュメンタリー映画監督、人気テレビ番組の司会者、避難所や火傷専門病院（＊パキスタンやインドでは、女性に対する暴力の一つとして、顔などに強酸をかけて焼き、醜くするという酸攻撃（acid attack）があり、失明ややけどの後遺症に悩まされる女性がいる。彼女たちの治療を目的とする病院のこと）にいる女性たちの写真を撮ったという[2]。

『タイム』誌の編集長は、倫理的、および政治的な理由から、この衝撃的な写真の表紙掲載を正当化した。子どもたちは嫌な思いをするかもしれないが、（その点について彼は児童心理学者にも助言を求めたという）、子どもたちは「人々がひどい目に遭っている」ことを知る必要がある。この女性の姿は、「私たち皆が影響を受けており、また関わっている、ある戦争のなかで現実に起こっていること――そして今後起こりうること――を知らせる窓だ」。と編集長は書く。誰か〔の政治的主張〕に与するための掲載ではなく、「無視するよりは、ターリバーンによる女性の扱いを読者につきつけるべきだと思った」と彼は言い、こう続ける。「ウィキリークスで公表されて出回っている機密文書のおかげで、すでに戦争の是非をめぐる議論は沸騰しつつある。（中略）私たちがビビ・アーイシャの話を取り上げ、写真を掲載するのは、戦争へのアメリカの介入を支持するためでも、それに反対するためでもない。地上で実際に何が起きているのかを人々に知らせるためだ。（中略）これらの写真や私たちが伝える物語から、読者は、ウィキリークスで広まった九万一千もの文書には書いていないことを知るだろう。それはつまり心を揺さぶる真実と、困難を抱えた土地で生きる人々の人生についての、そして、今後下される重要な決断がもたらす結果についての、洞察が入り混じったものだ[3]」。

ビビ・アーイシャの写真は、多くの現地人スタッフを擁するアメリカのNGO、アフガン女性のための女性たち（Women for Afghan Women, 以下WAWと表記）（＊二〇〇一年に、ターリバーン統治下のアフガン女性の権利保護のためにニューヨークで設立された、現在アフガニスタンで最も大きな女性団体）が運営するカーブルの保護施設のなかで撮影された。彼女はそこで、鼻の再建手術を受けるために米国に行く日を待っていた。手術は、寄付者やグロスマン火傷基金の惜しみない援助を受けて行われることになっていた。彼女の写真が『タイム』誌の表紙を飾って以来、それを写した写真家も、WAWも、一斉に世の中の注目を浴びるようになった。WAWは、ビビ・アーイシャを過剰な視線から守るために、彼女へのインタビューや写真撮影の一切を拒んだ。その頃WAWはすでにニューヨークの保護施設に彼女を保護していて、行われる手術を経て彼女が十分回復できるようにと願っていた。

それにもかかわらず、あるWAW理事は、『タイム』誌の政治的メッセージをそのまま繰り返した。彼女は「私たちがアフガニスタンを去れば、大量殺戮が起こるだろう」と予想していた。ビビ・アーイシャの苦境は、ターリバーンの残虐行為を大衆に思い起こさせるものとなった。エスター・ハイネマン（＊当時のWAWの理事の一人）は、アン・ジョーンズ（＊女性問題や人道主義などに明るいアメリカのジャーナリスト）が『ネイション』誌で指摘した次のような可能性を退けている。それは、ターリバーンは、アメリカの支援を受けていたアフガニスタン政府をはじめとする、女性嫌悪《ミソジニー》的傾向を持つグループが他にもあるなかで、唯一の悪の権化として〔恣意的に〕選ばれたのではないか、という指摘である。もしターリバーンが政権の座についたなら「恒久的な女性の迫害に対する唯一の堤防が崩れ去ってしまう」とハイネマンは警告した。その堤防とは、国際人権団体や、彼女が率いたWAWのような「現地の」団体を指した。[4]

ビビ・アーイシャをめぐる論争が示すのは、アフガニスタンの女性の権利の問題が、いかにテロとの戦いという政治の核心的な位置を占めつづけているか、ということである。それはまるで二〇〇一年の最初の日からそうだったかのごとく、アフガニスタンの女性を救う、という用語で正当化されてきたのだった。[5] ムスリム世界のアフガニスタンとは別の場所で女性とジェンダー政治について長年研究してきた人類学者として、私は当時、この戦争の公的な論理に懐疑的だった。アフガニスタンの女性には独自の戦いがあり、暴力に悩まされている女性もいることを知ってはいたが、それでもなおそうだった。

中東やムスリム世界の女性を研究対象としてきた他の同僚たちと同様、二〇〇一年に世間の関心が最高潮に達した頃には、私にも講演依頼が殺到した。それ以降、何年も、ニュース番組、そして総合大学や単科大学、とりわけ女性学の学部からの依頼が続いた。私は、当時すでに二〇年以上この問題に人生をかけて取り組んできた研究者であり、自分の知識を世間に還元する機会を与えられたことに感謝していた。私たちの姉妹である「覆われた女性（women of cover）」（ジョージ・W・ブッシュ大統領が彼女たちを見事にこう言い表した）を理解したいという緊急の欲求は称賛されるべきだろう。トランスナショナル・フェミニズムに真摯に取り組む女性学研究科からの依頼は、真摯なものだった。それなのに、私には違和感があった。

突然高まった関心に対しての違和感は、西欧の、あるいは西欧出身のフェミニストとして、または単純に人として、なぜ女性の人生に関心を持つに至ったのかについて、私に内省を促した。そして二〇〇一年九月一一日以降の出来事に対する世間の反応を、注意深く見る必要があるだろうとも思わせた。ムスリム女性の窮状への執着の先には、どんな地雷原が待ち構えているのだろうか。地雷という表現は、悲しいことにアフガニスタン（一人あたりの地雷数が世界最高）のような国にはしっくりとくる隠喩である。人類学という、文化的差異を理解し、それと上手くつきあうことを目的とする学問領域は、これらの危険を避けるためにどのような方法を示しうるのだろうか。植民地の権力と結びつき、文化的差異を具体化してきた人類学と〔植民地主義との〕歴史のある共犯関係に批判的な立場から、私は長年、「文化に抗して書く」ことを提唱してきた。そういう人間として私は、この公的言説に、何をもたらすことができるだろうか。

文化起因論と女性の動員

二〇〇二年、コロンビア大学での講義から一年足らずで発表したエッセーのなかで私は、にわかに高まったアフガニスタン女性への関心には懐疑的であれ、という議論を展開した。この応答の際に念頭にあったのは二つの発言だった。一つ目は、PBS（＊アメリカの公共放送局）の番組「ニュースアワー」のリポーターと交わしたやり取りで、二つ目は二〇〇一年一一月一七日にファースト・レディーのローラ・ブッシュが発表したラジオ声明だった。二〇〇一年一〇月に「ニュースアワー」の女性キャスターから、女性とイスラームについて、番組で背景となる情報について話をしないかと連絡があった。そこで私は「今まで番組で、戦争報道の際、グアテマラ、アイルランド、パレスチナ、ボスニアの女性について、特集を組んだわけではないのでしょう」と尋ねた。そう聞きはしたものの、結局私はキャスターが番組中にパネリストに聞く予定の質問の内容チェックに応じた。質問は絶望的なまでに一般化されていた。ムスリムの女性はXを信じているのですか？　ムスリムの女性はYなのですか？　イスラームは女性にZを許しているのですか？　彼女に、キリスト教徒やユダヤ教徒にも同じ質問をするのかと聞かずにはいられなかった。その女性キャスターから再び連絡があるとは到底思えなかったのに、なんとその後二度も連絡があった。一回目は、ラマダン（＊イスラーム暦の第九月の月名。一か月間、断食と斎戒が課せられる）についての番組に関する相談だった。それは、アメリカがラマダン中に行った空爆に関する報道の一環とのことだった。二回目はローラ・ブッシュと、当時のイギリス首相夫人のシェリー・ブレアの声明を受けた、政治におけるムスリム女性という番組に関する相談だった。

この三つの番組構想が、CIAが資金源となって作り上げた、終始一貫して文化に原因を帰する、ある種の起因論に基づいていたことは衝撃的だった。まるで女性とイスラームについて、あるいは宗教儀式の意味を知ることで、以下の物事を理解できると言わんばかりだった。ニューヨークの世界貿易センターやペンタゴンへの悲惨な攻撃（＊９・11の同時多発テロ事件を指す）や、アフガニスタンがターリバーンに統治されるようになった経緯、過去四半世紀にわたりアメリカをこの地域への介入に駆り立てた要因、保守的なアフガニスタン戦闘員へのアメリカの援助の歴史（＊一九七九年のソ連のアフガニスタン侵攻後、ソ連軍および自国の共産党政権と戦う反政府ゲリラ組織、ムジャーヒディーンをパキスタンなどとともにアメリカが支援したことを指す）、ブッシュ大統領が「生死に関わりなく」オサマ・ビン・ラーディンを穴（隠れ家）から引きずり出すとテレビで宣言した、まさにその穴がＣＩＡの資金によって建設されたものであったことを。

換言すれば、この地域の文化、とりわけ宗教の教えや女性の処遇を知ることがなぜ、この地域で抑圧的体制が発展した歴史の研究や、そこでのアメリカの役割を学ぶこと以上に喫緊のこととされるのだろうか。こうした文化の枠組みは、私に言わせれば、世界のこの地域の人々の苦しみの源やその性質を真摯に理解しようとするときの障害にしかならない。政治的解説や歴史的解説の代わりに、専門家は宗教的解説や文化的解説を求められてきた。アフガニスタンにおける集団間の内部の政治闘争や、アフガニスタンと他の国家とのグローバルなつながりを検証するための問いではなく、世界を二つの領域に人工的に切り分ける類の問いが立てられている。それにより、西洋対東洋、私たち対ムスリム、ファースト・レディーがスピーチを行う文化対、ブルカの陰で女性が沈黙し、ブルカに女性の差異を隠蔽する文化、という想像上の地理〔概念〕が再創造されている。

最も理解に苦しむのは、この文化起因論的な解説——それは世界中の全ての人々が、相互に作用しあう複雑な連関のなかで生きているという事実一切を捨象する——において、ムスリム女性やアフガニスタン人女性がなぜこれほどまでに重要視されているのか、という点である。女性の表象がテロとの戦いに動員されるという、他の紛争ではみられなかったことが、なぜ行われているのか。多くの人々がすでに指摘したように、二〇〇一年一一月一七日のローラ・ブッシュのラジオ声明は、こうした動員が政治に何をもたらしたかを明らかにした。一方で、彼女の声明では重要な区別がないがしろにされていた。ターリバーンとテロリストという言葉は幾度も取り違えられ、まるでハイフンでつながれた怪物的アイデンティティを持つ一つの言葉「ターリバーン‐テロリスト」であるかのようだった[6]。さらにはアフガニスタンの女性の苦しみのもととなる、栄養不足、貧困、階級政治、健康状態の悪化などと、近年のターリバーン統治下における就労の禁止、学校教育の禁止、そしてマニキュアを塗る楽しみの禁止といった二つの異なる要因がいっしょくたにされていた。一方彼女の演説は、アフガニスタンの女性や子どもの窮状に心を痛める「世界中の文明化された人々」と、彼女の言葉を借りれば「彼らの世界を我々に押し付ける」文化的モンスターであるターリバーンとテロリストという主な二つに世界を分かつ、古典的な二分論を強化するものだった。

スピーチでは、アフガニスタンへのアメリカの軍事介入の正当化や、アフガニスタン攻撃をその一部とするテロとの戦いを肯定するために女性が動員された。ローラ・ブッシュは「近年の我々のアフガニスタンに対する軍事的成果のおかげで、女性たちが家庭に閉じこめられることはもはやない。女性たちは音楽を聴いたり、罰を恐れることなく娘たちに〔勉強を〕教えたりできる（＊ターリバーンは都市部居住女性に就労・就学制約を科した）。テロとの戦いとは、女性の権利と尊厳をめぐる戦いでもある」と言う[7]。

これらの用語〔と植民地時代の言説と〕は植民地の歴史を学んだ者の脳裏にずっとこびりついて響き渡るだろう。南アジアにおけるイギリスの植民地支配を扱う多くの研究者が、植民地政策において、女性の課題がいかに利用されたかについて書いてきた。サティー（寡婦が夫の火葬に自らの身を投じるという習慣）や幼児婚を口実に、植民地支配は正当化されてきた。ガヤトリ・チャクラバルティ・スピヴァクが「有色男性から有色女性を救う白人男性」と表現した言説だ。[8] 歴史的にみれば、同様の例は枚挙にいとまがない。中東地域も例外ではない。二〇世紀初頭のエジプトでは、女性政策は、ライラ・アハメドが「コロニアル・フェミニズム」と呼ぶものに支配されていた。[9] エジプト人女性たちの窮状には恣意的な関心が寄せられ、ヴェールに抑圧の象徴としての関心が集まった一方で、女性の教育には何の援助もなかった。代表的な女性支援者に、やはりイギリスから派遣された英代表兼総領事、クローマー卿がいるが、彼は本国における女性参政権運動には反対していた。

アルジェリアの社会学者のマリア・ラツレグは、フランスの植民地支配がアルジェリアにおける彼らの利害に女性をどのように動員したかについての、鮮烈な事例を示している。

植民地政府による女性の声の援用と、女性の革命を叫び始めた女性たちを、ヴェールをかぶっていないためにロールモデルとし、それによって女性たちを沈黙させたことを最も明らかに示すのは一九五八年五月一六日［アルジェリアが一三〇年続いたフランス支配から、長い闘争によってついに独立を勝ち取る四年前］の出来事だろう。その日、今後もアルジェリアはフランスのものである、という断固たる決意表明のために、アルジェリアに駐在する血気盛んなフランス人将校らがデモを計画した。アルジェリアの人々も同調していることをフランス政府に示すため、将校らは近隣農村から、数千人ものアルジェリア人男性をかき集め、バスで連れてきた。そのなかには何人か女性がいて、フランス人女性らは彼女たちのヴェールをいかにも威厳がありそうなそぶりで剥ぎ取った。（中略）アルジェリア人を集め、フランスに忠誠を示すデモに参加させること自体は、植民地統治下では珍しくなかった。しかし女性のヴェールを、よく練られた演出に基づいて進行する式典において外させることには特別な意味がある。それはフランスによるアルジェリア占領ならではの様相を象徴的に示している。

そこには、女性問題に対する彼らの執着が表れている。[10]

ラツレグは、フランスが一九五八年以前からアラブの少女たちを変えるべく取った多くの方法のうち、印象深い事例を示している。『雄弁な沈黙』は一八五一年と一八五二年にアルジェのムスリム少女たちの学校で行われた式典で演じられた寸劇を以下のように説明する。アルジェ出身の「フランスの婦人」が脚本を書いた最初の寸劇では、二人のアルジェリア人少女が、フランス旅行を以下のような言葉を使って回想する。「ああ、守護者フランス、ああ、おもてなしに満ちたフランス！　キリスト教の空のもとで私たちの神に自由に祈ることができる、フランス、気高き土地。私たちに授けてくれた幸福ゆえに、あなたに幸あれ。そして、養母たるあなた、私たちがこの世界の一部であることを教えてくれたあなた、私たちは永遠にあなたを忘れません！[11]」。

少女たちは、キリスト教の空のもとに自由が統治する世界の一部となる、という恩恵にあずかることを切に願わされている。この世界は決して「ターリバーンとテロリスト」が「我々に押し付けてくる」世界ではない。

美辞的な文化的象徴が脈絡なく歴史的政治的語りのなかに塗りこめられることに危惧を抱くのと同じように、イギリス統治下のエジプトでクローマー卿が、アルジェリアでフランスの婦人たちが、そしてファースト・レディーのローラ・ブッシュが、この全てのケースで背後の軍事力に物を言わせつつ、ムスリム女性の救済や解放を唱えるときには、注意深くあらねばならない。また我々は、女性解放というプロジエクトごとの差異にも注意を向ける必要がある。サバ・マフムード（＊パキスタン出身のアメリカの人類学者。エジプトをフィールドとする）は、フェミニズムのリベラルな言説と世俗民主主義は今日重なりあっているという、まさにそのことを指摘した。アルジェリアにおける学校の寸劇が示すように、宣教師文学の文体は、特に初期には、世俗的ではなかったのである。[12]

ヴェールのポリティクス

アメリカ人に解放されて喜んでいるとされるアフガニスタン女性のことを、もっとよく見てみよう。そのためには今日ムスリム女性を語る上で論争の中心となっている、ヴェールないしブルカの議論が必要になる。なぜならそれは、現代のムスリム女性についての関心事の中核をなすからである。この議論はまた、人類学者、なかでもフェミニスト人類学者がグローバル世界における差異の問題にどのように取り組んでいるか、その思考を示し、そしてムスリム女性の救済というレトリックの過ちに関する予備的洞察の提示を行うための土台となる。

一般的に、ターリバーン統治下におけるアフガニスタン女性の抑圧は、青いブルカの強制的着用に最もよく示されていると考えられている。リベラルな人々は時に、ターリバーンが二〇〇一年にアフガニスタンで政権から追われた後に女性たちがブルカを脱ぎ捨てなかったことに驚いたと告白する。他方、ムスリムが多数派を占める地域で働いた経験のある人は、なぜそれが驚くべきことなのかと問う。我々は、ターリバーンの過激派から「自由」になった途端に、女性たちがへそ出しシャツやジーンズ姿に「戻り」、シャネルのスーツの埃を払うと考えていたのだろうか。我々は「隠される女性」の服装にはより注意深くあらねばならない。またそのために、ヴェールに関わる基本的な事項を押さえる必要があるだろう。

第一に、ターリバーンがブルカを発明したのではないことを押さえておきたい。ブルカは、ある地域のパシュトゥーン女性が外出時に着用した外套である。パシュトゥーンは、アフガニスタンに居住するいくつもの民族集団の一つであり、ブルカはインド亜大陸と南西アジアで用いられてきた外套の一つで、女性の慎み深さと社会的地位の象徴とされてきた。ブルカは他のタイプの外套同様、多くの状況において男性と女性の領域を象徴的に分離するもので、一般に女性は見知らぬ人間と接触する公共の場より、家族と家庭という場に〔いる方がふさわしい〕、という考えからきている。

一九七〇年代にパキスタンで調査を行った人類学者のハンナ・パパネクは、ブルカを「持ち運べる隔離」と説明している。彼女は、多くの人がブルカを解放的な発明と捉えていたと記している。ブルカは、女性たちが実際には男女が分離された居住空間を離れながらも、親族関係にない赤の他人の男性から女性を守るための分離と保護という基本的な道徳的要請を満たす、という離れ業を可能にしたのである。[13] パパネクの「持ち運べる隔離」という表現に出会って以来、私はこのすっぽりとした外套を、「可動式の自分の『ホーム（家）』」と考えている。どこであれ、こうした外套は特定のコミュニティへの帰属と、家族がコミュニティ形成の基礎であり、かつ「ホーム」が女性の神聖さと関係づけられるような道徳的な生活への参画を示している。

当然、次のような疑問が湧くだろう。こうした状況がパキスタンやアフガニスタンにもともとあるなら、二〇〇一年に突然ブルカを手放すどんな理由が女性たちにあるのだろうか。外套は、女性がたとえ〔家庭を離れて〕公共の場にいたとしても、の指標を脱ぎ捨てることなどありうるのか。彼女たちが自らの社会的地位彼女が家庭という空間に属し、家族の庇護下にあることを人々に示し、公共空間で見ず知らずの人間からハラスメントを受けることからその身を守ってくれるのに。実際こうした服装はもう当たり前のものとなっており、その意味について改めて考える女性などほとんどいない。

類似する状況を考えてみたい（完璧な類似などないが）。私たちの社会で、メトロポリタン・オペラに短パンで行くのはふさわしくないとわかっていて、なぜ私たちは、アフガニスタンの女性がブルカを脱ぎ捨てないことに驚くのだろうか。こうしたアフガニスタンの女性のブルカの議論に腹を立てる人々がいるまさにその頃、ある裕福な友人は、結婚式にパンツスーツで出たいと言い「ワスプ（＊WASP、白人・アングロ-サクソン系・プロテスタントのアメリカ人のこと。アメリカの支配的特権階級を形成するとされる）の結婚式にパンツで出るなんてありえないだろう」と夫にたしなめられていた。ニューヨーカーであれば、黒いコートに黒い帽子の地味ないでたちの夫の隣にいる、髪をきれいにセットしたおしゃれなユダヤ教の超正統派の女性がかつらを被っていることを知っている（＊ニューヨークはアメリカで最も正統派ユダヤ人人口が多い街）。なぜなら、宗教教義とコミュニティの一般的な作法として、頭髪を隠すことが求められているからである。そうした女性はまた、流行のファッションにハイネックや長袖を取り入れる。人々は社会集団や社会階級に合わせて、ふさわしい服装をしている。人々は社会的に共有されたスタンダードや、社会的地位を示す指標に従っているのである。宗教教義や道徳的思想もまた重要で、それらは自らの主張を表明するために非難すべき対象を指示することもある（例えばマドンナなど）。場にふさわしい、きちんとした装いを賄えることも選択に影響を与える。もし私たちがアメリカの女性は服装に制約のない自由な世界に生きていると考えるのであれば、「流行の盲信（the tyranny of fashion）」（＊初出は一八八〇年代。主体が自由に自分のファッションを決めているようでいて、その自由意志は実は流行に枠付けられていることを指す）という表現を思い出してみるべきだろう。

ターリバーン統治下のアフガニスタンでは、ある特定の地域の、エリートではないがそれなりの階級の人々のヴェールのスタイルが、全ての人々に「宗教的」にふさわしいものとして強制されるという事態が起きた。彼の地には他にも、様々な集団・階級の人が好んで着たものや、伝統的かつ多様なスタイルがあったにもかかわらず、ブルカは強制された。他にもそこには女性の礼節や、最近では信仰心を示す豊かなやり方があったのに。ターリバーンが政権を取る以前から、アフガニスタンに暮らす大多数の女性は農村部の非エリート層だった。この人たちは、アフガニスタンの最近の歴史を彩る窮状や暴力から、移住という形で逃れることなどできなかった。もしブルカの着用強制から逃れられたとしても、これらの女性たちの多くは何らかの形で頭髪を隠すことを選ぶだろう。インド北部に暮らすヒンドゥー教徒女性（彼女たちは、義理の家族に対して頭部を隠し、顔にもヴェールを纏う）や、パキスタンに暮らすムスリム女性、つまりターリバーン統治下ではない、近隣地域に暮らす女性たちと同じように。

天下の『ニューヨーク・タイムズ』紙は、パキスタンに暮らすアフガニスタン難民の女性に関する優れた記事を二〇〇一年に掲載した。記事は、現地女性のヴェールにバリエーションがあることを伝える[14]。記事は、今や象徴と化した、青地で目の部分が刺繡によって透かしてあるブルカについて、それはパシュトゥーン女性が自分のコミュニティで纏うにふさわしい服装であると説明した。また彼女たちが「チャードル」と呼ぶ大きなスカーフも、「ヒジャーブ」と着る人が呼ぶ新しいタイプのイスラーム的な控えめな長衣（the new Islamic modest dress）なども取り上げている。新しいタイプのイスラーム的長衣を着るのは、専門職に就こうとする学生たちである。なかでも薬学部の学生が多いのは、エジプトやマレーシアと同じである。大きなスカーフを纏うのは、学校長か、貧しい露天商である。貧しい露天商は、「私が（ブルカを着ると）難民が私をからかうのよ。ブルカは家にいる『立派な女性』が着るものだって」と言う[15]。ここから、アフガニスタンの難民コミュニティでは、ブルカと社会的地位とが結びついていることがわかる。ここではブルカとは、良き、有力な一家出身の尊敬に値する女性が被るもので、露天商にならざるを得ない女性のためのものではないのである。ブルカは、「はじめに」で触れたような、一〇年もたってからドイツの人権団体のポスターであてこすられる、声を発しない路上のごみ袋とは何の関係もない。

イギリス紙『ガーディアン』は、二〇〇二年一月にスヘイラ・シッディーキー医師のインタビューを記事にした。彼女はアフガニスタンの高名な外科医で、アフガニスタン医療団の中将を務めた人物である。[16]当時六〇代の彼女はエリート一家の出で、他の姉妹同様に高等教育を受けていた。同じ階級の多くの女性たちと違い、彼女は避難を選ばなかった。記事では彼女は「ターリバーンに立ち向かった女性」として紹介されていた。彼女がブルカの着用を拒否したからである。彼女は他の女性たちと共にターリバーンに解雇された八か月後、一九九六年初頭にターリバーンに請われ、有名病院の院長に戻るにあたり、それを条件としたのだった。シッディーキーはやせ形の、魅惑的で自信に満ちた人物として描かれる。ところが記事の半分あたりに、「彼女のグレーのふわっとした髪は、透き通るヴェールで覆ってあった」とさらっと書いてある。これは彼女がブルカは拒否しつつも、チャードルやスカーフを纏うこと自体には何の疑問も持っていなかったことを示す。過去一〇年の間に、ブルカを被る人物像も、公共の空間でブルカを被る意味合い（さらには被らない意味合い）も変化した。特に都市部と農村部ではその持つ意味は大きく異なる。[17]

ヴェールの着用を、行為主体《エージェンシー》の欠如と混同したりその証としたりしてはならない。それは身体を覆うには様々な形ややり方があり、また覆うことにコミュニティが様々な意味を見出しているからだけではない。ヴェールが今日では、ほとんど全ての地域で、階級、敬虔さ、政治的属性などをめぐる表象の政治の一部と化しているからである。一九七〇年代後半から八〇年代のエジプトのベドウィンを対象とした私の初の民族誌『秘められた感情』で説明したように、管見の限りでは女性たちは、尊敬に値する年長の男性の前で黒い布で顔を隠すことを、自発的な行為と考えていた。自らの名誉を示し、社会的位置を主張する一つの方法として、特定の文脈において自らを覆い隠すという行為はあったのである。それを誰に対して行うのがふさわしいかは、彼女たちが判断し（また議論する）ことだった。[18]

全く別の事例についても言及したい。一九七〇年代半ば以降、ムスリム世界全域で教育のある女性たちが着るようになった慎み深いイスラーム服（the modest Islamic dress）（＊露出度が低く落ち着いた色のゆったりとした長衣）は、公的に彼女たちの敬虔さを示すと同時に、教育のある、都会の洗練された女性という、ある種の近代性を示すものでもあった。[19] イスラーム復興下では、敬虔な多くの女性たちにとって、この新たな服装は礼拝と同じように、自らの道徳性を高めるための身体行為であった。これはマフムードが説明したように、彼女たちの信仰を公言し、神に近づきたいという欲望の帰結であった。[20] レバノンで、ヒズボッラーに所属する女性たちの公的表現として表れる敬虔さについて書いたララ・ディーブ（＊文化人類学者）は、そうした女性たちがいかに自らを、「神秘的近代」という新たなイスラーム的近代の一部とみなしているかを説明する。[21] ヨーロッパに限らず、いくつかの国では、こうした服装をするために法を犯す必要がある。他方イランなどの（＊髪を覆うことが法律で女性に義務付けられる）別の国々では、服の色やタイトさ、または肩、へそ、足首を出すこと、さらには頭髪の一束を見せることが、政治闘争や階級闘争の印となる。[22]

ヴェールを女性の不自由の象徴に矮小化する解釈には、抗わなければならない。たとえ、イランやターリバーンなどの国家が、女性にヴェールを押し付けること自体には反対でも（二〇世紀の前半には、近代化されたトルコやイランといった国々がヴェールを禁止して、聖職者以外の男性に洋装と帽子の着用を命じていたことを忘れてはならない）。人は特定の社会的文脈や歴史的文脈から逃れられず、自らの欲望や世界認識そのものを作り上げる特定のコミュニティに属する、という前提をもとに考えるなら、自由とは一体何を意味するのか。ブルカを中世のものとして非難することで、当事者女性たちにとっての行為の意味を踏みにじってはいないか。何百万人ものムスリム女性の多様な状況や態度を、たった一つのファッションアイテムに還元してはならない。そして、ヴェールが世界中の政治的せめぎあいに動員されていることを軽視すべきではない[23]。

ブルカは、文化的「他者」にまつわる重要な政治・倫理的問題を呼び起こす。私たちは、文化相対主義がはらむ消極性を甘受せずに、どのように差異を論じ、理解すべく努力できるのか。人類学者の専売特許とされる文化相対主義は、文化を評価したり介入したりすることに関心はなく、ただそれを理解したいだけなのだ、と言う。文化相対主義は確かに、自文化中心主義、人種差別、文化帝国主義、そしてそれらに通底する文化的な傲慢さからの前進ではある。ただ問題は、介入を回避できる時期はすでに逸している、ということである。私たちが世界中で出会う多様な生のありようは、とうの昔から、遠いところに暮らす人々との長い相互介入の歴史によって作り上げられていたのだから。

私は、女性の問題、文化相対主義、そして「差異」の問題を三つの角度から考える方法をここで示す。第一に、フェミニストは得体の知れない相手との政治的な同盟関係をどう扱うべきかを考えなければならない[24]。かつて私は、ターリバーン統治下のアフガニスタンの女性保護を訴える嘆願メールを受け取るたび、引き裂かれる思いだった。ターリバーンの教条的態度に協調したことはないし、女性の抑圧に加担する気もない。しかしそうした運動の出所は懸念の種だった。私はハリウッド・スターと共に政治運動に参加するようなタイプではない[25]。私は今まで一度たりとも、このような人たちから、イスラエルによる空爆やチェックポイントでの日々の嫌がらせから逃れることができるように、パレスチナの女性の権利を擁護せよ、と求める嘆願書を受け取っていない。またパレスチナ人の財産を奪い、労働権や市民権を奪い、最も基本的な自由権すら与えないイスラエル政府への支援を再考するよう、アメリカに求める嘆願書も受け取っていない。嘆願書に署名をした人のなかには、アフリカの女性の女性器切除からの解放や、インド女性を持参金殺人から守るといった、センセーショナルな「文化的」実践の廃止を求めて署名したことがある人がいるかもしれない。でも本当に、ムスリム男性によるムスリム女性の抑圧という事例でなければ、こんなにも多くのアメリカ人女性やヨーロッパ人女性を動員することは簡単ではなかったと思う。抑圧された女性たちは、覆い隠された女性たちであり、欧米の女性はそうした女性を哀れに思い、自己満足による優越感を覚えるのである。テレビ界に君臨するオプラ・ウィンフリー（＊アメリカの黒人女性、テレビ司会者、番組プロデューサー、慈善家。二〇〇七年に『タイム』誌の世界で最も影響力のある一〇〇人の一人に選ばれた）が、『グラマー』誌（＊一九三九年創刊の女性向けファッション誌。米、英、仏などで刊行）が今年の女性としてアフガニスタン女性革命協会（ＲＡＷＡ）（Revolutionary Association of Women of Afghanistan, 以下ＲＡＷＡと表記）（＊一九七七年設立）を選んだように、イスラエル発祥の女性平和団体、ウィメン・イン・ブラック（Women in Black）をゲストとして番組に呼ぶことがありうるだろうか。

アフガニスタンにおける女性の権利を言祝ぐのに批判的になることは、ＲＡＷＡなどの現地の女性団体を非難することを意味しない。ＲＡＷＡのメンバーは一九七七年以来、女性の人権が尊重される民主的で世俗的なアフガニスタンを目指して、ソ連が後ろ盾になった政権や、アメリカ、サウジアラビア、あるいはパキスタンに支援を受けた保守派を向こうに回して勇敢にも仕事を続けてきた。虐待を書き記したことや、病院や学校での活動の重要性は計り知れない。またターリバーンが女性に強いた過酷な状況を暴くキャンペーンを張ったことも責められるべきことではない。フェミニスト・マジョリティ財団（The Feminist Majority Foundation）（＊一九八七年、米国で設立された男女同権を目指す非営利団体）のキャンペーンは、ターリバーンとアメリカの多国籍企業、ユノカルがアメリカ政府の支援を受けて秘密裏に進めていた石油パイプライン事業を頓挫させた。西欧のフェミニストのキャンペーンを、フェミニストの課題に対するこうした進歩的なスタンスと何ら関わりなく選出された共和党大統領による帝国主義フェミニズムの偽善や、共和党政権と決して混同してはならない。共和党政権は、ヒューマン・ライツ・ウォッチ（Human Rights Watch）やアムネスティ・インターナショナルなどが記録し告発した、米国と同盟関係にあったアフガニスタン北部同盟の女性へのすさまじい暴力を矮小化した。ターリバーンが治安を回復する以前のアフガニスタン内戦では、レイプや暴行が横行していた。（現政権に、こうした犯罪に直接関与しつつ刑事訴追を免れた司令官が含まれていることは度々指摘されている）。

私たちは、自分たちが支援しているもの（と支援していないもの）をしっかりと見据え、その理由について注意深く考えなければならない。通常は意見を異とする人たちの間で意見の一致を見る、という複雑な状況をどう考えるべきだろうか。本書の「はじめに」で私は、ことムスリム女性の権利に関しては、左派と右派の意見はほぼ同じであると述べた。アフガニスタンの女性をターリバーンから救ったことに満足を覚える人々のうちに、富の徹底的な再分配をし、自らの消費を極端に削ってまで、グローバルな格差がもたらす構造的暴力や戦争による荒廃から、アフガニスタン、アフリカ、さらにはそれ以外の地域の女性を解放する機会を得ようとする人はどのくらいいるのだろうか。十分な食料を得られ、家族が暮らし子どもが育つ家を持ち、子どもたちを育てるに十分な稼ぎを得、真っ当な暮らしを送るための、これらの女性たちの日々の権利を追求している人はどれだけいるのだろうか。こうしたことの積み重ねが、彼女たちが自らのコミュニティのなかで、あるいは彼女たちの望む支援者とともに、どのようにして良い暮らしをしていくかを模索する力と安心を与えるのである。その過程は、コミュニティが組織されるあり方を往々にして変化させるが、それが私たちの望む変革の方向と一致するとは限らない。そうした変化のなかに、良きムスリムであることや、これまで何世紀も議論されてきたように、良きムスリム、あるいは良き人物をどう定義するかを議論することなどは、必ず含まれるだろう。

アメリカがアフガニスタンに関わり始めた当初から私は、得体の知れない同盟相手に対する猜疑心は、物事を再考する最初の一歩となると主張してきた。何をすべきかと立ち位置を明確にするために、さらに二つの問題とも向き合う必要があると指摘したい。第一に、私たちは差異の可能性を受け入れなければならないだろう。アフガニスタンの女性たちは「私たちのように」解放されなければならないのだろうか。それとも、ターリバーンから「解放」された後に、私たちがアフガニスタンの女性に望むものとは違うものを、彼女たちが望むかもしれないと認めることができるだろうか。第二に、私たちは他者を救うというレトリックに用心深くあらねばならない。なぜなら、そこには我々の態度を欺くものがあるからである。

差異を認めることとは、何が起きてもそれを「彼らの文化」がなすことだからと是認することではない。「文化的説明」の危険性についてはすでに述べた。「彼ら」の文化は、我々のものと同じように歴史の一部であり、世界の動きと密につながっていることは、本書の別の場所で詳述してある。そうではなくて、私たちは差異を認め、差異を尊敬するよう努力を重ねなければならない。差異を、異なる歴史の帰結であり、異なる状況における表現であり、違ったやり方で構造化された欲望の発露として理解する必要がある。私たちは女性への正義や権利を求めるべきではあるが、果たして、正義が違う意味で理解されたり、私たちが最善と思うものとは違った未来を、我々とは立場を異にする女性たちが求めるかもしれないということを認められるのか[26]。彼らが異なる言語で個性を追い求める可能性について、我々は考える必要がある。

二〇〇一年一一月下旬、米国主導の侵攻後のアフガニスタン再興を議論したボン和平交渉が行われた。その報告書では、会議に参加した数人のアフガニスタンの女性フェミニストと活動家らの決定的な違いが鮮明に浮かび上がった。RAWAは、イスラーム的な統治との協力関係を一切拒絶する立場をとった。しかしある報告によれば、アフガニスタンを拠点に活動し、現実を知るほとんどの女性活動家らは、イスラーム（の信仰）が改革の出発点とならなければならないことに同意していた。ある団体の顧問をしていた、アメリカで活動するファティマ・ガイラーニーは、「もし私が今日アフガニスタンに行き、女性たちに対して、世俗主義を約束して投票に行くよう働きかけたら、彼女たちは地獄に落ちろと言うでしょう」と述べたという。[27]ある報告によれば、女性たちのほとんどは平等を目指す闘いのインスピレーションを、驚くべき場所から得ていた。イランである。イランでは女性たちがイスラームの枠組みのなかで、かなりの成果を勝ち取っていると考えられていた。その（少なくとも）一部は、イスラーム・フェミニスト運動が不正に立ち向かい、宗教伝統を再解釈しようとしたことによる。それはイスラームの枠組みである。イスラームの枠組みそれ自体も、一部は不正義に抗議し、宗教的伝統の再解釈を求めたイスラーム・フェミニスト運動の洗礼を受けて変化を遂げていた。

流動的なイランの情勢は、フェミニスト、なかでもアメリカやヨーロッパに暮らすイラン系フェミニストの間に激しい議論を巻き起こす問題である。[28]女性たちの生活は本当に向上しているのか、もしそうならどのように成果を得たのか、ということは明瞭ではない。それに、識字率の大幅な向上、出生率の低下、専門職や政府内での女性の登用、さらには執筆活動や映画製作といった文化的分野におけるフェミニストの活躍が、イスラーム共和国という政体ゆえなのか、それにもかかわらずなのか、ということも言い切れるものではない。イスラーム・フェミニズムという概念そのものも物議を醸している。単なる撞着語法なのか、第三の道を望む勇敢な女性たちによる実行可能な運動なのか。六章で見るように、ボンの交渉以来一〇年で、イスラーム・フェミニズムはイランを超えて広がり、発展している。

フェミニズム、さらには世俗主義を西側の専売特許とみなす極端な物の見方には、最大限の注意を払わなければならない。これまでに私は、西欧のフェミニストが率いるキャンペーンのせいで、中東のフェミニストたちがイスラーム主義者やナショナリストなどの保守派からの攻撃を受けることになるという、彼女たちが直面しているジレンマについて書いた[29]。アフサネ・ナジュマバーディー（＊イランを専門とするジェンダー史学者）のような人々が議論してきたように、イスラームと西欧という仮定的対立に基づいて歴史を単純化することは間違っている（これは現在アメリカ合衆国で進行中の出来事であり、また同じ現象は平行してムスリム世界でも起きている）。さらには、イスラームと西欧、原理主義とフェミニズムを対立項で捉える文化的枠組みは、戦略的にも危険である。なぜならムスリム諸国には現在の不公正に代わるものを探す人々が数多くいるからである。それらの人々はこの分断を拒絶し、異なる歴史や文化に目を向け、フェミニストであることは西欧にすり寄ることだという認識を受け入れない。そして西欧の私たちと同じように、あなたはあちら側の人間なのかこちら側の人間なのか、どちらに属するか選べ、と迫られる。

私たちは差異に自覚的になり、女性の生をよりよくすることにつながる社会変革に至る、異なる道筋に敬意を払い、その違いがそれぞれに異なる歴史的経験に基づくことを理解しなければならない。イスラーム的な解放はありうるのか。解放という概念は、本書で詳しく検証するように、全ての女性たちが努力して得ようとしているものをきちんと捉えきれているだろうか。解放、平等、権利など〔の諸概念〕は、普遍的な言語の一部なのか、それとも特殊な方言の一部にすぎないのか[30]。再度サバ・マフムードを引用するが、彼女はカイロの敬虔な女性についてこのように書いている。「自由と解放への希求は、歴史的に位置づけられるべき欲望であり、その希求自体をあらかじめ存在する、ア・プリオリなものとみなすことはできない。それはそれを希求する主体が生きる文化や歴史を踏まえて、その主体が持つ他の欲望、希求、能力などと照らして再考しなければならない[31]」。人々にとっては、自由と解放以外の欲望が重要かもしれないではないか。親しい家族と共に暮らすことの方に価値を見出すことは？　神に帰依して生きること？　戦争のないところで暮らすこと？　私は三〇年以上エジプトで民族誌的なフィールドワークをしてきたが、管見の限り、農村部の非常に貧しいザイナブのような女性から、コスモポリタンで教育程度の高いカイロ・アメリカン大学の同僚にいたる様々な女性たちの誰一人として、米国に住む女性たちを羨望のまなざしで見る者はいなかった。コミュニティのつながりをなくしたことを様々な形で思い知らされ、家族から切り離され、性暴力や社会的疎外感《アノミー》に悩まされつつ、自分勝手に個人的な成功を求め、資本主義社会のプレッシャーに晒され、他者の自治や知性を尊重せず、奇妙なまでに他者とその神を見下す帝国主義的事業と関わりを持つ米国女性を。それはしかし、エジプトの女性たちが、米国の多くの女性が手にしているある種の特権や機会を無価値とみていることを意味しない。

サバ・マフムードは、人が他の社会の伝統に敬意を払う際に時に起こる厄介ごとをも指摘する。ムスリムについて書く人間に対する政治的要求は、世俗・人文主義的なことを研究する人間に対するそれとは全く異なる。エジプトの信仰志向運動（the piety movement）について研究するマフムードは、イスラーム運動によって世界中で危害が引き起こされていることを非難せよ、というプレッシャーに常に晒されるという。そうしないと、イスラームの擁護者として糾弾されるのである。しかし西洋近代史の研究者がこのような要求をされることはない。西欧のキリスト教には、植民地主義から世界大戦、奴隷制から人種虐殺に至るまで、凄惨な暴力がつきものなのにもかかわらず。イスラームに対してそうであるように、世俗的人文主義にも、教条的信頼を寄せるべきではない。他の伝統と同様、ある伝統における人間の営みの複雑な可能性に対して、先入観や偏見を持たない態度を取るべきではないか。

救済というレトリックを超えて

文化、ヴェール、そして文化的差異の落とし穴という三つの議論は、「アメリカ軍によって解放されたことでアフガニスタン女性が歓喜した」というファースト・レディーのローラ・ブッシュの自己満足に、異なる角度から光を当てる。アフガニスタン人女性やムスリム女性を助けが必要な人々とみなすことには問題がある。あなたが誰かを助けようとするなら、それはつまりあなたは誰かを「何か」から救おうとしているのである。そして同じく、あなたは誰かを「どこか」へ救いあげている。救われるという変容にはどんな暴力が伴うのか。救われる先にあるものの優越性は、どのような憶測に基づき想定されるのか。どこか遠くの女性の救済というプロジェクトは、自らの優位性を強化するものであり、また傲慢さの現れでもあり、〔批判的に〕検討する価値がある。女性の救済というレトリックの恩着せがましさは、それを今日のアメリカで、アフリカ系アメリカ人やラテン系アメリカ人、あるいはそれ以外の労働者階級の女性に使ってみるだけで簡単に理解できる。今では我々は、そうした人々が、構造的暴力を被っているのだということを理解している。私たちは人種や階級を政治化しているが、文化を政治化するには至っていない。

私たちは、一九世紀後期のキリスト教宣教に身を投じ、ムスリムの姉妹たちの救済に生涯を捧げた女性たちと同じ轍を踏まないよう気をつけるべきである。当時書かれた史料のなかでも、私のお気に入りは『私たちのムスリム姉妹（*Our Moslem Sisters*）』と呼ばれる、一九〇六年にカイロで行われた女性宣教師たちの会議報告書である。[32] この本の副題は、「聞きとった者が翻訳した、暗黒の地からの窮状を訴える叫び（*A Cry of Need from the Lands of Darkness Interpreted by Those Who Heard it*）」である。ムスリム世界のあちこちで女性の暮らしを蝕む無知、隔離、一夫多妻、ヴェールについて語り、女性宣教師たちは、女性の声を代弁する責任が私たちにはある、と主張する。[33] それは「彼女たちは何世紀もの間抑圧の軛を負わされ続けたゆえに、自ら声をあげることができない」、「この本は、過ちと抑圧にまつわる悲しく、何度も繰り返された物語による告発である。（中略）それは、犠牲と奉仕によって、それらの過ちを正し、暗闇を照らしてほしいという、キリスト教徒女性に向けられた懇願である」と書き起こされる。[34]

今日でも、彼らの独善的な目標が不気味にこだましている。ただし本書の二章と三章で解明するように、そこで用いられる言語は明らかに世俗的で、イエス・キリストよりは人権、リベラルな民主主義、さらには西欧文明に訴えかける。時には近代的な美や髪の毛を切る権利といった、ごくありふれた権利に訴えることもある。これはカーブルに行き、アフガニスタン女性のための美容学校を開き、「ヘアメーク」の講習を行った美容師たちが発した驚くべきメッセージである。その活動を担ったオーストラリア人、アメリカ人、亡命アフガニスタン人は「国境なき美」というプログラムの一環として活動した。別に驚くことでもないが、その活動は化粧品会社と『ヴォーグ』誌の資金援助の賜だった。[35]

宣教師の想像と憐憫の情は今日でも流布しており、その事実は、もっと深刻な人道的活動にそれらが利用されていることから窺える。二〇〇二年二月、多国籍軍がアフガニスタンに侵攻した数か月後、私は世界の医療団（Medecins du Monde / Doctors of the World, 以下MdMと表記）という国際的な医療人道ネットワークから、彼らの功績を称えたレセプションへの招待状を受け取った。駐国連欧州委員会代表団団長であり、欧州議会のメンバーでもある駐アメリカフランス大使後援のもと開催されたカクテルレセプションでは、「アフガニスタンの女性たち——ヴェールの内側（Afghan Women: Behind the Veil）」という陳腐な題名の写真展も開かれた。招待状には、アフガニスタンの荒れた山岳地帯をブルカを着て歩く女性たちの色鮮やかな写真だけでなく、次のような文章が掲載されていた。

二〇年間に渡り、ＭｄＭは最も傷つきやすい人々を助けるべく、地道な努力を倦まずたゆまず続けてきました。しかし近年では、戦争の犠牲者は分厚いヴェールに覆われています。一九九六年にターリバーンが政権を握ってから、アフガニスタンの女性たちは顔をなくしてしまいました。治療中に顔を覆うヴェールを脱ぐことは、ある種の親密さを作り出すことであり、秘密の自由を得るためのささやかな空間を作り出すこと、個人の尊厳の一部を取り戻すことです。女性が公共空間に進出する権利を持たないために、基本的な医療サービスを受けられない、女性が医療に携われない国において、ＭｄＭのプログラムは人権を人々に思い出させるための強固なよすがとなっています。（中略）ヴェールを取り払うための支援にどうかご協力をお願いいたします（強調は引用者による）

ここでは論じないが、ヴェールを外すことで作られる親密さという幻想は、『コロニアル・ハーレム』でマラク・アロウラ（＊アルジェリアの詩人、作家）が絵葉書を事例に鮮明に描いてみせたように、フランスの帝国主義時代の強迫観念を髣髴とさせる。その幻想に懐疑的なままに、本書の続く章では、なぜ人道的プロジェクトや二一世紀の人権言説が、構築物であるムスリム女性のステレオタイプに依存しなければならないのかについて問い、解明する。

彼女たちのヴェールはそのままに、他者の救済という幻想は捨て去られるべきだというのが私の見解である。それに代わり、世界をより公正な場にするにはどうすべきかを考える方向に転換すべきだろう。差異の尊重と文化相対主義とを混同すべきではない理由は、前者が、特権的で権力のある場所に住む私たちが、どこか遠くの場所に住む人々が置かれた状況に関し、自分にどのような責任があるかを自己検証することを妨げないからである。私たちは世界の外側に立ち、抑圧的文化の影や、あるいはヴェールの下で生きる無知蒙昧な貧者の群れを見下ろしているのではない。我々は世界の一部としてある。イスラーム運動もイスラーム・フェミニズムも、西欧の権力が中東、南アジア、東南アジアへ介入する、その過程で台頭した。

より建設的な取り組みは、世界をより公正な場所にするために自分たちに何ができるかと問う事だろう。ここでいうより公正な世界とは、戦略的軍事的要請や、経済的な需要をもとに作られた場所ではなく、自分たちが重要だと考えるある種の力や価値がより広い支持を得ることができるような場所であり、議論や討論、組織的変革のために必要不可欠な平和が常に保たれ、コミュニティのなかで生まれ、コミュニティのなかで持続されるような世界である。裕福な国に生きる人々がその建設に尽力できる世界とは一体どういうものなのか、私たちは自問しなければならない。それは、どこにでもあるごく普通の願いが、グローバルな非公正のために、圧倒的な絶望（ないし怒りの反応）によって押しつぶされてしまうような世界ではないはずである。遠く離れた地の出来事に積極的に関わろうとするとき、私たちはコミュニティ内部で女性（と男性）の人生をよりよくしようとする人を支援しようとするだろう[36]。そうした国家内で現在戦わされている議論、立場、組織が複雑さを理解するからこそ、そのような態度をとるのだ。それなら多くの人々が提唱しているように、救済ではなく、より平等主義的な、同盟、連合、連帯といった言葉を使うほうが倫理に適う。

ＲＡＷＡという、アメリカ女性の過剰な関心をターリバーンに向けさせる立役者となった組織のメンバーですら、アメリカによる空爆には最初から反対だった。ＲＡＷＡは、軍事的暴力は、困難と損失を大きくするだけで、アフガニスタンの女性の救済につながらないと考えた。だからこそＲＡＷＡは、武装解除と国際連合平和維持軍の派遣を要請した。ＲＡＷＡの広報は、政府と国民、あるいはターリバーンと害のないアフガニスタン人を混同することは危険だと強調した。そして、政策が石油、軍事産業、国際的な薬物取引の利権をめぐって決定されていく様子を注視するよう粘り強く人々に呼びかけた。ＲＡＷＡは世俗的で民主的なアフガニスタンをめざした最も急進的なフェミニストだったが、ヴェールには拘泥しなかった。しかし残念なことに、ＲＡＷＡのアフガニスタンの権力者批判には、現政権に対するものも含まれていたのにそこは等閑視され、ターリバーンへの過度な関心だけが世間の注目を集めた。

合衆国のアフガニスタンへの介入が、一九八〇年代のソ連が経験した泥沼とよく似た様相を呈するにつれて、ＲＡＷＡなどの団体の主張に先見の明があったことが明らかになってきた。介入から六年後の状況の包括的分析においてデニーズ・カンディヨティ（＊トルコを専門とする社会学者）は、アフガニスタンの女性に苦境を強いる二つの重要な要素について書いた。アフガニスタンの政治史と、現在の脆弱で支援に依存した政権内部の政治的主導権争いを詳細に分析し、カンディヨティは、女性の法的・社会的権利は簡単に奪われうる、と警告する。ＷＡＷのエスター・ハイネマンが女性の権利の後退に抵抗する「砦」の防衛において警告するように、女性たちは実際に、カンディヨティが「国際的な支援機関のアジェンダと支援依存的政府や多様な政治的派閥――そのなかには保守的なイスラーム主義的アジェンダが含まれる――が戦う戦場」と呼ぶものになってきた(37)。

しかしながらムスリム世界のこのジェンダー専門家は、カーブルの政治家、官僚、あるいは国際的に活躍する専門家（そこにはトランスナショナル・フェミニストも含まれる）にだけ注目はせず、アフガニスタン全域において、戦争経済が人々の社会生活に与えた影響に目を向けよ、と言う。生計を立てる方法が自給自足のための農業と放牧からアヘン製造と武器の密売に変化するなかで、ほとんどの農村の家計が借金まみれになったのと同時に、犯罪を織り込んだ経済形態はターリバーンなどの地元の将軍に資金を提供し、つけあがらせた。家族やコミュニティは、自治を奪われ、たえず危険に晒されながら生きてきた。カンディヨティは、農村部は「貧困、不安、自治の喪失の相互作用によって蝕まれている」と言う。こうした状況は、女性に深刻な影響をもたらす新たな形の脆弱性を構築する。「はじめに」で書いた、南部エジプトに暮らすザイナブのように、アフガニスタンのような場所で女性に与えられる選択肢は、「女性たちの生計や日常生活が埋め込まれた、コミュニティや世帯の財政状況に左右される」[38]。コミュニティや世帯はイスラーム的か世俗的かにかかわらず、政府や公的な法システムとはかけ離れたところにある。憂慮すべきは、新たな女性の商品化の動きが台頭していることである。殺人の賠償として夫の家族に与えられたビビ・アーイシャのように、娘たちは今や、貧困にあえぐか恐怖におののく家族によって、軍事戦闘員や麻薬の売人に与えられている。カンディヨティは、若い娘が年長の男性に「投げ売りセール」のように嫁がされたり、ターリバーンの移動部隊の若者たちから守るために、どこかに送られる話を聞いたと言う[39]。

こうした蛮行は現地の慣習でも伝統文化の延長でもない。それはアフガニスタンの現状に対する反応である。カンディヨティは次のように述べる。「西欧の目に『伝統』と映るものは、多くの場合、新しく、より残虐な形での弱者の従属の現れである。それは、犯罪によって回る経済、全くもって安全でない状況、蝕まれた信用と団結に基づく絆が、その限界を戦争と社会の大変動と貧困とに試されることによって初めて可能になった[40]」。〔男女が〕互いに果たすべき義務の上に作られた伝統は、急激に変化する劣悪な経済状態と政治的不安定のために根本から揺さぶられている。男たちはもはや、女性に対する義務を果たすことができず、名誉、保護、寛大さといった理想を実践することもままならない。これこそが問題である。これこそが人々が実際に生きる状況なのである。

しかしアフガニスタンは、三〇年間にわたる内戦の遺産に悩まされているのに、未だに伝統的な国とみなされている。二〇一〇年、『タイム』誌にビビ・アーイシャの写真とともに掲載された記事は、「イスラーム」と「伝統」とがたやすく入れ替わる典型例である。超歴史的な文化は、イスラーム主義政党の党首でもある経済大臣が共学に反対したときの、以下の発言にもあからさまに表れている。「共学に反対することが、イスラームに則った方法なのだ。アフガニスタンに我々が求めるのはイスラームの権利であり、西欧の権利ではない」。記事はこの発言を評して「伝統的な方法はしかし、女性にほとんど何もしてくれない。アーイシャの家族は、ターリバーンから彼女を守ろうともしない。それは恐怖にかられた結果でもあろうが、それ以上に恥の観念のためだろう。とても伝統的な社会では、家出をした少女は自動的に娼婦とみなされ、少女が家に戻ることを受け入れた家族は広く笑いものにされる。農村部では、娘によって辱められたと感じる家族は、時には奴隷として娘を売り払う。最悪の場合には、名誉殺人――家族の名前を守るためという理由で行われる殺人――に至ることもある[41]」。

名誉殺人については四章で詳しく述べる。ここでは、文化に関する一般論に訴えるより、彼らの歴史を知り、それが現在の情勢に及ぼしている影響について検証することが、アフガニスタンの女性たちに対する私たちの義務である。権力闘争と戦争経済によって、アフガニスタンの状況は西欧と分かちがたく結びつけられ、そこでの日常世界は、グローバル・エコノミーと国際的なテロとの戦いのなかに埋め込まれている。軍事化は常に女性たちに隠れた影響をおよぼす。そしてその偉力は、「文化」や「伝統」のそれとは比べ物にならないのだ[42]。

アフガニスタンの女性の多様な声と、二〇〇一年当時から武力介入に懐疑的だったＲＡＷＡなどの団体が発する政治的メッセージに耳を傾けるための第一歩は、まず、（異なる）文化といった言語から、それを理解するためであれそれに変革を迫るためであれ、ともかく距離をとることである。宣教師の活動やコロニアル・フェミニズムは過去の遺物である。ローラ・ブッシュが「彼女たちのために文明世界にいる我々の胸が痛む」と述べた、気の毒なアフガニスタンの女性たちが、安全とそこそこの生活、そして様々な（当然の）権利を得ることができる世界を実現させるために、私たちに一体何ができるのかを探らなければならない。アメリカとその同盟国による介入を通じて私たちが学んだのは、紛争、不安定、疲弊、そして国際的な麻薬取引が、安全でそこそこの生活をもたらすことはないということである。

2　新たな常識

私たちは素晴らしい時代に生きているように思える。二〇一一年にアフガニスタンへの武力介入の口実にされて以降、女性の権利は（ほとんどの）人々の共通の言語となっただけでなく、女性の権利の要求は人権に関するもののなかで主流となった。女性を苦しめる虐待は、私的な事柄とみなされて日のあたらない場所に追いやられたり、国際的な公共空間で論じるに値するような重要な問題ではないと却下されたりしなくなった。五〇年前には、ここまでの進歩は誰にも想像すらできなかっただろう。法整備、健康問題、教育、意識の向上、そして国際的な働きかけに懸命に努めてきたフェミニストたちは、「フェミニズム」という単語にマイナスイメージがつき、今では、普遍的な女性の権利を求める人々がその単語をほとんど使わなくなってしまっていても、この現状を喜ぶべきである。

この劇的な転換を示す兆候はそこかしこにあるが、アメリカの高学歴層の支持を受ける作家たちが太鼓判を押した、何冊かの本以上にわかりやすいものはないだろう。『ニューヨーク・タイムズ』紙でコラムを執筆するニコラス・クリストフとソマリア出身の移民アイヤーン・ヒルシ・アリは、グローバルな女性の権利を世間に知らしめた著名な作家である。どのような組織、文化産業、そして政治の展開が、彼らがベストセラー本のなかで繰り広げる議論を、これほどまでに説得的でもっともらしくみせたのだろうか。女性のためにすぐにでも戦場に赴くべきだ、という新たな常識はいかにして作り上げられたのか。彼らの議論を、プリンストン大学の哲学者であるクワメ・アンソニー・アッピアの議論とともに細かく検証することで、いくつかのヒントを得ることができる。そのヒントは、アフガニスタンと深い関わりを持つ。

女性のために戦争に赴くということ

『ハーフ・ザ・スカイ――世界中の女性のために抑圧を希望に変える（*Half the Sky: Turning Oppression into Opportunity for Women Worldwide*）』（＊邦題『ハーフ・ザ・スカイ――彼女たちが世界の希望にかわるまで』）は、「私たちの時代の最も衝撃的で広範囲におよぶ人権侵害――ジェンダー不平等――に抗して戦え」というキャッチコピーつきの、ニコラス・クリストフとシェリル・ウーダンが書いた本である。(1) この本はアメリカの老舗出版社、アルフレッド・クノップ社から出され、ジョージ・クルーニーやアンジェリーナ・ジョリーなどの映画スターが賛辞を寄せた。この本は最近、テレビドキュメンタリーシリーズにまでなった。クリストフとウーダンの『ハーフ・ザ・スカイ』は、世界のどこかで女性たちが直面する様々な困難についての、衝撃的な物語である。この夫婦のジャーナリストは、女性の権利に世間の耳目を集めた。それは、この何十年の間、国連の条例や、女性に対する差別撤廃のために官僚たちが道義的、法的に作り出した条例をもってしてもなしえなかったことだった。

『ハーフ・ザ・スカイ』は、時に残酷で時に陳腐な、女性や少女たちが耐え忍ぶ、聞くに堪えない経験を活写する。人の心を揺さぶり突き動かそうとするこの本は、「女性を一人ずつ救い、世界を救っている、世界中の最前線にいる全ての人たち」に捧げられている。[2] クリストフとウーダンは、この本が持つ説得力は、統計を使わずに個人の話をするという語り口によるものだと信じている。『ハーフ・ザ・スカイ』の登場人物は、少ないチャンスをものにして生き延びた女性たちである。特に「世界を変えるために、想像を絶する困難を乗り越えた」女性たちが称賛される。[3] 読者は、彼女たちに心と財布を開くよう促される。

グローバルな女性の権利が道義的に主流となったことは、『ハーフ・ザ・スカイ』の翌年に出た、学術書にもかかわらず世間の耳目を集めた、ある本をみれば明らかである。定評のある哲学者かつ著名な知識人で、これまで女性の問題について沈黙を守ってきたその人物はこの著作のなかで、確信に満ちた筆致で事例をヴィヴィッドに示し、人道的なヴィジョンを描いてみせた。クワメ・アンソニー・アッピアの『名誉規範（*The honor Code*）』は、善をなしたいという人としての潜在的な欲求に訴えかける。ガーナで生まれ、ケンブリッジで教育を受け、現在プリンストンで教鞭をとる哲学者兼文化評論家のアッピアは、名誉が繰り返し社会の善悪の認識に働きかけてきた様子を考察している。歴史上の重要な契機を振り返り、彼は、かつては普通かつ崇高とされた慣習を、人々が非人道的で不名誉なものとして非難することがありうることと、また人が実際にそうしてきたことを我々に示してみせた。

彼の本で論じられた道義的革命の四つの事例のうち二つが、特に女性に害をなす慣習である。アッピアは、今私たちが目指すべき、尊厳をめぐる人間的欲求の道義的ハードルとは、女性に対する暴力に反感を抱くよう学習することだという。ヨーロッパの決闘、中国の纏足、イギリスでの奴隷貿易が、それらの慣習を人々が恥ずべきものと考えるようになって終焉を迎えたように、「名誉犯罪」として知られる、女性に対する誤った扱いを（パキスタンのような場所の）男性たちが恥ずべきものと考えるようにしなければならないのである。[4] 彼はこれを今日の我々の喫緊の道義的課題と位置づけ、世界中の何百もの献身的な団体、「様々な社会で歴史的に広く見られる女性に対する暴力の形」という名の学術会議を主催する研究者たち、さらに「名誉を買おう《ショップ・オナー》」という運動へ参加を促す慈善団体らが奏でる、名誉殺人廃絶の大合唱に加わった。「名誉を買おう《ショップ・オナー》」運動では、寄付の特典を、「名誉」トートバッグか男性用ネクタイから選ぶことができる。(5)

アメリカの公共圏のまた別の一角からも、女性の自由と平等が党派を超えて政治上の理想とされていることが窺える。亡命申請の不正が発覚し、亡命申請先のオランダに居づらくなると、歯に衣着せぬ物言いで有名なアイヤーン・ヒルシ・アリ――ソマリアの反政府組織の元リーダーを父に、その第二夫人を母に持つはねっかえりの娘――は、アメリカの保守系シンクタンクと組み、女性の権利の擁護者として大いに名を売った。彼女は世界で最も影響力を持つ人物の一人として『タイム』誌に取り上げられもし、グラマラス・ウーマン・オブ・ザ・イヤーを含む多くの賞を受賞した。彼女は女性の権利を守り、擁護すべく基金を設立した。彼女は著名なスターになった。だから出版社は、読者をまっすぐに見つめる彼女の写真を使って、暗がりのネメシス（*ギリシア神話の復讐の女神）のように全身をヴェールですっぽりと覆ったムスリム女性という、最初の本で彼女についてしまった手垢のついたイメージを一掃しようとした。(6)

リベラル、保守双方の公共空間から世間の耳目を集める言挙げがあったのは、それ以前に世間がもう、ジェンダー差別と女性の苦しみの深刻さを理解していたことと無関係ではない。これらの言挙げと、それを好意的に受け止めた世間の反応は、ジェンダー不公正は検討に値する問題であり看過できない、という新しい常識の台頭を示していた。歴史学者、社会問題研究家、政治理論家、哲学者たちの研究をもとに書くことで、作家たちは新たな考え方を広めるのに一役買った。女性の問題は重大な社会的、道義的問題であり、フェミニストたちの専売特許ではないことを、彼らはグローバルなアプローチによって示した。わかりやすく単純でストレートな筆致によって、彼らはソマリア、カンボジア、インド、オランダ、パキスタン、コンゴ、中国、アフガニスタンなどの、世界のあまり知られていない場所に人々の関心を引きつけた。フェミニスト研究者、女性の権利を扱う地元のあるいはトランスナショナルな団体、さらには草の根運動に携わるフェミニストらが長年分析し、世間に知らしめようと奮闘してきた問題を、作家たちは確実に世間に知らしめ、わかりやすくし、気運を盛り上げた。

こうした一般大衆の言説に、楽観主義を持ち込んだことはとても有効だった。彼らはジェンダーによる抑圧をあぶり出し、道義的価値と政治的理想に従って生きよ、と説く。人々は「知りさえすれば」、静寂と無関心に甘んじてはいないだろうと彼らは信じる。拘束から自由へ、絶望から希望へ、性奴隷からマイクロクレジットを用いた小規模事業主へ。こうした進歩の物語を語ることで作家たちは、女性たちの人生の向上を目指す集団的な道義的闘いへと私たちをいざなうのである。(7)

しかし作家はどうやって、アッピアが「女性にまつわる戦争」と呼んだものへの参加を促す議論を組み立てているのだろうか。その一つの方法は、大西洋の奴隷制という亡霊を、類似点を持つ教訓的な事例として、潜在意識に働きかける参照枠組みとして使うことである。この比較には、立ち止まって検証するだけの価値がある。なぜなら、歴史学者や社会問題研究者らが大西洋の奴隷とその結果について明らかにした事実は、女性の権利の新たな共通理解に関する教訓となる問いをもたらすからである。作家たちはどのように対象と議論を構成するのか。あえてそこで語られない何かは、なぜ私たちに疑念を抱かせるのだろうか。

『ハーフ・ザ・スカイ』のクリストフとウーダンにとって奴隷制廃止は、道義的悪を克服する私たちの能力を示す、疑問の余地のない証である。彼らは「一九世紀の中心的な倫理的課題は奴隷制だった。二〇世紀は全体主義との闘いだった。今世紀最重要の倫理的課題は、全世界における両性の平等を求める闘いになるだろうと信じる」（＊最後の一文のみ訳者が訳出）と宣言する。[8] アッピアの『名誉規範』では、奴隷制度の撤廃は道義的革命を証拠立てる重要な事例とされる。奴隷制度は、ヒルシ・アリの作品に印象的に登場してもいる。彼女の最初の本の副題は、「女性の解放宣言（*An Emancipation Proclamation for Women*）」であった（＊リンカーンの奴隷解放宣言（the Emancipation Proclamation）を踏まえた表現）。

　近代の奴隷制度については、なぜあの戦慄すべき大西洋奴隷貿易が、何百万人もの命を犠牲にし、何百万人もの人々を故郷から引き離しつつ何百年も命脈を保っていられたのか、という問いに答えるべく、研究者たちが今も努力を重ねている。イギリス人商人から北アメリカのプランテーション・オーナーに至るまで、そしてキリスト教宣教師、アフリカの東部沿岸や内陸の王国にいたアフリカ人、さらに奴隷とされた男性や女性たちといった、奴隷貿易に関わった多様な集団や人々にとって、奴隷貿易はどのような意味を持っていたのか。そして今日まで残る奴隷制の遺産とは一体何なのか。遺産には、例えば一応の自由を与えられつつ使い捨てにされる下層階級の人々が含まれる。しかし奴隷制の研究から得た三つの教訓から私たちは、女性に関わる新たな挑戦――「女性の解放のために武器を取れという呼びかけ」――の輪郭とその限界とを学ぶことができる。[9]

『ハーフ・ザ・スカイ』が語る奴隷制廃止の物語は単純である。イギリスの道徳的で善良な人間が果敢に困難に挑み、ついに人々を、そして議会を説得し、圧力をかけ、国家利益や経済的利益に反して奴隷貿易の撤廃を勝ち取った。[10] その功績は、嘆願書に署名し西インド会社の砂糖をボイコットした一般人に帰せられている。しかし真のヒーローはトーマス・クラークソンだった。彼は、今日のジャーナリスト同様、一七九〇年代にイギリスの奴隷船の惨状について書いた。著者らは彼こそが「近代人道運動の創設者」だと認める。[11]

『名誉規範』でアッピアは、キリスト教道義主義者を含む、奴隷制に反対する複数の力や人々に注目する。しかし彼はより多くの功績を中産階級や労働者——人間の労働の価値そのものを貶めるという、奴隷制〔の本質〕によって愚弄された人々——に帰している。自らの議論は歴史家クリストファー・レスリー・ブラウンに多くを負っていると明言しつつも、アッピアは『道義的資本（*Moral Capital*）』における、ブラウンの重要な議論を踏襲してはいない。ブラウン曰く、イギリスの「奴隷制度への反対意見」には多くの出所があった。奴隷に同情を感じた者もいれば、奴隷の気高さに心を打たれた者も、奴隷の悲惨な境遇に恐怖を覚えた者も、奴隷制度の原則に憎しみを覚えた者もいた。奴隷制度はキリスト教に反しておりアメリカ大陸でのキリスト教布教を妨げていると考える者も、奴隷制度が反道徳的な行為に拍車をかけていると考える者もいた。新興のプランテーション経営者階級に反感を覚えた者もいれば、自由という理想と植民地主義的奴隷制度の現実の矛盾に苦しんだ者もいた。奴隷の武装蜂起を恐れた者もいた——もっとも、ヨーロッパの奴隷制度撤廃の物語のなかで、行為主体《エージェンシー》としての奴隷が注目されることはほとんどなかったけれども。[12]

しかし、ブラウンの重要な指摘は歴史的画期をなすものだった。「アメリカ革命（＊南北戦争のこと）の前は」と彼は言う。「奴隷制反対を議会立法を通じて実現させようとする者など誰もいなかった」。[13] 彼にとって重要な問いとは以下である。何が、奴隷制反対を掲げる組織的運動の発展を可能にしたのか。どのような歴史的条件が揃えば、それ以前には散発的な奴隷制への反感に過ぎなかったものが、道義的美徳とみなされるようになるのか。もしアメリカが植民地のままであったなら、奴隷制反対のための行動や反感や運動は、奴隷制反対ではなく、「大帝国の統一」の下に出現し、異なる帰結を見せたのだろうか。要するに、いくつもの要因が作用することで、奴隷制反対運動が可能となったのみならず、さらには突然に、疑いようのない正義とされたのだった。ブラウンは、奴隷制度、資本主義、帝国拡大、そして首都で形成されるイデオロギーと、植民地におけるそれらの実践との緊張にかかる複雑な分析を通じて、道義的行動の真実の歴史を描き出す。アッピアはこれらの要因にはほとんど言及しない。

『ハーフ・ザ・スカイ』と『名誉規範』がイギリスと、かつて奴隷制度を有していた旧英植民地における奴隷制度反対運動についての〔人類の〕進歩の物語のなかでほぼ触れていないものに、どのようにして別の形の労働搾取が奴隷制度に代わって現れたか、ということがある。制度化された人種主義（*人間の特性と能力を決定する最大の要素は人種であり、その違いによって特定の人種が本質的に優位に立つという考えをもたらす信念）が奴隷制度にとって代わった。アメリカでは、人種を分かつ分断線は「一滴［でも黒人の血が入っているか］」ルールによって定められ、アメリカ南部では「ジム・クロウ」制度（*奴隷制廃止後の一九世紀末から二〇世紀初頭に再確立された黒人差別体制。当初は慣習だったが、次第に州法や市条例となった）という一種のアパルトヘイトが黒人隔離のために使われた。奴隷解放から約一五〇年を経てもなお、アフリカ系アメリカ人は機会の平等のために闘っている。非公式に隔離され、予算不足の学校や居住区に追いやられ、良い仕事、相応な社会的地位、社会的上昇から遠ざけられ、しばしば性的な存在とみなされ、不当に低い評価をされる。隔離され、犯罪者のレッテルをはられ、彼らの苦しみは不可視化されるか、彼らのせいにされる。ミッチェル・アレキサンダー（*アメリカの作家）が「新ジム・クロウ」と表現した大量投獄は、集団のなかでの男女のあり方を規定した。[14] 奴隷制度の終焉は、人類の野蛮さに対する戦いの歴史のなかの画期的な出来事ではあったが、しかし奴隷解放はいまだに平等をもたらしてはいないのである。

歴史を振り返り、ジェンダー抑圧と奴隷制度との類似点から何を学ぶべきだろうか。第一に、道義的革命が実際にどのような条件下で起こるのかは、実は明らかになっていない。それは多くの声、複数の社会

・政治的要因、偶発的な歴史的出来事が相まって生じたようである。偉大なドイツ人社会学者のノルベルト・エリアスと同じく、アッピアも、マナーと同様、道義性にも実際には歴史があることを示してくれる[15]。ここで私たちがなすべきことは、「女性のために戦争に赴く」という、新たに流通しだした道義的通貨が一体何を根拠とし、何がそれを安定した通貨たらしめているのかを考え抜くことである。

第二に、類似性がないところに注目すべきである。一方ではジェンダー関係は、自由人と奴隷との関係とは異なる。どこの地域でも女性や女児は、奴隷と主人とのつながりよりも強く、男性や男児に、親族関係や愛などの複雑な方法でつながっている。他方奴隷制廃止を勝ち取ったのは、他者の奴隷化に直接責任を持つ人々やコミュニティだった[16]。奴隷制廃止という道義的要請によって、自分たちの暴力の歴史を否定し、拒絶することになったとしても。自らの政府に奴隷貿易を撤廃せよと訴えたのはイギリス人だった。アブラハム・リンカーンによる奴隷解放宣言は、仲間であるアメリカ人に向けられたものだった。これとは対照的に、アッピアが説く女性に対する暴力に反対するコンセンサスは、「別の」場所に生きる男性に対し、彼らと共に暮らす女性たちに暴力を振るわないよう説くものである。

理解をこえているという感じ

これら全ての作家にとって、女性に対する不当行為や女性の苦悩は、それが「性奴隷」か「精神的な奴隷」か、レイプか妊産婦死亡か、名誉殺人として知られるものか家庭や娼館における監禁かにかかわらず、全てが遠い世界の出来事である。彼らはグローバルな視座から、ジェンダー差別やジェンダー不平等を語る。そしてアフリカ、アジア、中東や、ヨーロッパにある移民社会の話をする。奇妙なのは、女性の権利が問題となる場所はいつも、ここではないどこかであることだ。

『ハーフ・ザ・スカイ』の全二八〇ページに出てくる唯一のアメリカ人もしくはヨーロッパ人は、資金を集めてカンボジアに学校を建てた利他的な女子高生たちと、アフリカの保健所での業務に身を捧げるため、仕事を辞めた女性たちである。この何人かのアメリカ人女性たちが始めた小さな組織は、今や何百万ドルもの資金で運営されている。また唯一登場するアメリカ人男性は、共著者であるクリストフ本人と同じく、娼館から売春婦を助け出した男性と、すでに他界したコロンビア大学公共衛生学部の学部長といった、妊産婦死亡率を下げるために尽力した男性のみである。

彼らは立派な人々である。女性の問題には高い優先順位をつけなければならない。しかしグローバルで立派な仕事への注目によって、我々が取り組まなければならない問題は「ここではないどこか」だけで起こっているわけではない、という事実を消し去ることはできない。世界中の問題のなかでジェンダー問題に高い優先順位をつけることを正当化するために、クリストフとウーダンは、心中をあかす次のような発言をしている。「こうした抑圧は、理解をこえていると感じる」[17]。彼らはジェンダー不公正は理解をこえていると言うが、私に言わせれば、それは彼らがそれを自分の世界によくある出来事とは考えていないからである。時に現れる論旨と矛盾する統計（例えばアメリカ合衆国の妊産婦死亡率はイタリアと比べてかなり高く、アイルランドと比べると衝撃的ですらある）の説明さえない。暴力を振るう恋人や夫を殺し、アメリカ合衆国の刑務所に服役中の女性たちを弁護するために時間外労働をする弁護士の活動については、『ハーフ・ザ・スカイ』は何も語らない。アメリカ合衆国の司法省の報告書などからの引用もない。報告書は、アメリカ人女性の六人に一人は生涯に一度はレイプ被害を受けていて、加害者は通常親しい人物や知人であるという[18]。彼らは、男性たちが女性を酔わせて「得点する」ことや、ゲストを集団で強姦すること、翌日にそれらの行為を言いふらすことまでが容認されると書いた、ペギー・サンディ（＊アメリカのフェミニスト人類学者）の、大学の男子寮の白人中産階級文化に関する研究については語らない。[19] アフガニスタンやイラクからの帰還兵による、家庭内暴力や配偶者の殺人発生率が危険な水準に達していることにも一切触れない。クリストフとウーダンによれば、アメリカ人女性が直面する唯一の問題とは、「意に反して上司に触られる」ことか「低予算しかつかないスポーツ・チーム」である。[20] 彼らは死に至る性差別を問題化することを正当化するために、アメリカ合衆国やヨーロッパにおけるジェンダー問題を矮小化してしまっている。

フェミニストのパイオニアで、国際関係にジェンダー役割が埋め込まれていることを可視化させた政治学者のシンシア・エンローと同じく、クリストフとウーダンは諸外国におけるフェミニスト活動家の仕事を認め、称える。[21] アッピアも同様に、パキスタンの女性弁護士やフェミニスト活動家の仕事に期待を寄せている。しかし、ここでとりあげる他の本と同様、『ハーフ・ザ・スカイ』で最優先事項として発せられるメッセージは、西欧人が世界を変えなければならないというものである。たとえ彼らに振られたのが「集会の最前線でマイクを握ることではなく、小切手を切り、うしろでかばんを運ぶ」仕事であっても。[22]

アッピアはそうした介入が奏功した前例を示す。彼は、西欧の恥の概念がもたらした良い影響として中国の纏足の根絶を挙げる。苦痛を伴いながら女性がよろよろと歩く、纏足という苦痛を伴う慣習は八世紀にわたって続けられ、中国の大多数の女性に影響を及ぼしたが、今では極めて不快なものとみなされている。纏足の絶頂期には、纏足は教育のある男性にとって極めて官能的なものだったし、多くの女性たちもそれを美の理想形や、良い結婚の絶対条件とみなしていた。アッピアは、その慣習の終わりは外部の人間によってもたらされたと言う。西欧の宣教師や商人、教育のある日本人ら〔の纏足に対する否定的態度〕は、現地のエリートを狼狽させ、慣習に反対する熱烈な改革者へと変貌させた。知識階級が「先進的な工業世界」に対峙したとき、「知識階級は、近代化した他者に自らの伝統を主張するだけの自信をすでに失って」おり、かくして「纏足解放に向から抗いがたい流れが生まれた」とアッピアは言う。[23]

第一線の纏足研究者の読み解きは、より穏当である。ドロシー・コウは、一九世紀末と二〇世紀初期の「グローバルな舞台における西欧からの屈辱」という社会状況のなかでの、改革主義者の努力に纏足廃止の起源を見出した。[24] アッピア同様彼女もまた、改革と高まりつつある近代性への希求とを結びつけた。しかし彼女は自由への関心を、まず英国、さらにフランスと日本に対する軍事的敗北が引き起こした深刻な政治危機への反応として捉えた。一九一一年の大清帝国の崩壊は、完全なる敗北を意味した。反纏足運動は、ヨーロッパによる（ヨーロッパの）「自由貿易」に向けて開港を約束する条約の締結に続いて起こった。

コウはさらに、纏足の廃止に関する単純な説明は存在しない、なぜなら、「一つではなく複数の」纏足があり、やり方は時代、地域、村、社会階級によって異なったから、と議論を展開する。[25] 狼狽を覚えた中国人男性による「自然な足」を目指した近代化の動きは重要ではあるが、研究者たちは、その慣習の実践と終焉の歴史を書く上で欠かせない多くの要因が他にもあったことを明らかにしている。纏足の衰退と、家庭での製糸と織りにとって代わった工場での織物生産を結び付け、構造経済学的に議論した研究者もいた。纏足の慣習が、内陸部では実際、共産主義革命後まで続いていたと記す研究者もいる。これは、マルクスとエンゲルスの理論に由来するジェンダー政治を導いた。それは女性の地位への関心、労働の尊厳に関するイデオロギー、抑圧の形態の有機的な関連（支配者と被支配者、地主と小作、先祖の神々と一般の人々、そして男性と女性）、女性抑圧の最大の理由と見なされていた、生産と再生産を分かつ、〔生産＝男性、再生産＝女性という〕ジェンダー区分の転覆をめざす意図などを、理論に内包している。一九五七年の結婚法などの、毛沢東による初期の法改正は、妾制度を非合法化し、女性に離婚権を与えた。社会主義イデオロギーは、女性に、自分たちが蒙ってきた抑圧を「封建的」と名づけるための言葉を与えた。「封建的」とされるもののなかに、纏足も含まれていた。[26] 中国全土に拡大した政治運動は、イデオロギーに沿った実践を根付かせるべく、中国の村という村、津々浦々に管理官を送り込んだ。[27]

歴史学研究は、西欧の宣教師や侵略者の影響で、二〇世紀初頭の清の自尊心を傷つけられた知識人たちが、名誉と纏足とを結びつけたことで纏足廃止へのシナリオができたとしても、その慣習を過去のものとするためには、その他にも多くのことが必要だったことを明らかにした。コウはその鋭い分析のなかで、初期の改革主義者たちの運動が、ほぼ全ての中国女性たちに与えた最も直接的な影響は社会的分断であり、そのために女性は恥をかかされ、無防備な状態に置かれたと断じた。[28] この初期段階では、啓蒙された男性とまだ少なかった解放された女性たちの名誉は、残りの女性たちに沈黙を強い、彼らが彼女たちの痛みを代わりに語ることによって守られていたのである。改革主義者らの名誉は、自らを大多数の後進的で無価値な人々から切り離すことによって成り立っていた。[29] 今日のドイツの人権運動がアフガニスタンの女性をモノ言わぬごみ袋として表現したように、当時の改革主義者は中国の女性たちを「道義的、政治的な行為主体《エージェント》」とは考えもしなかった。さらにその運動は実際には一九四〇年までに、戦争と日本による占領によって忘れ去られた。

西欧の影響についてのこの議論は、『ハーフ・ザ・スカイ』の、ジェンダー不平等が理解をこえたものと感じられる理由を説明する次の一節を髣髴とさせる。「こうした抑圧は、理解をこえていると感じる」とクリストフとウーダンは言い「一方で問題解決の先にある可能性もまたきわめて大きいと思うからだ。加えて、外部の人間でもほんとうに意味のある変化を生み出せるという事実を目の当たりにしてきたからでもある」と続ける。[30] 女性の抑圧がもたらす機会とはすなわち、外部の者にとっての機会である。彼らの読者や、ジェンダー不平等根絶に向けた戦いの参加者とは、究極的には、ここではないどこか遠く離れた場所のジェンダー問題を解決したいと考える人々である。『ハーフ・ザ・スカイ』は、ヒルシ・アリの『囚われの乙女（The Caged Virgin）』や『遊牧民（Nomad）』、あるいはアッピアの『名誉規範』などと同じく、どこか遠くの人々のために何かをしよう、という西欧の人々に宛てた招待状なのである。[31] 西欧人はグローバルな不平等を維持させ、あちこちで女性の苦しみを悪化させ（場合によってはその原因ともなっ）た張本人であるにもかかわらず、この類の本は、西欧人がすでにどのような役割を担っているのかを検証する方向には働きかけない。この傾向は特に、パキスタンやアフガニスタンなどの、テロとの戦いと道義的説得力とが分かちがたく、複雑に絡みあった地域において顕著である。

自分たちから遠く離れた場所での苦しみに対する熱狂的な関心はまた、苦しみの原因となる複雑なダイナミクスには無関心で、そこが厄介である。また同様にグローバルな不平等の長い歴史ゆえに、「北」に生きる私たちの多くが享受する特権を等閑視する議論のあり方にも問題がある。特権のなかには、莫大な消費、軍事侵攻を心配しなくてもいい安全な暮らし、先進医療の充実、子どもたちを育てて彼らのために希望を持つ相対的能力と教育が含まれる。とりわけ教育は、私たちがこれらの不平等を分析する際の道具を与えてくれる。「北」に住む私たちは、世界資源の分配におけるショッキングなまでの不平等を、必然とみなして受容しているようですらある。

ここではないどこかに視線を向けるべきであるという主張には、どのような効果があるのだろうか。この類の議論は、自らを無垢で道義的で目的を持つ人間とみなし、自画自賛を許してしまう。対照的に、多くのラディカルでグローバルな活動家たちは、今日の状況に対する私たちの、消費者として、市民として、巨額の軍事費を持つ国の一員として、さらには企業の貪欲さの受益者（であると同時に被害者。この傾向は年々増加しつつある）としての責任を、真剣に自問せよと迫る。[32] 村の女性がお金を借りられるように（その利子は二〇から三〇％だが、クリストフとウーダンが確約するところでは、それは現地の貸金業者のレートより低い）[33]、マイクロクレジットの運営者に二五ドルを融資することはそれほど悪いことではないだろう。しかしその金額は、その額を払って良い気分になる人間が、普通のレストランで払う食事代一回分よりも安い。

女子校建設のために、アメリカの高校生を海外派遣することを、「皮肉屋」が非難するかもしれない（焼き菓子を作って売ったり、金持ちの親戚に泣きついて集めた資金は、渡航費用としてではなく、もっと多くの学校を建てるために使ったほうが効果的だ）ことに配慮して、『ハーフ・ザ・スカイ』はこれらの動きを擁護する。目的の一つは、「若い米国人を外国の生活に触れさせることだ。彼らが学び、成長し、可能性を開花させられる」というものである。[34]『ハーフ・ザ・スカイ』は、「援助プロジェクトは、海外の人々の支援という点では評価が分かれるが、寄付者を啓発し動かすことについては折り紙つきの成果を上げている」と位置づける。[35] ある私立高校の生徒たちにとって、カンボジアへの旅行は「大切な研修であり、学びの機会だった」[36]。しかしながらその教育機会は特権的な私立学校の生徒たちのものであり、彼らには今までもこれからも、数多くの成長と才能を開花させるための機会が約束されている。

言うまでもないことだが、特権を持つ人々も、自己中心的に自分勝手に生きるよりは、世界をより良くすることを学んだ方が良いに決まっている。無知でいるよりは、学ぶ方が良い。旅行が学生たちの更なる学習意欲をかきたて、良い大人になりたいという願いを抱かせるかもしれない。彼らは、世界の多くの場所に良質な公立学校や医療が存在しないことと、自分自身とが世界のなかでどうつながっているのか、質問するかもしれない。あるいは自分の町や市で、誰もが同じ学習機会を得られないのはなぜか、疑問に思うかもしれない。しかし『ハーフ・ザ・スカイ』や『名誉規範』などの本のなかで、こうした疑問が語られることはない。その代わりに、海外で活躍する活動家への横柄な賛辞と相まって、どこかよその女性のおかれた状況に対する、恐怖や同情の念がかきたてられる。

「イスラーム・ランド」

女性の権利と平等をかけた大衆による戦いの、常識への働きかけを問う最初の手がかりが、もし反自省的なまなざしにあるとするなら、二番目の手がかりは、アイヤーン・ヒルシ・アリの著作のなかに、はっきりと見出せる。彼女は一筋縄ではいかない人物である。彼女の半自伝的な著作『無神論者（*Infidel*）』（*邦題は『もう、服従しない――イスラムに背いて、私は人生を自分の手に取り戻した』）は細部描写が豊かで素晴らしい。しかしそれ以外の彼女の仕事は、右派が用いるキャッチフレーズを使って、彼らのイデオロギーが自明視するメッセージを拡散しているにすぎない。ヒルシ・アリは彼女が二元論的に描いた世界の情勢において自由と論理とを希い、サミュエル・ハンチントンが世界政治を語った「文明の衝突」という枠組みや、バーナード・ルイスのムスリムに関するサウンドバイト（*ニュースなどの放送用に抜粋された言葉や映像）として最も有名な「何が間違っていたのか」といった発言を援用する。[37] またヒルシ・アリは、多文化主義の穏健的リベラリズムを軽視する。事実は正確性に欠け、参照は折衷的、議論は一貫性に欠けるが、彼女は「穏健なムスリム」として右派からの政治的庇護を受けている。[38] 彼女は、アッピアのようなリベラルな研究者とは対照をなす人物とされる。

それでもヒルシ・アリと、女性のための戦争という新たな常識を作り出す人々には、女性は眼前の危機を克服できるという考え以外にも共通点がある。ヒルシ・アリは仮想空間を築き上げた。その空間で、グローバルな女性の権利を支援する世論のうねりは躍動し、他の作家たちもその上に自らの議論をうちたてた。それが一番よくわかるのは三冊目の著作『遊牧民』である。この本は「イスラームからアメリカへ」の彼女の遍歴の記録である、と銘打たれている。この表現はとても奇妙に響く。実際には、彼女は東アフリカのソマリア出身である。そして父親が亡命状態にあったため、子ども時代と青年期をサウジアラビア、エチオピア、ケニアで過ごし、その後オランダに亡命する。ヨーロッパで一悶着起こした後、最終的に彼女はアメリカへ移住する。

イスラームは誰かの出自たりえるような「場所」ではない。しかし「イスラーム・ランド」と私が呼ぶこの架空の場所は、女性のための戦いを一点の曇りもない善きものとして聖別する。[39] イスラーム・ランドは女性の権利を称揚する人々に道義的資本（moral capital）（＊社会関係資本（social capital）を踏まえた表現）を提供するのである。クリストフ、ウーダン、アッピアはヒルシ・アリに比べれば、政治的に穏健で、リベラリズムの観点からもっと人道的で、文体は洗練度が高く言い回しもより慎重であり、彼らの希望と人道主義により共感的であろう。さらに、議論を組み立てる際の知的基盤も堅実で、ヒルシ・アリよりも信頼できる。ただし、彼らはヒルシ・アリと二つの確信を共有している。第一に、彼らは「我々」を、世界の何が間違っているかを判断し、それについて何かをなすべき、道義的な存在とみなしている。第二に――これこそが彼らの確信を世間が容易にうけ入れることを可能にしているのだが――彼らはイスラーム・ランドが、今日最も物事がうまくいっていない場所であることに同意しているのだ。たしかに、彼らはイスラームという宗教に対し直接非を鳴らすのは間違いであると留保している。例えばヒルシ・アリは、「私は決して、イスラームを嫌悪しているのではありません。イスラームが称揚する、慈善、ホスピタリティー、そして弱く貧しい人たちへの思いやりといった、崇高な価値についても理解しています」と語る。[40] クリストフとウーダンも、「エラハの苦境を預言者ムハンマドやイスラームのせいにするつもりはない」と書く。[41]アッピアは厳然とした態度で、「クルアーンもスンナも、そしてハディースも、男性が家族の女性成員を殺すことを是としてはいない、ということは、イスラーム世界で広く同意されるところだ」と書く。[42]しかしどの文章にもその後に「しかし」がつく。

彼らが言うには、問題はイスラーム・ランドであって、被害者であるムスリム女性の姿にイスラームというものが凝縮されているのだ。確かに、『ハーフ・ザ・スカイ』のヒロインや被害者は全員がムスリムなわけではない。彼女たちは、カンボジア、南アフリカ、インド、カメルーン、コンゴ、スリランカの出身である。本は、マレーシアとタイの売春宿に売られたラスというカンボジアの少女の救済の話から始まる。クリストフは彼女の物語を凄惨な細部まで丹念に描く。ヒロインは売春宿の主のギャングにレイプされ、従順になるまで暴力を振るわれ、薬物を投与される。同僚の娼婦は「脱走をむずかしくするためか、チップや割り増しをせしめるためか、裸のままでいさせられ、（中略）つねにほほえみ、客を見て喜ぶふりをするようになるまで殴られた。男たちは、目を泣き腫らしてげっそりやつれた少女たちとのセックスには金をはずまないからだ[43]」。クリストフは（ポルノ）グラフィックな細部を書くことをためらわない。これが彼のやり方なのだ。[44]

彼もまた、イスラーム・ランドの男性にこそ道義的革命が必要であり、彼らが西欧の道義的圧力に屈し、不名誉〔という概念〕に包摂されたときにはじめて革命が成し遂げられる、という認識を持っているようである。アッピアはパシュトゥーンの男性や他のムスリム諸国の旅行者たちに、彼らの尊厳や名誉の基盤となるものを再定義すべきであると説き、そうでなければクリストフとウーダンの言を借りれば「テストステロンを帯びた価値」に基づいて行動することを止めるために、彼らを強制的にでも、もっとジェンダー平等な社会のなかで生きられるようにせよという。

しかし、単数形の纏足などないとコウは主張した。そのパターンは変化し、一人ひとりの女性の経験は個別で、目的も論理も多様、意味づけも多彩だからだ。そのように私も、単一の「ムスリム女性」も「イスラーム・ランド」も存在しないと言いたい。状況は個人、地域、国家、階級によってそれぞれ異なる。一章で、ムスリム世界には様々な形態の被り物があると書いた。「はじめに」では、ムスリム女性の人生の多様さについて議論した。一人ひとりの女性や男性は、宗教的伝統に各自で異なる意味を持たせていた。こうした複雑さは、『ハーフ・ザ・スカイ』の「イスラームは女性蔑視か」などの章のタイトルにひとくくりにされた時には捨象されてしまう。その章の内容自体が、その問いが間違っていることを明らかにしている。そこには多くの矛盾がある。一方では、預言者ムハンマドは当時の人としては進歩的で、彼の妻アーイシャは、イスラーム的伝統を次世代に伝える上で主導的な役割を果たしたし（＊彼女は預言者ムハンマドの言行（ハディース）を多く後世に語り伝えた）、今日のムスリム国家のファースト・レディーのうち、何人かは教育分野のリーダーである。ムスリム女性には、ヨーロッパの女性がそれを獲得するはるか以前から、財産の所有権があった。モロッコ、レバノン、エジプト、ヨルダンでの調査では、九八パーセントの人々が、女子にも男子と同等の教育を受ける権利があると答えた。イスラーム・フェミニストはクルアーンの再解釈を行っている。そして発言力のあるサウジアラビアの女性たちは、クリストフを上から目線で恩着せがましいと非難した。他方、女性の証言は裁判所では軽く見られ、エジプトでの調査では、四分の一の人々が女性は大統領になれないと考えていた（ただしこれは二〇一二年に自由選挙が行われるかなり前のことである）（＊当時のエジプト憲法の規定により、女性は大統領になれなかったことを考慮に入れる必要がある）。そして自爆テロ犯は、天国では処女を侍らせられると信じているようだった。ルクセンブルクが言うには、自爆テロを行う者たちは、天国では彼らに処女が約束されていると信じているが、実はそれが白ぶどうであることには気づいていない(45)（＊「処女」とは「白ぶどう」を意味するアラム語ではないかという説が『ハーフ・ザ・スカイ』で紹介されている。日本語版二二六ページ参照）。

クリストフ（彼の名前を出すのは、その章が彼の雑誌記事をもとにしており、その意味で彼は執筆者だからである）は、自ら立てた問いが大きすぎて、それに答えられていない。その問いがより馴染みのある宗教伝統についてのものだったら、と想像してほしい。もしあなたが「キリスト教は女性蔑視か」と問うたなら、父なる神に苦々しい思いを抱え不満を訴える多くのフェミニスト神学者はその通りだと答えるだろう。エレーヌ・ページェルズをはじめとする歴史家たちは、初期の数世紀の間に教会が家父長制的になり、エジプトに埋められていたグノーシス主義の福音書（＊一九四五年に上エジプトで発見されたナグ・ハマディ文書を指す）のような、それ以前の見解を抑圧した歴史的経緯を裏付ける証拠を見つけた。(46)しかしキリスト教とはカルバン主義のことを指すのか、はたまたカトリックなのか、あるいは女性の叙階を避けるために多くの人々がカトリックに改宗しているという英国国教会なのか。それは、魔女狩りを行ったセイラム（＊アメリカ、マサチューセッツ州の町）の清教徒のことか、マザー・テレサのことか、はたまたヒラリー・クリントンのことか。それとも性的人身売買に熱心に反対する伝道師なのか、クイバーフル（福音派の教会内のフェミニズムの影響を排除するために一九八七年に創立されたアメリカ聖書的男性像および女性像回復のための協議会の支援を受ける団体。同協議会は、一六〇〇万人のメンバーがいるといわれる。南部バプテスト連盟とキャンパス・クルセード・フォー・クライストを中心に宣伝活動をくりひろげている）に参加する人々のことか。クイバーフルに参加したキリスト教徒女性は、夫への自己犠牲とできるだけたくさん子どもを持つことで自らの充足を目指している。(47)彼らのウェブサイトには、聖書からの引用が載っている。

同様に「ユダヤ教は女性蔑視か」という問いも明らかに大雑把である。『ハーフ・ザ・スカイ』のある章は、申命記のなかの、処女ではなかった花嫁を石打にする一節から始まる。アッピアは旧約聖書のよく似た部分を引用した。[48] しかし、彼らは本のなかで、抑圧されたユダヤ教女性を取り上げたりはしない。あるいは、ユダヤ人が誇る伝統の継承が、コーヘンという聖職者団体の父から息子に受け継がれる系譜によることを疑問視することもない[49]（*コーヘンはモーセの兄アロンの子孫であるゆえに、一種の宗教上の特権と責務を持つ家系を指す）。また、頭髪をかつらで隠し、足を厚いタイツで隠すハシディズム（ユダヤ教の敬虔主義）女性のために介入すべきだなどとは考えもしない。その間、改革派でもない女性たちのささやかなグループが、ニューヨークの地下室で女性主導で祈りを捧げ、それによってユダヤ法の限界を押し広げようとしていたとしても。二〇世紀の最もラディカルなアメリカのフェミニストたちはユダヤ教徒か、親のどちらかがユダヤ教徒の女性たちであることは周知の事実である。[50] そこには多様性がある。そこには内部の議論がある。歴史はどこにでもある。よそ者は、自分が（その議論の）主導権を握らなければ、などとは考えないものである。

対象となる宗教伝統を入れ替えただけで、この問いの間違いが明らかになる。ならばアムステルダムで、ナイロビで、クアラルンプールで、スウェーデンで、ムスリム女性が悩まされている全ての暴力の原因をヒルシ・アリがイスラームに帰す時、なぜその間違いに気づかないのだろうか。アイヤーン・ヒルシ・アリは、無神論は彼女の自由にとって重要な役割を果たしたと高らかに宣言し、妙なタイミングで「キリスト教の指導者たちは、イスラームの指導者と自称する者たちとの無益な宗教間対話に大事な時間と資源を費やさず、聖戦を否定する神の存在を教え、できるだけたくさんのムスリムをキリスト教に改宗させるべく努力すべきである」と述べる。[51] ここでいう聖戦を否定する神とは、確か十字軍を率いた神ではなかったか。

イスラーム・ランドは存在しない。私は五歳の時から、イスラーム・ランドと西欧という分割に則れば、「向こう側」とみなされる地域で時間を過ごした。人類学者として、エジプトのいくつかのコミュニティで調査もした。ヨルダンに親戚を訪ねて行ったこともある。レバノンでは学校に通った。私の知っている女性たちのなかには、ヒルシ・アリの本が「ムスリム女性（the Muslim woman）」と呼んだり、ミリアム・クークが皮肉をこめて「女ムスリム（Muslimwoman）」と呼ぶような、そんな女性はいない[52]。それは木々もまばらな砂漠で、料理と掃除をしてくれる姪たちに囲まれつつソマリアの貧困を生きる、老いて弱ってしまったヒルシ・アリの母のことだろうか。あるいはそれは、バングラデシュの現大統領（＊シェイク・ハシナ（一九四七―）。バングラデシュ独立の父である初代大統領ムジブル・ラーマンの娘）のことだろうか、もしくは二〇〇七年に暗殺された、オックスフォード卒の前パキスタン首相（＊ベーナズィール・ブットー（一九五三―二〇〇七）。イスラーム圏で初の女性首相）のことだろうか。パレスチナの映画監督やレバノンの作家たちなのだろうか。それとも、とても美しい絨毯を織り、切ない愛の歌を歌うエジプトの女性たちのことだろうか。あるいは『ハーパーズ・バザール・アラビア』誌に載った、カタールのファッションブロガーのことだろうか。最新のデザイナーファッションに身を包み、日々のおしゃれについて発信する若い女性たちを、二〇一〇年の「アバーヤ・アクセサリー」という記事は華々しく取り上げた。彼女たちは黒いアバーヤに、クリスチャン・ルブタンのヒョウ柄の厚底ハイヒール、シャネルのサングラス、視線を釘付けにするアレキサンダー・マックイーンの指輪、それにフェンディの限定ヘビ革ツートーン・ピカブーバッグを合わせていた。ヒルシ・アリが読者の慈悲を乞い、「私がかつて捨てた世界に未だにとらわれている多くの女性たち」と憐れむのは、これらの女性たちなのだろうか[53]。

　苦しんでいるムスリムの女性たちはたくさんいる。上エジプトの村に暮らすザイナブは、警察の嫌がらせに悩まされている。オバは不公正に耐えつつ静かに苦しみ、愛する人を失った悲しみを歌に託す。難民たちはベイルートやアンマンの道端で物乞いをする。これらの女性たちの苦境は、クルアーンやムスリム世界の文化に埋め込まれた、〔役割〕期待やジェンダーと全く無関係ではないかもしれない。時には、それがイスラーム法の解釈によって正当化されることもありうる。しかしそのどの事例をとっても、彼女たちの苦しみには複合的な要因がある。私たちは、それらの要因を一つひとつ丁寧に検証すべきだろう。

　エジプトのある村に暮らす、二〇年来の知己のアマルを例に考えてみよう[54]。その地方に行くときは必ず、私は彼女の村で時を過ごした。お互いの娘同士もとても仲がいい。もし外国の記者が数年前に彼女の村を訪れたなら、彼女のことを記事にしただろう。記者は、彼女の歩くことさえままならない様を目にしたはずである。彼女は「女性の手術」なるものを受けたばかりで、衰弱と痛みに苦しんでいた。医者は、手術には一〇五〇エジプトポンド、約二〇〇米ドルかかると告げた。彼女は私にひっそりと「私たちには払えなかった」と言った。彼女はその後医者にかかるのをやめたが、結局手術を受けなければならなくなった。彼女は手術を、政府が運営する、今にも倒壊しそうな病院で受けた。政府系の病院の状況が私営のクリニックに比べて悪いことは周知の事実である。構造改革の波に洗われ、エジプト政府は公衆衛生の予算を大幅に削減せざるをえず、今では患者は薬品代や麻酔薬代すら自分で支払わなければならない。アマルの夫は政府系の病院で受ける無料の手術と私立クリニックで受ける高額の手術は何ら変わらないと力説し、「どうせ手術するのは手なんだよ」「切るのは少しだし」と言い張った。彼は私立クリニックで妻に手術を受けさせられないことを恥じていて、その代わりに彼女に買った高い薬についてひっきりなしに喋った。さらに彼は、妻が病院にいた七日の間、彼がどれだけ長い間付き添ってあげていたかを語った。

　アマルは手術後、一か月の間床についた。その後起き上がれるようにはなったが、三か月間静養し、九か月は重いものを持つことができなかった。その間、彼女の仕事は彼女の家族が代わりにこなした。いつしか、私はこの出来事が彼女の結婚に及ぼした影響について考えた。彼女は、夫が第二夫人を娶ると冗談を言うたびに笑顔を作る術を学ばなくてはならなかった。しかしそれは、イスラームが女性に強いる抑圧のしるしなのか。

アマルは当時、結婚二三年目だった。アマルと彼女の夫の役割と責任ははっきりしていた。私の知る彼女は、いつも懸命に働いていた。羊のために牧草を刈り、水牛に餌をやり搾乳をし、鶏、アヒル、食用ウサギを育て、週に一回の定期市で農作物を売り、洗濯をし、掃除をし、料理をし、いうまでもなく五人の子どもの子育てもした。これはムスリムの女性としての苦しみの証なのだろうか。

彼女の夫のことを考えた。彼もまた働き者だった。彼がくつろいでいる姿を私は、モスクでの金曜礼拝に備えて、シャワーを浴び、ひげを剃っている時しか見たことがない。彼は二〇年以上、海外からの考古学復元支援の現場で働いていた。それでも彼には、いかなる社会福祉も健康保険も福利厚生もなかった。同じようなスキルを持つヨーロッパ人の同僚に比べれば雀の涙の給料のために、彼は毎朝六時に家を出て、一時間かけて現場に通った。日に焼かれて、石を相手にした仕事に疲れ、除草、灌漑整備、収穫、さらには毎日仕事の後と休日に日曜大工で建てている自宅の建築作業で、彼の筋肉はパンパンに張った。アマルが家畜の世話をし、家事を行い、その合間に縫物仕事を続ける間、彼は配管や電気配線をし、ヤシの繊維でロープをこしらえて収穫物を束ね、泥とわらとで日干しレンガまで作った。一〇年かけて夫とアマルは少しずつ砂漠の土地を買い足し、そこに家族のための野菜を栽培したり、長男のための家の基礎を作ったりしていた。彼ら二人の仕事は、まだ子どもたちがみな幼く学校に通っていた頃には特にきつかった。

私が村に戻った日の、痛みにあえぐアマルに記者が出会ったなら、アマルの苦しみや、お粗末な医療や夫の心無い冗談に腹を立てたかもしれない。実際私でさえ腹が立った。しかし私は、彼女の医療問題や経済的問題には複合的な要因があり、単純なジェンダー差別や、ましてや「女性に対する戦争」がその要因な訳がないと知っている。会話を通じて、彼女が医療費の支払いのために羊を売らねばならなかったことがわかった。それは彼女が育てた羊で、その利益は彼女のものであることは指摘しておくべきだろう。さらに言えば、夫が第二夫人を娶るという冗談を言うのはこのときが初めてではない。夕食に招かれ、その後紅茶を飲んでいるときなどにアマルの夫に、彼の観光業を手伝ってくれる金持ちのヨーロッパ人女性を見つけてくれ、と頼まれることは前にもあった。アマルはそれを真に受けただろうか。彼がその類の冗談を飛ばすたびに、娘がぱっと彼に飛びかかり彼を殴るふりをして「もしそんなことしたらお父さんを叩いて、第二夫人をこの町から追っ払っちゃうからね！」とふざけるのを、私たちもアマルも知っていた。彼には複数の妻を持つ権利があったが、こうした冗談は他愛ない会話に過ぎなかった。彼の言葉の裏には、この不公平な世のなかでもっと楽な人生を送る人々がいることへの、疲弊と不満がくすぶっていた。

そのコミュニティの他の多くの女性と同じように、アマルは一日に五回礼拝をし、髪を隠していた。また、出かける際に夫の許可が要るわけではないが、夫に知らせずにどこかに出かけることはほとんどなかった。この閉鎖的で緊密なコミュニティでは、社会的義務に時間を取られる。女性たちは誰かが亡くなったり、病気に罹ったり、病院から戻ってきたり、家族の危機があったり、婚約式や結婚式があったり、マッカ巡礼からの帰還パーティがあったりすれば、何をしていてもその手を止めた。女性は家にいるべきという道義的理想は、親戚や近隣住民の世話を焼くことが高く評価される、という形で生きていた。彼女たちの評判は、要するに家族の評判だった。それを邪魔しようとする夫はいなかった[55]。

なぜアマルはイスラーム・ランドの「ムスリム女性」の代表にふさわしくないのだろうか。彼女は苦しんでいるし、問題も抱えている。時には妥協もしなければならない。彼女は貧しい働き者である。しかし笑えない冗談はともかく、夫婦仲が良いことは確かである。一人ひとりの個性が多様であるように、夫婦が置かれた状況も様々ではあるが、彼女たちは村ではありふれたカップルである。アマルも夫も一生懸命に働き、家のなかのことは全て二人で決める。アマルの夫はいつもアマルのことを気にかけている。子どもたちは、自宅の向かいに建設中の新居で寝ていたときに、アマルに巨大なヘビが襲い掛かり、夫が木の枝でヘビを撃退した話を誇らしげに語る。そしてアマルと夫は、いつも子どもたちの幸せを優先した。アマルが手術を受ける少し前、ある男性が長女にプロポーズした。夫婦は花嫁の持参財の相場以上の花嫁道具を娘のために用意した。なかでも一番高かったのが台所用品である。彼らは、DJつきの素晴らしい結婚式のために借金もした。手術費用を用立てられなかったのはそのためだった。二年ほどたって、彼らは最初の孫娘に恵まれた。私が向けるカメラの前で、アマルの夫は誇らしげに、赤ん坊の頬にキスをするポーズをとった。子どもたちを育て上げることがいつも人生の中心で、そのために彼らはチームとして努力を惜しまなかった。いつも簡単にいったわけでも、完璧でもなかった。それでも彼らはお互いのため、そして子どものために犠牲を払ったのである。

うわべだけの挿話や極端な事例は、女性たちの多様な人生経験やその文脈のほんの一部しか伝えてはくれない。彼女たちの苦しみを理解するために、多様な彼女たちの経験や文脈に注意を払う必要がある。(56) 例外や逸脱、あるいは明確な理由のもとに「非人道的」と呼ばれる出来事は、どこであれ厄介な問題である。解決したいと願う気持ちは間違ってはいない。そこにジェンダー的な傾向があることを明らかにしたのは、フェミニズムの功績である。しかし女性への虐待は文化、国家、宗教的境界を越えて起こっていることを忘れてはならない。女性のための戦争の対象を、恣意的に選択してはならないのである。

ヒルシ・アリは、「一人のムスリム女性」としての経験から、その後その役割から逃げおおせた者として語っている、と主張する。彼女の経験から学べることは多い。彼女の経験は亡命ソマリア人について、またヨーロッパにおける難民について多くのことを教えてくれるが、しかし「女ムスリム」について何かを教えてくれるわけではない。さらに彼女は洞察力の高さと決断力、そして家族と宗教を拒絶しているなどの点において、特異な例である。自伝に描かれる彼女の人生は困難に満ちている。母親は常軌を逸した奇怪な行動をとり、常に腹を立てていた。彼女は政治活動家であった夫に捨てられ、一人で子どもたちを育てなければならなかった。皮膚病に悩まされ、よく子どもを叩いた。ヒルシ・アリの兄は、彼女の語りによれば重度の鬱に悩まされていたし、妹は何年にもわたる鬱と精神的な発作に苦しんだ末に亡くなった。彼女のオバやオジたちの多くは、彼女によれば、ソマリアで「物狂い」と呼ばれる人々だった。彼女は全ての問題の責を、イスラームと一夫多妻制に帰した。しかし彼女の状況依存的な物語を紐解けば、宗教よりもはるかにその苦難の原因となっているものが他にあることがわかる。[57]

道義的十字軍に備える

女性の権利のために戦争に赴く、という新たな常識は、前述のように、イスラーム・ランドという一枚岩の架空の世界があるかのような神話や、遠くの誰かを救うという、恣意的かつ道義的な義務を前提として必要とする。それなのにこの新たな常識は、なぜこんなにも正しく響くのだろうか。それを理解するために、話の枝葉を見る必要があるだろう。過去数十年の間に登場した、女性の権利侵害にかかる二つのよくある語り口は、作家たちが女性の苦境を描くときの決まりきった方法を下支えしている。その一つは、国際的人権という、今の時代に多大な正当性が与えられるに至った、政治と道義上の企てである。女性の権利という言語とそれと並行して発展した制度的装置は、一九九〇年代以降、人権と結び付けられてきた。例えばフェミニズムは、「女性の権利は人権である」というスローガンを掲げるようになった。その成功は、ガバナンス・フェミニズム（GF）の台頭や、ラディカル・フェミニストによる世界中の法、官僚、政治制度の男性による占有にかかる法的研究を促進させた。[58] こうした一連の制度の核をなすのは、普遍的価値の存在の主張である。

もう一つはもっとあざとい商売である。巨大な商業出版の世界のことだ。この商売は、表紙ですぐにわかるようなジャンルの本を作り、宣伝する。この類の本は空港の本屋ですぐに見つかる。黒か薄いヴェールを被り、目だけ、あるいは片目だけを見せている女性というのが、よくあるイメージである。本の題名から、共通するテーマが浮かび上がる。『サウジアラビアの、ヴェールの向こう側の実話（*A True Story of Life behind the Veil in Saudi Arabia*）』、『売られて（*Sold*）』、『現代の奴隷制度についてのある女性の真実の物語（*One Woman's True Account of Modern Slavery*）』、『生きながら火に焼かれて（*Burned Alive*）』、『禁じられた顔（*My Forbidden Face*）』、『情け容赦なく（*Without Mercy*）』、『無理やり結婚させられて（*Married by Force*）』。それらはしばしば「語られっぱなし」の個人的な物語である。本章で扱ったような権威ある作家たちには侮られているが、実はこのジャンルこそが彼らの作品を下支えしているのである。

この二つの制度は、どうやって「我々の時代における最もショッキングで広くはびこる人権侵害」と戦う『ハーフ・ザ・スカイ』に登場する女性たちのイメージを作り上げているのか。全く異なるものでありながら、この二つの隣り合う言説は、女性のための戦争、とりわけムスリム女性のための戦争に人々を駆り立てる普遍的な正しさ、という新たな常識が熱狂をもって迎えられるための道を整えた。奴隷制度が撤廃された時代のアメリカの白人社会を専門とする歴史家は、一八世紀後半から一九世紀前半に台頭した

「痛みのポルノ」と人道主義的改革の努力には相関関係があると分析した。カレン・ハルトゥーネンはそうした苦しみのイメージを「人道主義的感性の分かちがたい一要素である」と見る。[59]二一世紀のそれは、三章で議論するように、虐げられたムスリム女性やムスリム少女についての「三文ノンフィクション」というジャンルである。それは、新たな常識や新たな感性の創造において、普遍的人権というユートピア的言説と分かちがたくつながっている。[60]

3　道義的十字軍の認可／権威づけ

一体どうやって、女性のために戦争に行くという新たな常識を生み出す作家は、権威を得ているのだろうか。論理的には穴だらけで、作中で語られないことも多く、女性が抱える問題の描き方には偏向がみられ、しかも肝心要の部分がそもそも神話であるにもかかわらず、ムスリム世界全体に対する国際的関与の合意形成を生み出す彼らの議論に、なぜ多くの人々は同意してしまうのだろうか。

ここで論じる作家は、人権や女性の権利といった、現在広範囲に通用する言語を使うことで、自分たちの論拠への疑いを退ける。それらの言語は、世界中の人々に対し公正になる方法を学び、人類の普遍的基準に沿って物事を判断するよう強く求める。そしてその普遍的基準を部分的にせよ定義づけるのが、ジェンダー平等と女性の自由への希求なのである。もし、女性たちを世界のここではないどこかから——多くの場合彼女たちの文化や伝統から——救出するという道義的十字軍の権威が、様々な国際機関が作り上げてきた普遍的権利という価値観に由来するならば、この議論の感情に訴えかける説得力は、そうした作家たちが普遍的権利という価値観と自分たちとを結びつけることによって生み出されてきた。この特徴が最もよく表れているのが、ここではないどこかで女性たちが悩まされている問題を描いた、欧米で非常に人気のあるジャンルの読み物で、そこで被害者とされるのは多くの場合ムスリム女性である。このジャンルの読み物の描写は生々しく、ポルノ的ですらある。

女性の救出という新たな常識においては、〔国際機関の使う〕抽象的で公平な言語と〔文学ジャンルの〕感傷的な言語とが混淆している。そのどちらの言語においても鍵となる語彙は、合意形成、選択、そして自由である。この脚本の核となるのは、選択する人間と選択しない人間、自由に生きる人間と囚われて生きる人間の違いであり、この脚本の顛末に、聖戦の行方は左右される。

これらの二つの言語について、まずは考察すべきである。そして特に注目すべきは、虐げられるムスリム女性という人気のジャンルの読み物である。これは人身売買の一形式、文学による人身売買とも考えられる。二章で検討したように、かつての大西洋をまたぐ奴隷制度と、今日のジェンダー抑圧はさしたる類似性を持たない。この非類似性は、プランテーション奴隷を対象としたポルノとこのジャンルが、驚くほど似通っていることによって克服されている。そこで本章では、こうした本が作られる政治的文脈に焦点を当て、それらが読者に与える影響について検討する。さらに、秘められた仄かな性的快感や、例外的な話を一般化させる作用を持つ怪しげな魔法に逆らって作品を読むことで、それらのお決まりの物語のなかの、犠牲者／ヒロインという強い関心の対象について、別の見方を提示する。(1)

ユートピア的至高の価値観

私たちは、普遍的人権概念が広く信じられている時代に生きている。人権の概念は多くの組織において制度化され、この概念はグローバル化された道徳の事実上唯一の根拠となった。そのため一九八〇年代のはじめから、フェミニストは女性の権利や、女性のより良い生活を求めるキャンペーンを人権と結びつけて展開するようになった。国際的な場で仕事をする活動家は、女性の権利は人権〔問題〕だと主張するキャンペーンを成功させてきた。具体的には、活動家たちは協定を起草し、官僚的な巨大組織に就職し、アカウンタビリティ（説明責任）というしくみを取り入れた。ジェンダー差別という悪が可視化されてわかりやすくなり、女性の権利という言葉がにわかに大きな権威を持つようになったのは、こうした協定やキャンペーンのおかげである。グローバルな女性の権利、という新たな常識〔が築かれた、そ〕の立役者は、権利を称揚する、草の根から国際に至るあらゆる組織に関わる女性活動家なのである。(2)

では、女性の権利と人権を結びつけたキャンペーンが、必然的に伴ったものとは何だったのだろうか。それを理解するために、影響力を持つフェミニストたちによる重要な議論を概観してみよう。(3) ある著名な法学者が呼びかけた、普遍的権利を援用した反ポルノ・レイプ・キャンペーンは、実際には驚くべき形で始まった。彼女は世界人権宣言を批判し、宣言自体とそれを支援する国内および国際的な機関は、ともに家父長制的であると非難した。「一体女性はいつになったら人間になれるのか」という悲しい響きの疑問は、世界人権宣言を普遍的に適用させることの失敗だけではなく、その宣言に内包された偏った、あるいは排他的な人間観をも糾弾した。キャサリン・マッキノンは、特定の困難に直面する女性が被害にあっている全ての暴力（それはニコラス・クリストフとシェリル・ウーダンが『ハーフ・ザ・スカイ』で、あるいはアンソニー・アッピアが『名誉規範』で取り上げたのと同種類の虐待である）を、「私たち」という第一人称複数を主語に仰々しく書き連ね、「女性は社会的現実において十全なる人間としての地位を必要としています。だからこそ、世界人権宣言は、女性がいかに、人間性の剥奪という形で人権を奪われているかを直視する必要があり、人権が普遍的なものであるためには、世界人権宣言が挑戦する現実と、それが示す基準の両方が変わらなければならないのです」と訴えた[4]。

女性の権利と人権の関係を最もわかりやすく説明したシャーロット・バンチ（*アメリカのフェミニスト作家、オーガナイザー）も同じ論理を使った。一九九〇年代にキャンペーンを率いて彼女は、女性問題は人権や開発といったグローバルな課題の軽視された側面として理解すべきで、それを独立した問題として扱うべきではないと主張した。政府は、男女平等を基本的人権に含まれるものとして保障すべきであると。彼女によれば、男女差別や女性に対する暴力が一九九〇年代まで人権のアジェンダとならなかったのは、社会が女性の抑圧を政治的なものとは見ずに、自然の摂理と捉えてきたためであった[5]。

この女性人権活動家は二人とも、ジェンダー平等という普遍的な規範を求めた。だからこそ彼女たちは、人間が持つ普遍的権利に訴えた。ジェンダー平等は地域を問わず、喫緊の社会的な重要課題とされるべきだ、とは『ハーフ・ザ・スカイ』における「武力要請（call to arm）」の主張でもある。これらの主張のなかで知的に最も洗練されているのは、スーザン・モラー・オーキン（*アメリカのフェミニスト政治理論家）の「多文化主義は女性にとって悪いものか」という記事である。多くの批判があるにもかかわらず、アイヤーン・ヒルシ・アリはこの記事を高く評価した。この記事のなかでオーキンは、フェミニズムを、集団的権利や文化的権利にかかるあらゆる議論に敵対するものとして位置づける。オーキンは、リベラルな男女平等の理想形を、女性が「意義ある人生を男性と同じように自由に選択する」可能性と定義し（彼女は、この理想を完璧な形で実現した場所はどこにもないとする）、それを文化と対置する[6]。そのような「文化」は西欧以外の場所――リベラルな国家の外部――にあるとされる[7]。オーキンは前述の他の二人のようには普遍的人権に明示的には言及しない。しかし彼女の議論は、リベラルな文化を特別視してそれを超文化的規範とし、それこそが社会を測るための普遍的な規範たりうる、という論理に貫かれている。この基準に満たない人々は、門の外側にいる野蛮人か、門を破ってきた者、すなわち移民であるとされた。女性にとって不幸なことに、彼らは文化や宗教の奴隷なのである。[8]

オーキンは、男性による女性の支配がなされている、という意味において、あらゆる文化は家父長制的であると糾弾する。家庭や家族における女性差別は特に有害である。なぜなら彼女の議論によれば、そうした実践は「法廷が女性の権利を擁護し、政治思想家がそうした行為を反リベラル、すなわち女性の精神的、心理的尊厳の不当な侵害とみなし糾弾する公共空間では見えてこない」からである。[9] ただし彼女は次のように書き添えている。「事実上世界の全ての文化には非常に家父長制的なところがあるものの、西欧の――西欧に限定はされないが、概ね――リベラルな文化では他に比べてこの傾向が見られにくくなっている」。[10] 言外にオーキンは西欧以外の、コミュニティや政府が人々の権利を守れず、女性たちが（上述のような意味で）豊かな人生を送ることを阻む地域に生きる女性の人生は著しく損なわれている、と言う。ここに私たちは、新たな常識との重複を見出す。女性たちについての正しい見解を持つのが誰で、誰がジェンダー平等を求め、女性に対する暴力を止めるための道義的十字軍を率いるべきかについてのいささかの懐疑も、ここにはない。

マーサ・ヌスバウムに代表されるリベラル・フェミニスト思想の別の系統では、異なる普遍性が提唱されている。ヌスバウムによれば、ジェンダー正義を推進させる最良の方法は、基本的な人間の潜在能力（basic human capabilities）なるものが存在すると主張することである。そこで私たちがなすべきことは、社会や、国民国家の変革を通じて潜在能力を開花させるという意味で、人々の生活が豊かになるための支援を行うことである。ヌスバウムは、彼女がアリストテレス的と呼ぶ「適正な政府機能」を「コミュニティの一人ひとりが、豊かで人間的な生を、そこに含まれる主要な人間的機能を尊重しながら十全に生きること、

および それに関わる選択において必要となる潜在能力を、基本的で必要な状態で利用できるように政府が提供すること」と定義する。[11] 彼女はこの政府機能を、ガバナンスという国際的なレジームにおける近代的国民国家にまで広げようとする。

ヌスバウムはこのアプローチを権利のアプローチとは区別し、「潜在能力は（中略）、現代の国際的な議論で理解されているように、人権と非常に近い関係がある。実際、それは、いわゆる『第一世代の権利』（政治的自由や市民的自由）と、いわゆる『第二世代の権利』（経済的および社会的権利）の両方を含んでいる」と説明する。[12] ただし権利の議論への批判を意識してヌスバウムは、権利の代わりに潜在能力を用いて議論する戦略的利点は、西欧的啓蒙にまつわる「権利」から派生する「問題含みの議論を回避できる」ことだと言う。[13] そしてヌスバウムは「権利の言語が特定の文化的歴史的伝統と強く結びついていると信じられているのに対し」潜在能力アプローチは「それほど強く結びついていない」と述べる。[14]

人権に関わる言動にお墨付きを与える国連の普遍人権宣言に訴えるにせよ、[15] 潜在能力に訴え、潜在能力の機能を促進することこそ必要なのだと主張（し、その成功具合によって国家や社会を非難）するにせよ、普遍性に訴えかけるというのは有力な方法である。普遍とは何で、普遍は何に適用されるべきで、普遍がどのように存在するのかは、地理的な要素を問わず一元的に理解される。普遍には地域性がない。普遍的なものというのは、それが特定の人間ではなく全ての人々に適用されることから、中立的であるかのように見える。その対極にあるのは、あるグループを特別に支持したり、そのグループの利益と伝統を苗床に成立したような、党派心に基づいた何かということになるだろう。日常的用法としては、人は普遍を他の語彙との比較を通して理解する。普遍とは抽象的な語彙である。なぜなら、それは特定のものの上位に配置され、それゆえにその語彙を用いる人物に多大な権威を授けるからである。

新たな常識は、この普遍的権利という影響力のある言説に拠っており、特定の利益を代表するものではないかのようにみなされている。[16] しかし、ディペッシュ・チャクラバルティ（＊近代南アジア史、サバルタン研究の牽引者）が「暗黙の照会先（silent referent）」と名付けた類の、オーキンやヌスバウムの唱えるところの「普遍」は、普遍という言語によって作り出され、想像され理想化された自由主義的民主主義と近代文化や近代的論理構造の一形態に過ぎない。[17] 私たちはジェンダー抑圧に批判的でなければならない。しかし一章で述べたように、女性の欲望や理想的人間像がいかにそれぞれ独自に形成され、今日では別個のものと認識される特定の集団のなかで、それが政治地理的な絡みと長い歴史のなかでどのように形作られてきたのかを考える必要がある。それらの集団はどのようにして生まれ、どのように影響を与え合いつつ今日のような関係性を持つに至ったのか。普遍という言語や、女性の人権、人間開発などの語彙は、この長い歴史的関係の一部である。これらの言葉は高い次元に公平無私なものとして存在するわけでも、語彙が唱える価値そのものを備えているわけでもない。[18]

「読み捨て三文ノンフィクション」のめくるめく世界

もし女性の権利と女性の平等のための喫緊の戦いという「新たな常識」が、「普遍的」権利と「自由な選択」の価値についての国際的な合意ゆえに権威を持つとしたら、それはアメリカやヨーロッパの公共圏に存在する異なる言説が、感情に訴える力を秘密裏に書き込んだ故である。商業誌として出版され、広く評され、読書サークルや女性の読書クラブで取り上げられる、虐げられる女性たち――そのほとんどがムスリムである――の物語という扇情的なジャンルは一九九〇年代に市場にあふれ出し、9・11以降に急成長した。

このジャンルに典型的な繰り返し出てくるテーマは、「力ずく」と「囚われの身」である。アザール・ナフィーシィ作の『テヘランでロリータを読む（*Reading Lolita in Tehran*）』といったやさしいトーンの自伝から、アスネ・セイエルスタッドのジャーナリスティックな『カーブルの本屋（*The Bookstore of Kabul*）』、アイヤーン・ヒルシ・アリ作の論争的な『囚われの乙女』とその続編に至る全てに、このテーマが一貫して流れている。これらの本は、批評家の絶賛をほしいままにしてきた。より広い読者層を抱えるさらに下らない本にも、このテーマはやはり同じようにみられる。文学者のドフラ・アフマドはこのジャンルを「パルプ・ノンフィクション〔読み捨て三文ノンフィクション〕」と呼ぶが、おそらくこの呼び方は不適切である。作中で描かれる、ムスリムの少女が虐げられてやっとのことで逃げ出すという物語は、暴力と虐待に満ちた夢も希望もない世界へと私たちを引きずり込む。アフマドはこのジャンルのもっと軽い読み物を研究し、往々にして読者は、これらの読み物を現実の場所の、実在する人々についての民族誌と誤解している、と指摘する。読者はこのような読み物を読めば、異文化についてなにがしかを知ることができると考えているという。この類の本が学校の課題図書になることもある。もちろんこのジャンルにも様々な作品があり、なかには話の舞台が持つ独自性を十分意識した、ヒロインに共感的な作品もあるが、多くの著作は本書の二章で「イスラーム・ランド」と呼んだものについての一般化されたイメージを、読者に植え付けるだけだとアフマドは主張する。

西欧におけるムスリム女性の表象には長い歴史がある。研究者はそれをジェンダー・オリエンタリズムと名付けた。絵画でも文学でも、ムスリム女性は常に文化的にはっきりと異質な存在として描かれてきたし、西欧の女性の反対像を映す鏡であった。[19] 一九世紀のムスリム女性の描写は二種類しかなかった。オリエントの女性は、閉じ込められ、隔離され、覆われ、駄獣のように扱われる虐げられた被害者としてか、過剰なセクシュアリティにあふれたみだらな世界の登場人物――ハーレムの奴隷や好色で暴力的な男たちのまなざしに晒される客体――として描かれた。そのまなざしのなかにはもちろん、その世界をのぞき見る人々のまなざしも含まれている。キリスト教の布教に訪れた女性たちは、被害者としての女性に注目し、ムスリム女性の抑圧状況を非難し、彼女たちの救済を訴えた。一方二〇世紀初頭の芸術家や文筆家や、植民地の風景を写す絵葉書の写真家は、官能的で性的な題材を好んだのだった。[20]

二〇世紀の後半と二一世紀初頭に大量出版される文庫本は、同じテーマの焼き直しではあるが、独自のスタイルと登場人物に彩られている。主人公はアフマドがいうところの「勇敢な個人主義者」で、フェミニスト的理想を持ち、彼女たちが生まれ育った奇妙で下劣な世界に囚われたままでいることに我慢がならない。彼女たちは自由を求めている――アイヤーン・ヒルシ・アリやイルシャッド・マンジといった「地元出身の情報提供者《インフォーマント》」の有名人と同じように。有名人が女性抑圧の原因としてイスラームを糾弾したことは欧米で好意をもって受け入れられ、強力な組織が彼女たちのキャリアを後押しした。サバ・マフムードがいみじくも指摘したように、彼女たちの個人的な物語は常に解放のストーリーとして語られる。[21]暗いトーンの本のなかには、暴力と虐待の生々しいシーンが盛り込まれ、多くが性的に描かれる。

こうした「自伝」が、その名の通りノンフィクションかどうかを判断するのは難しい。何冊かの本は、抑圧された記憶（*人はトラウマを生じさせる記憶を、生き延びるために無意識下に封印する。その封印した記憶を指す）を基にしているため、信頼できるとは言い難い。多くの主人公はファースト・ネームしかわからない。「秘密の知識」なるものに基づく本もある。四章で論じるノーマ・コウリーの『失われた名誉（*Honor Lost*）』のように、捏造だったことが公になった本もある。ほとんどの本は、ジャーナリストとの共著か、専門のゴーストライターの手によるものである。それらは、控えめに言っても複雑な方法による〔第三者の手が入った〕、伝聞に基づく物語である。たとえ実体験や実際の出来事が物語に反映されていたとしても、これらの本は、我々が新聞や裁判記録で見る虐待や、病的行動を対象にした心理学的研究と同程度には不穏である。

しかし、本にはこうした比較ができないよう様々な工夫が凝らしてある。これはある一人の女性の物語である、と一人称の「私」で語られているものの、実のところその女性のトラウマや虐待の数々は、その女性だけに起こった特殊な出来事としては読者に提示されない。出来事は常に文化のなかに文脈づけられ、知られざる事柄の詳細な記述によってもっともらしく描かれる。イエメンの険しい山岳部における暮らし、モロッコの結婚式や悪魔祓いのエキゾチックな色合い、サウジアラビアの宮殿の隔離された華やかさ、北イングランドのパキスタン系移民コミュニティの湿っぽい地下室、パレスチナ農村の畑。そのくせ、地理や伝統の詳細に関わる間違いや、外国語の綴りミスは不問に付されるようである。特定の状況が文化的虐待や集団としての虐待を連想させる。私たちの主人公を虐待する悪い男たちがモロッコ人だろうとパキスタン人だろうとヨルダン人だろうとイエメン人だろうと、ともかく彼らはムスリムである。この類の自伝が個人的な物語であればこそ、ヒロインのコミュニティの普通の生活について書かなければ、彼女たちが受ける虐待――近親相姦、レイプ、暴力、またはその他の虐待など――がコミュニティのなかでも例外である可能性や、そのコミュニティも我々のコミュニティ同様に、そうした虐待を恐ろしいものとみなしている可能性は読者には伝わらない。文脈に関する情報がないままに、私たちは欧米で起きる同じような虐待や暴力と同じ基準で判断を下し、それらを広い意味での文化のせいと考えるよう仕向けられる。これこそまさに、レティ・ヴォップ（*アメリカのジェンダー法学者）が言うところの「悪事を文化に帰す」恣意的なプロセスである。[22]

二番煎じの出版物の伝えるメッセージや、どれも似たり寄ったりの均質性、そしてこの文化的枠組みが暗示するものとは裏腹に、舞台となるコミュニティや国に慣れ親しんだ私のような人間の眼には、これらの物語は、そのコミュニティのなかでもとても珍しい例外的な事例のようにみえる。穿った読み方をすれば、「真実の話」のわりにはどうも辻褄が合わないところや、それがあくまで例外的な物語であることを示す様々なヒントが見えてくる。『売られて』という本から始まる三部作を取り上げてみよう。これは、イエメンに花嫁として「売られた」二人の少女にまつわる悲惨な物語である。二人の少女はイギリスの労働者階級出身の母親と、暴力的でギャンブル好きなイエメン移民の父親の間に生まれた。このシリーズの悪者は冷酷なアラブの男性とされているが（9・11以前の本であるため、この本ではまだムスリムはお決まりの敵として描かれてはいない）、自伝の本文中には、結婚年齢に満たない花嫁を「買った」家族は現地で侮蔑される集団の出身だったとある。また第三巻では、この国は非常に貧しく、男性人口の実に四分の三が出稼ぎに出ていたことに触れている。こうした環境は当然女性にとっても異常事態であるはずで、地元に残された少数派の男性にとっても異常事態だったことは言うまでもない。移民の父親によって「売られた」悲惨な少女たちの不幸な花婿は、イエメンでも特に閉ざされた貧しい地域に住んでいた。

こうした詳細は何を私たちに教えてくれるだろう。世界中の中心部から離れた地域に暮らす貧しい農民が、妻を迎えるのはおそらくかなり難しい。例えば韓国では、花嫁を輸入せざるを得なくなっている。そうした〔閉鎖的な〕コミュニティでのきつい仕事と伝統主義を諒とする地元の女性はほとんどいないからだ。(23) 本で描かれる、ザナやナディア、そして他の英国とイエメンのハーフの少女たちの物語は、最も深刻な状況に置かれたイエメン人が、イエメン系だがその地域について何も知らない少女たちを結婚相手に選ばざるを得ない状況があることを示唆する。私のような人間にとって、少女たちがイスラームに基づく結婚に関する基本的な事柄について全くもって無知なのは理解しがたい。少女たちの同意はなく、彼女たちに婚資（*mahr*）も与えられず、結婚式すら開かれていない（＊婚資はイスラーム法上の婚姻の成立要件。当事者女性の同意は正確にはスンナ派のイスラーム法上の成立要件ではないが、社会慣習上必須とされる）。中東を知る人間にとって、これは驚くべきことである。中東では貧しい人々にとっても結婚は人生の晴れ舞台であり、式によって結婚は規制されまた承認されるからである。

これらの物語はその一つひとつが例外的な状況を扱っているにもかかわらず、その極端な独自性や代表性の欠損については語られず、その文脈が描かれることもない。（例えば、少女たちは後になって、街では女性たちがきちんとした身なりをし、十分に食事を摂り、教育を受け、レジャーも楽しみ、フェミニストもいることを発見する）。囚われの身というイメージを売る、ザナの『売られて』とその続編の『近代奴隷制との戦い（*A Struggle Against Modern Slavery*）』の二つのベストセラーは、読者にイエメンでは強制結婚が普通で、それがイエメンの文化であり、こうした女性たちは救出されるべきだと思わせる、という結果を生んでいる。[24]

権力を求める／嗜好する

このジャンルの特徴は、物語中に強制、合意形成の欠如、選択の欠落、不自由さという、一貫したテーマがあるところである。こうした作品の概要を把握し、力をめぐるお決まりのやりとりがこのジャンルの読者にもたらす影響を示すために、特徴的なシーンから考察を始めたい。これは、二人の英国人少女が、実の父親によってイエメンに花嫁として「売られた」物語、『売られて』シリーズの一場面である。少女たちの母親、バーミンガムで暮らすマリアムは手記のなかで、彼女の七人の子どもの父親である暴力的なアラブ男性から、なぜ逃げ出す必要があったのかを説明している。彼女は不妊手術をしたばかりだった。酔って帰ってきた夫に、彼女は行方不明の二人の娘についてもう一度問いただした。夫は、娘たちのことは忘れろと言い、彼女を部屋に閉じ込めた。マリアムは次のように回想する。

彼はすぐそばにいて、私に向かってきた。ビール臭い息が私を包んだ。私は怯えてソファにうずくまった。彼はさらに近づき、私を掴んだ。立ち去って欲しくて、私はその手をすさまじい勢いで払いのけた。立ち去る代わりに彼は私を引っ張り上げた。彼の親指と中指が喉にかかった。私は彼から離れようともがき、彼を床に向かって突き飛ばした。彼はよろけて私のガウンを掴むと、下まで引きちぎった。「服を脱げ！ 全部だ！」ムトハナは低くうなった。

……ああ、もし、私がこの状況をファンタジーとして楽しむことができると考えていたのなら、彼は間違っていた。不妊手術の傷跡に目を止めた。私は侮蔑を込めて、ナイトガウンを床に脱ぎ捨てた。彼は私の体を嘗め回すように見て、不妊手術の傷跡に目を止めた。彼は手を伸ばして傷痕に触れた。本能的に、私は彼の手を払いのけた。彼は声を出して笑い、また傷に触れた。私はもう一度彼の手を払いのけようとした。すると彼は突然私の手首をつかみ、私を床に引き倒して仰向けにすると、素早い動きで私にのしかかってきた。

私は目をぎゅっとつぶり、体の横にこぶしを打ち付けた。彼が自分の快楽に溺れ、愉悦の声を上げている間、私は床に身を固くして横たわり、恥ずかしさのあまり大声を上げていた。(25)

夫婦間レイプは、彼女の娘たちの運命であった強制結婚と同じく、合意形成の欠如の典型例である。ただし、ヨーロッパ中の女性団体や政府官僚の注目を集めたのは強制結婚だった[26]。「読み捨て三文ノンフィクション」作品の代表作のいくつかは、フランスで出版された。

レイラ（姓は不詳）による『無理やり結婚させられて』は、マリアムの記述よりも生々しく暴力を描いている。それはモロッコ系の両親のもとに生まれたフランス人の少女の物語で、彼女が育った家庭における暴力的な出来事や残忍極まりない様子が描かれる。父親は躾に厳しく、兄弟は乱暴だった。彼女はフランス人の少女のようになりたがったが、父や兄はそれを許さなかった。両親は彼女にモロッコ人男性との結婚を強制し、彼女は次第に夫を憎むようになった。反抗する彼女を鎮めるため、祈禱に呼ばれたセックスマニアのイマーム（＊宗教指導者）とのおぞましい出会いもあった。この本は彼女の自殺未遂後、彼女が精神科に入院している間に（もちろんジャーナリストによって）書かれた。『売られて』のヒロインのザナと同じく、レイラは最後に強制結婚から逃げ出し、自由を手にする。そして私たちに彼女の物語を話すのである。

読者は夫婦間の恐ろしい場面を目の当たりにする。自分と離婚するようなんとか夫に働きかけるなかで、レイラは夫をけしかけ、容赦なく侮辱する。彼女は夫をラウンジで寝かせ、決して自分に触らせない。夫婦はいつも喧嘩をしている。彼女は、決定的な出来事を次のように思い出す――「ある晩の真夜中、私はリラックスしようと静かに風呂に入ったけれど、風呂場のドアに鍵をかけるのを忘れた。彼は、私が風呂に、彼が風呂場のドアの向かい側にいる状態で喧嘩をはじめ、意地悪くなっていた」[27]。二人はお互いを侮辱し、彼女は夫の母親の秘密を暴いた。彼はモロッコに電話して、それが事実であることを確認すると「目が頭から飛び出すくらい怒り狂って、『性悪な売女、娼婦、このドアを開けろ！』と叫んだ」。

彼は風呂場に押し入ると、彼女の頭を摑んで水に沈めた。彼女は彼の顔を引搔いた。彼は彼女を床に投げると、彼女を殴り、犯して「お前の望みはこれか？　さあ、ほら」と怒鳴りつけた。彼女は裸で床に横たわり、殴られたときの感覚を、イスラームの野蛮さという特殊な文脈に自分の不幸な結婚を位置づけ、場違いの表現で「石打ちによって殺される女性が感じる全ての恥、屈辱、恐怖そのものだった」（＊石打ちはシャリーアに基づく既婚者に対する姦通罪の刑罰）と説明している。[28]

別の、ウイスキーとバーグドロフ・グッドマン（＊ニューヨークの高級百貨店）での贅沢な買い物が好きという魅力的なヒロインが登場する、より現実離れした物語でも、暴力というテーマは中東の男性の十八番とされている。『砂漠のプリンセス（*Desert Royal*）』はジーン・サッソン作の人気シリーズ、「スルタナ」の第四巻である（＊第一巻のみ邦訳あり。『プリンセス・スルタナ――ロイヤル・ファミリーの隠された真実』）。「スルタナ」は、裕福なフェミニストで世界に出ていくことを夢見るサウジアラビアの王族の姫君が、一人称で語る物語である。作中で、彼の地の女性たちの本質的な不自由さにまつわる出来事が描かれる。そして性的な要素が物語のなかに常に漂う。

最も性的なのは、スルタナと一〇代の娘二人が遠い親戚を訪ねるシーンである。スルタナたちは、親戚の一人が天国を模した宮殿を建てたという噂を聞き、それを見学に行く。その訪問はひどいものとなる。何千羽もの鳥が籠に入れられているのを見つけ、娘の一人が鳥を必死に逃がしていたときに、スルタナたちは「牡馬」という表示のある別棟を見つけた。馬を見になかに入ると、鳥を逃がした娘とは別の娘が、アジアにいる親類から「購入」したという性奴隷が集められた「ハーレム」を発見する。けばけばしいホルタートップとネグリジェを纏った若い女性たちは、エキゾチックでノームめいた（＊ノームは北欧の地中の宝を守る小柄の地の精。長いひげを生やした老人の姿をしている）スーダン人の宦官に守られていた。ヒロインたちは若い女性たちを自由にしたいと願うが、女性たちのパスポートが取り上げられていることがわかり、計画は頓挫する。

スルタナは、家父長制に対する至極当然な非難として次のように言う。「私は、男性とその性欲の間に割って入るのは簡単なことではないと知っていました。若い娘や若い女性を性的に征服することは、中東に限らず、他の場所でも多くの男性が抱く自然な欲望です[29]」。しかし彼女は、富裕層の性奴隷所有者が娘たちを求めるのにはある特別な文化的理由があるのではないか、と推測する。「彼の目にはこの若い女性たちが、クルアーンに出てくる『フーリー』という人を魅了してやまない処女に見えているのです」（＊楽園における信者の清純な妻。若いままの永遠の処女、絶世の美女）と彼女は言う。「私は最初、ファデル（＊ハーレムの持ち主の親戚の名前か）のために語り尽くせぬ歓喜を提供するべく準備された、特別な舞台を見せられているのかと思っていました。しかしそうではなくて、これは意に反して囚われの身になった女性たちの、語られざる地獄についてのシーンだったに違いありません[30]」。

今日のイスラーム・フェミニストのようにスルタナは、こうした暴力が絡んだ忌まわしい慣習は真のイスラームに反するものだという教科書的な主張をする。彼女は籠に入れられた鳥についても、捕虜は、それが動物であっても相応の扱いを受けなければならないと言う。合意形成についても、「私たちの宗教は、女性に望まない結婚を強いることを禁じています。ただ、イスラームの他の素晴らしい教え同様、この禁止は人々によって曲解されるか、単に無視されているのです」と述べてはいる[31]。

この短い本のなかにはまた別の、強いられたセックスの物語もある。家族での砂漠への遠出の際に、召使用のテントで甥がパキスタン人の少女をレイプしたことは、スルタナにとって耐え難い出来事の極みであった。静かな夜に女性の悲鳴が聞こえ、何が起きたのか確かめに行ったスルタナと姉妹は、懐中電灯が照らす先で、男性たちが一人の女性に暴行を加え、もう一人の男性が自分の番を待っているのを見て驚く。彼女の描写は（ポルノ的な）生々しさに満ちていて、暗にそれが小児性愛だったと仄めかしてもいる。「一人の男が、哀れな被害者の悲鳴をあげる口を押さえ、黙らせようとしていた。（中略）裸の女性の上にのしかかっている二人目の男は、ゆっくりとこちらを振り向いた。(中略)かわいそうな少女は、衣服を剥ぎ取られていた。私たちの前に、彼女は裸で無防備なまま横たわっていた。顔は恐怖でひきつり、華奢な体で泣きじゃくっていた。彼女はとても小さく、女性というより子どものように見えた[32]」。スルタナは何人かの甥たちがタイ、フィリピン、インド、パキスタンに売春旅行をしていたことを知っていたと打ち明けた。「でも甥たちが女性を性奴隷として購入し、王国に連れ帰っていたことはこのとき初めて知った」のだった[33]。

人身売買文学/文学による人身売買

ムスリム男性やアラブ男性が女性に下劣で残酷な仕打ちをする描写に、高い社会的な需要があるという事実には懸念を覚える。人類学者がこれらの国々の女性の日常を描いた優れた民族誌が大して売れないのとは違い、抑圧されたムスリム女性による苦しみの「自伝」は、不思議なほど長い間、絶大な人気を誇る[34]。バーミンガム出身の少女が、一三年後に母親の助けによってイエメンから逃げ出す物語、『売られて』は一九九一年に出版された。ザナ・ムフセンと、アンドリュー・クロフツというプロのゴーストライターが、共著者として名を連ねている。この本は一九九四年に新たに二つの出版社に買われ、二〇一〇年まで、少なくとも一年に二回は版を重ねている。続編は、『ナディア(イエメンに残された姉妹)への約束(*A Promise to Nadia*)』というタイトルで出版された。さらに母親も自分の体験を書いた(共著者はジャナ・ウェインで、二人は、外国籍の父親によって誘拐され外国に送られた少女たちを助け出す団体を設立した)。私が引用したのはこの本である。この本は一九九五年に出版され、ほぼ毎年版を重ね、一九九六年と二〇〇三年には特に部数を伸ばした。ジーン・サッソンによるプリンセス三部作とその続編の販売部数は優に一〇〇万部を超える。
私がより憂慮するのは、セックスに関する記述が〔この類の本には〕いつもあることである。性的虐待を書いた自伝の作者のなかには、活動家として表彰された者もいる。『恥（*Shame*）』と『恥の娘たち（*Daughters of Shame*）』の著者、ジャスビンダール・サンゲラは、強制結婚の問題を公表し、デルビー大学の名誉学位だけでなく、彼女のインスピレーションと勇気を称える賞をいくつも受賞した。一番驚かされたのは、『イマームの娘（*The Imam's Daughter*）』を執筆したハナ・シャーの事例である。彼女は、イギリス北部でイマームを務めていたパキスタンの農村出身の父から受けた性的虐待という、身の毛もよだつ物語を二〇〇九年に公表した。彼女は（今や）、五〇〇〇人の聴衆に講演しているのだという。[35]
これらの本は、凄惨で非常に極端な物語でありながら、なぜここまで人の心に訴える強い力を持ち、なぜ著者らはこんなにも褒め称えられるのだろうか。それを理解するためには、これらの本を、読まれている文脈のなかに位置づける必要がある。こうした本は、アラブ人やムスリム、そしてある特定の他者が、西欧にとって危険なものとみなされる、緊迫した国際政治という場、という背景があるからこそ人を魅了する。フェミニストらはこうしたありえない物語を褒め称える。例えば、フェイ・ウェルドン（＊英のフェミニスト作家）は、『砂漠のプリンセス』を、「涙を誘う物語」として推薦する。『情け容赦なく——近代奴隷制と闘った母（*Without Mercy: A Mother's Struggle against Modern Slavery*）』の裏表紙には、またしてもウェルドンが「この本が素晴らしいのは、虐げられ、打ちのめされたマリアム（誘拐された少女の母親）がどうやって人生を取り戻したかについての報告書だからである」と書いている。フェイ・ウェルドンが預言者ムハンマドのイラストをめぐる衝突の後に結成された、右翼のシオニスト、ダニエル・パイプス率いるデンマークの反ムスリム団体に所属したと聞いても驚くに値しない[36]。

スルタナからの「私信」として書かれた『砂漠のプリンセス』の序文では、堂々と国際政治が語られている。スルタナは彼女の本を西欧に対する招待状として次のように提示する。「あなた方が、私たちの悲劇的な物語に耳を傾けることにうんざりしていないことを祈ります。私たちの自由はそこここにわずかに許されているだけで、だからこそ私たちには、あなた方の関心や支援がまだまだ必要なのです。外のメディアの関心や政治的介入がなかったら、サウジアラビアの男性の多くは、サウジアラビアの女性たちの暮らしを、暗黒時代の暮らしへと喜んで戻してしまうことでしょう。ここの男性の多くは、外から圧力がかかってはじめて女性の生活に光を与える、というのが悲しい真実なのです[37]」。

邪悪なアラブ人が少女たちを力ずくで奴隷にするという作品は、フランスでこの類の本が熱狂的に受け入れられていることからわかるように、ヨーロッパの移民政策のなかで特別な意味を持つ。本書で取り上げる典型的な三つの物語は、フランスで出版されたか、そこで主に話題となって取り上げられたかのいずれかである。その三冊とは、まず「スアド」とジャクリーヌ・ティボーの共著の名誉殺人サバイバーの自伝『生きながら火に焼かれて』(この本については四章で論じる)、そしてザナ・ムフセンとアンドリュー・クロフツの共著のイエメンの少女についての本『売られて』。なおこの本はイギリスで流行る前にまずフランスでベストセラーになった。そしてもう一つが『無理やり結婚させられて』である。フランスでは、作者のザナがドラマティックにゴールデンタイムのTV番組「サクレ・ソワレ(*Sacrée Soirée*)」に出演し、前フランス大統領、ヴァレリー・ジスカール・デスタン(*任期一九七四—八一)の義理の息子所有の出版社から本を出したことで、人々はザナに魅了された[38]。「レイラ」とマリー・テレーズ・クニー共著の『無理やり結婚させられて』は、最初にフランスで出版されたか、フランスで宣伝された。北アフリカ出身の移民に対するフランスの社会不安は、バンリュー（*banlieues*）（＊フランス語で郊外。労働者や移民が多く暮らすとされる）[39]においてアラブ人ムスリムがポストコロニアルな下層階級を形成するにつれ、さらに高まりつつある。

『無理やり結婚させられて』は、移民は問題だと感じるフランス人読者をはっきりと狙って書かれている。コミュニティから逃げ出したい、その文化で生まれ育った女性の存在は、彼らが忌み嫌う北アフリカの人々の後進性を裏付ける。例えばレイラは、「こんな人生には耐えられない。でも、私みたいに無理やり結婚させられた他の女の子たちは我慢してる。（中略）フランス社会への統合をいつも語っていた人たちは誰も、私たちを救えなかった。あの人たちは必要な情報を全部は持っていなかったから。学校に通い、大学にまで行った私たち二世の女の子も強制結婚の対象だった。だけどあの人たちは『あなたたちの親はあなたたちにそんなこと「絶対に」しないだろう』って言ってたわ。『あなたたちの親は他の北アフリカからの移民みたいに、無理やり結婚させたりはしない、だってあなたたちが「ノー」って言うでしょ』って。でも、ほとんどの場合、私たちは無理やり『イエス』と言わされた。システムにからめとられているから。（中略）家族が〔新しい文化に〕適応し、進化するために、何をすることができたっていうの？」[40]。フランスの人道主義政治の研究のなかでマリアム・ティクタンは、物語と似たような現実の例を提示する。彼女は、ある強制結婚をさせられたゼイナというアルジェリア系フランス人の事例で超域的保護が成功したのは、ゼイナの物語が「性に基づく文化的エキゾチシズム」を含んでいたことによると言う。大統領ニコラ・サルコジが「世界中の殉教者たる女性たち」にフランスは保護を与えるとドラマティックに宣言したフランスという国では、この種の暴力だけが正しい形式に従っているのだ。判事は、通常北アフリカ出身者の家族関連事項に適用される二国間協定（bilateral accords）ではなく、彼女の案件ではフランス民法を優先した[41]。

パキスタン出身のムクタール・マイと、『無理やり結婚させられて』の著者でもあるマリー・テレーズ・クニーのいくらかまともな共著は、ニコラス・クリストフの輝かしい序文つきで、『名誉の名の下に（*In the Name of Honor*）』というタイトルで英語版が出版されたが、これもまた、最初に出版されたのはフランスだった。その出版を手掛けたフィリップ・ロビネは、「彼女が村の部族会議の決定に則って輪姦されたという告発をジャーナリストが報道すると、この恐ろしいニュースは世界中で紙面を飾った」と説明する（＊『ハーフ・ザ・スカイ』によれば、彼女は一族の代表として部族会議に一人で出席し、その席で輪姦されたことになっているが、若い独身の女性が一族の代表として部族会議に出席することなどまずありえない）。「私は同僚とともに辺境にあるミールワーラー村を訪ね、そこでムクタール・マイとその友人のナシーム・アクタルの歓待を受けた。私たちがフランスからわざわざ、彼女の戦いの助けとなる本を共著で書かないかと提案するために訪ねてきたことに、彼女たちは驚いていた[42]」。

過去一〇年の間イギリスでは、軍隊がイラクとアフガニスタンに派遣され、シャリーア仲裁裁判所とブルカに対する社会的ヒステリーが蔓延し、7・11爆弾テロ（＊原文ママ。二〇〇五年七月七日のロンドン同時爆破事件のことか）によってホームグロウン・テロへの恐怖が煽られ、さらにはフェミニストの扇動によって、名誉犯罪と強制結婚禁止法が立案されるに至った。そしてイギリスでは、アラブ人でなくパキスタン人が新たにこの手の本の著者となっている。かつてイエメンのザナの物語を書いて成功したアンドリュー・クロフトは、今度はパキスタン・コミュニティ出身のイギリス人女性の虐待と自由をテーマにした物語の執筆に関わった。二〇〇九年に出版されたクロフトの本、『辱められて——赤の他人との強制結婚、実の家族による裏切り、生きるための売春、これが私の物語（*Disgraced: Forced to Marry a Stranger, Betrayed by My Own Family, Sold My Body to Survive, This is My story*）』はサイラ・アフマドとの共著で、一九世紀のメロドラマを思わせる時代がかった作品だった[43]。イギリスのアマゾンに載った内容紹介には、このジャンルによくあるキーワードが所狭しと並ぶ。「家族の名誉が何よりも大切な暴力的なムスリムの家庭に育ち、サイラは二四時間監視されていた。しかし、サイラとある男の子との無垢な友情が人の知るところとなると、家族の名誉を傷つけた罰として、彼女はパキスタンに送られる。真の悪夢はそこで幕を開けた。無理やり結婚させられた上見知らぬ男に何度も何度もレイプされ、男に二四時間、不眠不休で性奴隷にされたのだった。彼女は逃げようとしたが、哀れなことにイギリスの家族のもとに戻るしかなかった。『辱められて』は、無垢さを打ち砕かれ、人生を粉々にされた〔ある女性の〕実話である。しかしこれはまた、ついに自分自身の声を取り戻した、ある女性のサバイバルの物語でもある」（強調は引用者による）[44]。

よくあるキーワードに彩られたこのジャンルのほかの自伝としては、ジャスビンダール・サンゲラの二部作『恥』（二〇〇七）『恥の娘たち』（二〇〇九）、そしてフェルザナ・ライリーの『不屈の魂――虐待から逃れた少女の戦いの実話（*Unbroken Spirit: A True Story of a Girl's Struggle to Escape from Abuse*）』（二〇〇八）などがある。ここでは二〇〇八年に刊行された、サミーム・アリ著の『従属させられて（*Belonging*）』を取り上げる。これは家族に顧みられず、やはりパキスタンに送られたある少女の物語である。「一三歳になったばかりで、サミームは全く知らない男と無理やり結婚させられた。二か月後彼女は妊娠し、グラスゴーに送り返された。彼女はそこで家族からさらなる虐待を受ける。真実の愛を見つけたサミームは、家族から逃れ、幼い息子を連れてマンチェスターに逃げ出した。（中略）『従属させられて』はサミームの過去からの脱却と自分の生い立ちとの闘いを描いた衝撃の実話である」（強調は引用者による）[45]。この記述から、この新しいジャンルが、現在の人道主義を利用して、典型的な犠牲者としての女の子に焦点を絞っていることがわかる。そこでは、チャイルド・ポルノの〔餌食となった〕子どもについての記事がよく載る、我々の日常世界に蔓延する小児性愛に対する潜在的な恐怖という文脈で、恐怖が人種的他者に押し付けられている。

奴隷ポルノ

こうした自伝のポルノ的要素については、真正面から考えなければならない。このダイナミクスが最もわかりやすく提示されているのが、二〇〇九年、シャリーアの家族仲裁法廷をめぐる議論（＊二〇〇八年二月、カンタベリーの大主教である英国国教会の首座司教が、民法に関して、イギリス在住ムスリムのためにシャリーアを英国の法体系に導入しても問題はない、という趣旨の声明を出し、大きな反響を呼んだ）が最も熱を帯びていた時期に、イギリスで出版された本である。この自伝はまた、最も直接的にイスラームの権威に挑戦した本でもある。「はじめに」に、私たちが「新たな常識」を共有する十字軍信奉者に期待するような、（名誉棄損を恐れての？）形ばかりの但し書きが一応はあるものの、それはイスラームを酷評する作品である。「はじめに」で著者は「イギリスにも、世界中にも、信仰とともに成長したという良い経験だけを持つムスリムは大勢いるということは強調しておきたい。そのなかには、十全で、独立した、解放的な人生を送る女性たちもいる。また法を順守し、コミュニティにとても良い影響をもたらすイマームもいる。本書は、イスラーム全般を侮辱するものでは決してない。本書は、私自身の人生経験について綴ったものである」[46]。

しかし悪役は恐ろしいイマームであり、イマームの娘であるヒロインは籠の鳥か、枷をはめられた花嫁として描かれる。父親が幼い娘をレイプし、虐待する様が典型的な場面として繰り返し描かれるが、仕事に行くために娘を貯蔵庫に閉じ込めるその父親は、ムスリム・コミュニティの重要人物なのである。こうした場面は例えば次のように描かれる。「お父さんは恐ろしい肉食動物のようだった。私には、お父さんがどんなときに変わってしまうのか、全然わからなかった。ある時私がバスルームにいると、突然お父さんが押し入ってきた。お父さんはドアに鍵をかけ、（中略）自分のシャルワール・カミーズのゆったりしたズボンを下して便器にすわり、彼のものを露わにした。そしてお父さんはそれをこすりはじめ、息が荒くなるさまを無理やり私に見せようとした。私が嫌がって目を背けようとすると、彼は私の髪の毛をつかみ、私の顔を無理やり彼のものに向けた。その距離はとても近くて、そのひどい、かびくさいにおいを嗅がされた。その匂いはいつも私をとても嫌な気分にした。そしてお父さんは私の手をつかむと、無理やり彼のものを握らせた」[47]。

こうした文章から、これらの自伝が恐怖と同情をあおり、サバイバーであるヒロインの自由への逃亡を称揚するために書かれたことは明らかである。自由とは、主人公を苛むムスリム男性からだけでなく、自らのコミュニティや文化から脱出することをも意味する。自伝の著者は自らの怒りと自己嫌悪、そして自殺未遂を告白する。著者たちは自分のことを評して度々、反抗的なティーンエイジャーだったと言う。これこそ、二〇世紀末のフェミニストと二一世紀初めのフェミニストの違いである。スピヴァクの有名な表現を借りれば、二一世紀には、茶色い女性は白い姉妹や友人たちに助けを求めているようなのである。もしムスリムの少女やムスリム女性が、愛や選択の自由、そして性的自由(加えてシャーやヒルシ・アリの事例のようにキリスト教や無神論)などの私たちが望むものを望まず、従順な娘として家族の愛情のなかで育まれ、結婚まで処女でいて、夫に献身的に尽くす妻になり、敬虔な人間として人間関係や生活のあらゆる面を信仰とイスラーム法にもとづく道徳的な理想を生きたいと望む人々として描かれたなら、西欧の読者の共感を得るのは難しかっただろう[48]。彼女たちが何を求めるべきで、彼女たちにとっては何が最善かについての私たちの思い込みに真っ向から対立する女性や少女が主人公だったなら、出版社は今のように熱心な読者を得られなかっただろう。そうなれば西欧の女性たちはもはやロールモデルにはなりえないし、そもそも必要とされないだろう。

最も極端で論争を招く例として表れる不幸な被害者は、沈黙する彼らの神に手酷く裏切られていると相場が決まっている。反移民的なヨーロッパ政治への緊縛ポルノ（*女性を縄などで拘束するポルノの一ジャンル）の動員は、ある短編映画において際立っている。それは、不幸や罪悪に満ちたディストピアめいたジャンルに典型的な、文化の捏造と個別的特異性というお約束の範疇をはるかに超えている。文脈は二〇〇四年のオランダで、著者はソマリア移民かつ右派政治家のアイヤーン・ヒルシ・アリである。ここで問題にしたいのは、『サブミッション（服従）』というタイトルの、彼女の悪名を高めた一一分の映画である。[49]

ヒルシ・アリの十八番は、文脈から切り離したクルアーンの数節と、彼女が避難所で出会ったか妄想するかした女性の虐待とに直接的な因果関係があると主張する知の形式であり、映画はこのスタイルに沿って作られている。映画には四人の人物が登場する。一人目は家族が彼女のために選んだ夫に冷遇される女性。彼女は夫婦間のセックスをレイプのように感じている。二人目は嫉妬深いくせに女たらしの夫に暴力を受けているのに、夫に経済的に依存しているために逆らえない女性。三人目は慎み深いヴェールを纏う女性。彼女はオジからの屈辱的な近親相姦に苦しんでいる。四人目は恋に落ちたが恋人に捨てられ、姦通罪でむち打ち刑に処される女性。この映画では、こうした虐待が一義的にイスラームのせいではないとしても、イスラームはそれを許容しているということが示唆される。映画では、何世紀ものクルアーン解釈学の営為や、法的・日常的なクルアーンの解釈は怪しげなものとして無視され、イスラームの法的伝統や、言うまでもなく全てのムスリム社会においてレイプや近親相姦がタブーとなっているという事実については全く言及しない。

この映画とヒルシ・アリは、オランダ人研究者たち、特にフェミニストたちの間で論争の的になった。[50]『サブミッション』は「親密でエロチックな宗教的イメージを喚起し、被害者の表象を通じてイスラームの残虐さと不公平さを明らかにした」と述べた識者もいた。[51]アンネリーズ・ムーアス（＊オランダの人類学者）はこの映画を「筋金入りのオリエンタリズム」と呼んだ。映像だけではなくナレーターの語りも、この映画の演出の効果を上げている。[52]性欲をそそる女性が被害者である。ある女性は胎児のポーズで横たわり、顔にはあざがあり、ネグリジェは引き裂かれ、胸が露わになっている。別の女性は礼拝用絨毯の上に立ち、体が透けて見える紗の黒いガウンを裸身の上に纏う。別の女性は後ろ姿を撮られていて、素肌の背中にはクルアーンの節が彫り込まれている。ヒルシ・アリは、これらのサド・マゾ的幻想に満ちたイメージは自分が作り出したもので、この映画のために命を落としたテオ・ファン・ゴッホ（＊オランダの映画監督。『サブミッション』の監督。この映画のために殺害予告を受け、二〇〇四年一一月に殺害された）のものではないと誇らしげに主張する。[53]

　このジャンルの魅力を理解したいなら、最終的にはポルノ的要素と向き合う必要が生じる。私たちは、マルカス・ウッド（＊英の文学研究者）とともに、ポルノというジャンルがもたらす効果とは一体何か、と問うべきではないか。ポルノというジャンルに含まれる、対象のモノ化、暴力描写、性的暴行、緊縛描写などが、人種に関わる政治や、植民地的な遺物ないし人種的な支配と結び付けられた時にどんな効果が生まれるのか、と問うべきではないか。一八、一九世紀に、イギリス文学と絵画が特定の役割を担うようになるとともに興隆した「プランテーション・ポルノ」にはどのような需要があったのか。「プランテーション・ポルノ」の多くは、大西洋間での奴隷貿易のなかで起きる黒人の身体への虐待として描かれ、奴隷廃止文学の文脈で出てくる。今ではそれは「巨大ビジネス」として氾濫し、文学、芸術、大衆出版物、映画、動画、さらにはウェブ上のＢＤＳＭ（緊縛と折檻、支配と従属、サディズムとマゾヒズム）に至るあらゆるところで消費されている。[54]

　ウッドはいかにこのポルノ・ジャンルが奴隷制の誤表象の核となっていったか、その過程を見せてくれる。ジョン・ガブリエル・ステッドマン（＊スコットランド系オランダ人。スリナムでマルーン人奴隷の反乱の鎮圧に加わった）が一七九〇年に書いた『スリナムの黒人反乱に対する五年間にわたる遠征の物語（*Narrative of a Five Years Expedition against the Revolted Negroes of Surinam*）』（＊ヨーロッパ各国で翻訳・出版され、当時広く読まれた）という古典的テキストを、ウッドは緻密かつ複合的に読み解き、プランテーション・ポルノには、問題含みの二重の効果があることを白日の下に晒してみせた。「ステッドマンにとって、スリナムは堕落、悪徳、軽薄さ、残虐さ、みだらさ、不平等な富の分配の中心地だった。彼がそれを書き残した主な目的、ないし目的の一つは、この堕落と腐敗という事の本質を暴くことだった。ただ彼の態度は、修辞学的に形成された鮮烈な道徳的な憤りと、被害者の奴隷の痛みを、彼自身の感受性の強さを示すために盗用することで、被害者と感情的につながろうとするヒステリックでしつこい試みの間を常に揺れ動いている」[55]。実際に彼はジョアナという奴隷と結婚し、彼女の語りを世に知らしめた。

　ムスリム女性やムスリム少女を描いた三文ノンフィクションにおいても同じように、女性の陵辱や性暴力描写は、不正を憎む道徳的な怒りの情を掻きたて（おそらく興奮もさせ）る。しかし女性著者たちの属性（全員が「堕落した」ムスリムである）や、想定される読者（そのほとんどが女性で、非ムスリムである）を考慮すると、痛みへの同一化や痛みの援用にまつわる、若干異なるダイナミクスが見えてくる。ここでは美徳や、意味づけや、ポルノの効果や、ポルノと欲望との関係を論じることはしない。人道主義と暴力ポルノについての文学を議論することも意図していない。ディーン（＊キャロリン・ディーン、歴史家）の『ポスト・ホロコースト時代の共感のもろさについて（*The Fragility of Empathy after the Holocaust*）』などの重要な著作は、暴力の表象に晒され続けると感覚は鈍磨するのか、と問う[56]。バーンスタインは、恐怖ポルノ——残虐行為という人を魅了しかつ嫌悪感を催させるものの、脱文脈化された現代的イメージ——は、理解の深化や政治志向という目的に役立つのか、単に個人の道徳的感受性に対する解放的な愛着を満たすにすぎないのか、と

問う。(57)

ここで注目すべきは、そのほとんどが女性の西欧の読者は、他に多くの本があるなかで特にこうした過激な本に、お金を払うだけの魅力があると考えている、ということである。彼女たちがムスリム女性の被害者に対して抱くイメージはフェミニスト的なものである。ゆえに、ステッドマンをはじめとする一八世紀後半の奴隷廃止文学によくある、奴隷女性虐待被害者に対して奴隷所持者や旧奴隷所持者が抱く奇妙で間接的な同情とは、相互関係がやや異なる。四章の「名誉犯罪」をめぐる推論のなかで後述するが、この類の本は実際に、道徳的優位性への自信や、西欧フェミニストの優位性を担保するものとしての、〔イスラーム・ランドに対する〕恐怖を生み出している。

家父長制という共通の敵は、シスターフッドを認め肯定するはずである。それなのに自伝の著者は謝辞で、編集者、出版社、ゴーストライター、ボーイフレンド、夫などのイギリス人男性やフランス人男性に謝意を表する。ここで明らかになるのは、男性一般ではなく威嚇的で矯正不可能なまでに家父長制的なムスリム男性、文化的な役割期待を忠実に果たすムスリム男性こそが、シスターフッドの絆に敵対する明確な悪だということである。ムスリム男性は、私たちがよく知っているように、わが国の警察や軍隊の敵でもある。私たちが問うべきなのは、一八、一九世紀のイギリス人男性が奴隷制の被害者に同情することで、彼らの人種的、国家的な過失を抹消してみせたのと同じように、このような同一化が、暴力の加害者（少なくとも彼らは、コミュニティの内外でムスリムに暴力を行使するコミュニティの一員であるし、これらの本はあたかもムスリムへの暴力を正当化しているかのようである）という読者の役割をいかにして抹消せしめたのか、という点である。これらの本は、女性たちにどのような感情的共謀関係を呼びこむのだろうか。そしてどうやって、自分たちを進歩的、ないし少なくともリベラルとみなす女性読者たちをして、意識的には決して支持しないような帝国政治を支援せしめるのだろうか。
もしウッドの結論が、一八世紀のセンチメンタルな男性が試されていたのは、他者の痛みを想像をもって経験するという能力であり、この崇高な経験の生成がいつの間にか、奴隷女性との商業的な緊縛ファンタジーに堕してしまったというものならば、女性読者がムスリム女性の被害者の語りに寄せた共感は、本当に彼女たちの道徳心から来るのか、そしてそれがムスリムをめぐる商取引にどのような影を落としているかをよくよく考えるべきだろう。[58] この商取引はこのジャンルの書籍の増加という形を取るが、セックスを扱う裏サイトや緊縛サイトという形も取る。こうしたサイトは、ジャン＝レオン・ジェローム（＊一八二四―一九〇四。オリエント地域の描写を得意とした仏の彫刻家・画家）などの一九世紀オリエンタリスト的なハーレムや少女奴隷の描写のリバイバルである。

これらの本とウェブサイトの消費者は、ムスリムを標的にして世界中で進行中の軍事行動に関わっている当のコミュニティの人々である。彼らはムスリムに対しヒステリックな憎悪と恐怖を抱き、自国でもムスリム男性を犯罪者とみなす。虐待を性的に空想することが読者を捉えて離さなくても、加害者が感情移入して涙を流しさえすれば読者の道義性は保証され、結果このジャンルは加害者を免罪する助けとなるのだろうか。他者の苦しみを想像することは、彼らにある種の快楽を与えるだけでなく、苦しみを蒙る人々と自分とを完全に分断し、区別することを保証するのではないか。

欲望の構造化

大衆文学における表象は、ムスリム女性と彼女たちの権利についてのイメージを規定し、感情を構造化する。自伝やそれ以外の三文ノンフィクションは、ムスリム女性を扱ったかつての大衆旅行記や宣教師文学とテーマや文体が一致するだけではない。それらはともに、特定の政治状況下で出版社が売り出し、読者が受け取る商品なのである。この点において私の分析は、より文学的な自伝であるアザール・ナフィーシィの『テヘランでロリータを読む』に対するダバシ（＊ハミッド・ダバシ。専門はイラン研究、比較文学）の批評に通じるものがある。ダバシは、西欧文学の古典作品を称揚し、現地文化や伝統の価値を蔑視し、イランにおけるムスリム女性の権利の欠如を証拠だてるという、現地の人々の役割に注目する。彼は、表紙写真がいかに元の文脈（政治意識の高い活発な女子学生が新聞の選挙記事を読んでいる）から切り離され、代わりにヴェールをした女性たちが西欧のエロチックな古典を隠れて読んでいるかのように提示されたかを明らかにした[59]。サバ・マフムードはナフィーシィの自伝を、「省略することに容赦がな」く、当時イラン国内で起こった、かなりの社会的・政治的批判の痕跡を徹底して消去し、その時代のイランを、ナフィーシィは「生活の息吹を消し去った描写」として年代記に記そうとしたと分析している[60]。

私たちの世界のマスメディアでは、虐待されつつも屈しないムスリム女性の象徴的存在となったムスリム女性たちは、ニューヨークのエリートの集まりにおいて運命を決められ、グラビア誌で取り上げられ、個人的な慈善活動から高額な寄付を与えられる。彼女たちは支援してくれた人々の心をなごませ、自分たちの物語を売り、シーリーン・ラザク（＊西インド諸島系カナダ人のポストコロニアル・フェミニスト）の言葉を借りれば、利益と利己的な癒しのために「痛みを盗む」のである[61]。これまで議論してきたようにこれらの物語は、パキスタン、アフガニスタン、イラン、イラクなどの国々に対する政治的・軍事的敵意を常態化させるために欠かせない要素なのである。

しかしながら、こうした自伝の驚くほどポルノ的な性質を分析すると、それらが持つ、最も実体的で重要な効果とは、特に西欧の女性読者に、はかない感情的真実を通じて感情的なエネルギーを送りこむことであることがみえてくる。読者は、卑劣に束縛されているムスリム女性より上にいる自分に安心しているのだろうか。私たちの社会も似たような物語に事欠かないということには無自覚なまま、この類の本は、私たちはそのような暴力から自由でいられる、というファンタジーを助長してはいないか。残酷さを覗き見ることで女性読者たちは、自分のことを共感的で道徳的な人間だと感じ、姉妹的な連帯感と、一三歳や時に一〇歳の純真な他者を侵害することへの嫌悪から、何らかの措置を求めるようになるのではないか。奴隷女性への同情心から、奴隷女へのむち打ちやレイプに対し、ステッドマンなどのヨーロッパの人権擁護論者がその詳述に官能をくすぐられつつも嘆いたように、このジャンルが生み出す複雑な効果は美徳という感覚の形成に一役買っている。そしてそれは、世界規模で女性を救い出すことへと人々の情熱を方向付ける。

表象についての批評は常に、それ以外のどういう方法で世界を理解すればいいのか、という問いと切り離せない。こうした自伝が実話かフィクションかは大した問題ではない。問うべきは、それが世界でどのように機能しているか、である。しかし本書では別の方法を示したい。興味深いのは、こうした表象が、この本に個人の物語を載せたザイナブやアマルなどの一般女性の人生を扱うジャンルだけではなく、他の近接するジャンルでも見られることである。例えば、アイヤーン・ヒルシ・アリの個人的な物語がこの脚本通りにこしらえられ、女性を助けたいという欧米の情熱をかきたてているのは、何だか薄気味が悪い。このジャンルの理想的なヒロイン、アリは、殴られ、抑圧され、無理やり結婚させられたと語る。そして彼女は自由を求めて逃げた。オランダが亡命を許可し、世俗的論理に出会って、彼女はイスラームへの従属を棄てた。彼女はあたかも、暴力と救済の間で身動きが取れない虐待の被害者をまさに体現しているようである。

彼女の自伝『無神論者』を、話の導入として使おう。自伝から、女性の人生と社会的文脈がいかに複雑かを示す証拠がいくつも見つかる。『無神論者』は、ヒルシ・アリが講演で熱く語るストーリーや、過激な声明には到底収まりきらない。彼女はもっとずっと聡明だ。まず私たちは、彼女がレイプされたことも無理やり結婚させられたこともないと知る。むしろヒルシ・アリはソマリアで一人暮らしをしていたときに、魅力的な母方親族とこっそり逃げ出し、彼と一時結婚していた。さらにケニアでは、兄の友人はムスリムだと自己暗示をかけつつ彼を熱心に求め、彼にキスをした（＊ムスリム女性はムスリム男性としか結婚できないと広く信じられている）。

ヒルシ・アリの「イスラーム」に対する態度は相反している。一〇代前半には、イスラーム主義者だった魅力的なケニアの学校教師に大きな感銘を受ける。彼女は自分の意志で、ありきたりな服の変わりにイスラーム的な分厚い黒いマントを纏うようになった。彼女によれば、「そこにはスリルがあり、感覚に訴えるものがあった。黒いローブを着ることで偉くなったような気がしたし（中略）、私は特別な人間なんだと感じた。当時のナイロビでは、そんな格好で外を出歩く人はほとんどいなかった。不思議だけれど、マントによって個人になれた気がした。黒いローブは、私が優れた人間であることを示してくれた。私は真のムスリムになった（中略）、私は神のお気に入りなのだ。腕を広げれば飛べる気がした」[62]。彼女は熱心に礼拝し、勉強会に参加して自分の宗教について理解しようとした。誰も彼女に強制しなかった。驚くべきことにこの自伝の記述のなかで彼女は、イスラーム的理想と実践に関し、ソマリアの家族のそれと、しばらく住んでいたサウジアラビアの人々のそれとに非常な落差があったことと、さらには八〇年代と九〇年代に、より伝統的なイスラームと、ケニアやソマリアやその他の地域にムスリム同胞団（＊二〇世紀エジプトで生まれたイスラーム宗教社会運動団体。アラブ諸国で大きな勢力をもつ）がもたらした新たなサラフィー主義（＊近代のイスラーム改革運動の主要な潮流。ビドア（後世の逸脱）を排して初期イスラームの原則や精神の回復をめざす）運動との間に生じた一種独特の緊張感の二つについて詳しく書いている。

ムスリム女性が合意形成の承認と敬意という文脈のなかでどのように尊重されているかを示すもっとわかりやすい話がある。それはオランダに亡命が許された(私たちはそれが虚偽に基づくものだったことを知っている)後にヒルシ・アリに起きた出来事である。彼女の父親が彼女の居所を知るやいなや、父がナイロビで彼女と結婚させた男性が、彼女がなぜ彼のもとにやってこなかったのか知りたくてカナダから飛んできた。ヒルシ・アリは彼に、一緒にカナダへは行かないし、彼の妻に戻る気もないと告げた。数日後に戻ってきた彼は、彼女の父親と相談した上で、ヨーロッパに暮らす一族(クラン)の核となる長老たちと正式な会合を持つことになったと彼女に告げる。翌日、彼は威厳ある十人の男性を連れてやってきた。そのなかにはクランの「王家の子孫」もいた。ヒルシ・アリによれば、彼らは一人ずつ順番に、名誉、結婚、内戦、尊重すべき価値観について語った。最後に王家の子孫が「では、考えてください」と言った。彼らは、彼女の回答を聞くために翌日再度集まることを提案したが、彼女の心は決まっていた。彼女が拒絶を示すと、理由を聞くためにいくつかの質問がされた。最後に彼女はクルアーンの重要な概念を借りて「これは魂の意志です。(中略)魂に強要はできません」と答えた[63]。王家の子孫は「私はその答えを尊重しよう。私たち全員が尊重すべきだと思う」と言った。そしてこれをもって夫は、彼女との離婚を承諾した。「男性たちは立ち上がり、一人ずつ私の両手を自分の両手で包み込むようにしてから、部屋を出た。彼らは敬意にあふれていた[64]」。

これは、ヒルシ・アリが映画『サブミッション(服従)』や処女作『囚われの乙女』で私たちに示したコミュニティの手続きと和解方法としては驚くべきものである。そのコミュニティは、女性を虐待し、侮辱する、偏狂な宗教の支配下にあると描かれていた。『無神論者』では、二つの異なるイメージが衝突を起こす。一つ目は、ソマリ人家族と暮らすある少女の、家族の境遇、緊張状態、家族を襲った悲劇、傷つきやすさ、なりゆき任せの暮らしを維持するための苦闘、つらい時期に何とか尊厳を保つことなどについての不確かで矛盾する経験をつぶさに観察し、鋭敏な感性で捉えた描写である。二つ目は、身を切るような苦闘を覆い尽くす、定型の脅迫的な繰り返しである。定型はイスラームが意味するものと、イスラームが人々にもたらすものを一般論にする。単純な字義通りの読みに基づく宗教観を脱文脈化し、非歴史化するという戦略を提供すると同時に、定型は、啓蒙的で自由な西欧と後進的で隷属的なムスリム社会という対抗関係を作り上げる(65)。それはこの物語を選択と隷属、強制と合意形成という単純な対立関係に帰せしめるのである。

重要なのは、人権という言語に表向きは結び付けられている三文ノンフィクションというフィクションの、陰湿な魅力に引きずられないことである。その記述そのものからも、物事がそう単純ではないことが窺える。その最も痛切な例は、ザナと彼女の母親がイエメンでの経験を書いた『売られて』と『情け容赦なく』のなかに見つかる。ザナの妹のナディアの話は、選択と合意形成という鍵概念に関して、今までとは違う考え方をするときの糸口をくれる。彼女は、母親がイエメンでの「隷属」状態から彼女を救い出そうとしたにもかかわらず、それに抗った。この問題については結論で詳細に論じるが、ここでは、人生は誰にとっても複雑なものだということを示したい。物事を自由と義務、合意形成と拘束、選択と強制などにきれいに分けることは決して容易ではない。意志の強い姉ザナは、イエメンを去った。宗教的、伝統的な文化、国家法の全てにおいて親権は父親に属すため、彼女はまだ幼い息子をイエメンに置き去りにした。彼女は後悔しない。しかしナディアは母親が勧めた自由への切符を受け取るのを拒んだ。母親のマリアムは、下の娘のナディアが繰り返し語る内容を理解できなかったようだ。母親は、娘が夫の厳しい監視下にあると頭から信じ込んでいる。ナディアは、困難な人生と息が詰まる黒いローブに押しつぶされているに違いない、と。

母親には、ナディアが身を切られる思いでいることがわからない。ナディアにはまだ幼い五人の子どもがいて、イエメン人の父親の嫡出子であるために、イエメンを出るときには子どもたちを置き去りにしなければならないのに。ここから、ダス、メノン、ブタリアといったインド人研究者が語る、一九四八年の国家分裂期（＊一九四八年に英領インドからインドとパキスタンが分離独立した。この際未曽有の住民交換が行われたが、その混乱期に強制改宗や「誘拐」されての強制結婚が行われたといわれる）に「誘拐された」女性のインドとパキスタン両国家による「本国送還」決定にまつわる痛ましい話を思い出した読者もいるかもしれない[66]。彼女たちのなかには、何年も共に過ごした夫を愛するようになった女性も、愛さなかった女性もいた。しかし彼女たちの涙と抵抗が示すように、国家の名誉の名のもとに、子どもたちと強制的に別れさせられたことで、彼女たちは辛酸を嘗め尽くした。

不毛な山頂付近での暮らしは、どのようにナディアの現実の人生となったのだろうか。バーミンガムを離れた時、彼女はたったの一三歳だった。彼女の子ども時代は、人種差別と法律違反に彩られた不幸せなものだった。イエメンでも貧困にあえいでいたのは間違いない。しかし、母親からの懇願と英国領事の介入に彼女が抵抗したのは、馴染みのない英国での暮らしのなかの自由を選び、子どもを失ったことに一生苦しみ、子どもたちが母親の愛を知らずに成長するという考えに苛まれるよりも、子育てをし、既婚女性として、そして夫のコミュニティの一員として生きたかったからだ、と考えることはできないだろうか。文化を問わず、子どもを愛しているがために、子どものことを思い、不幸な結婚やひどい状況に甘んじる女性の話を、私たちはいくつも知っているはずである。そのような状況で、自由や選択が一体何を意味するというのだろうか。

私たちの誰もが「自由な選択」をしているという幻想は、権利も、主体性も、セックスや暴力を拒んで逃げる能力もなく拘束される人々、という遠い世界を見せることによって命脈を保っている。しかし現実には、自由民主主義下であっても、選択と公益とのバランスをどうとるのかということが、学校教育、医療保険、社会福祉、そして銃規制の問題をめぐって議題となり、自由な選択という物語の主題のなかで行く先を見失っているように見える。[67] だからこそ、人気のある自伝は人々の心をとらえるのである。だからこそ、そうした文章が公共の想像物の一部をなし、同時に女性たちをグローバルに救わなければならないとする新たな常識が出現してきたのである。

権利という枠組みは、女性活動家や活動家を賞賛する人々が費やす努力に方向性や目的を与える。しかしその議論に入る前に、イスラーム・ランドの女性抑圧の象徴的シンボルの最たるものである名誉犯罪の問題を解明しておきたい。この、文化化されたカテゴリーとしての虐待〔という概念〕の発展の経過に着目することで、リベラル言説のなかで、選択という語りがセクシュアリティと結び付けられ、被害者支援と加害者への刑罰にかかる地元ないし国際的な制度のなかにどのように織り込まれてきたのかをつぶさに見ることができる。ムスリムの女性と少女を対象にした、特定のタイプの女性に対する暴力を辿ることで、人々がいかにたやすく、道義的十字軍に献身するときに批判的思考力を手放すか、そして文化に責任を帰すことがいかに軍事的介入を正当化するかがわかる。

4 「名誉犯罪」の誘惑

ムスリム世界における女性の悲惨な状況を描き出すべく作られた文化−法的カテゴリーのうち、きわめて象徴的なものの一つに「名誉犯罪」がある。このカテゴリーの展開は、ムスリム女性の窮状なるものが、いかに我々の住む世界の政治化し、偏向した状況と不可分かを明らかにしてくれる。一九九〇年代は、国際的な女性の人権〔という概念〕が、勢いを得た時代の幕開けとされる。女性に対する暴力〔という概念〕は成功裏に、人権問題として再概念化され、国際連合の諸機関のアジェンダ（行動計画）に組み込まれた。それは今日、世界規模のフェミニスト・アジェンダとして広く普及し、新しい常識の一部ともなっている。名誉犯罪という名付けとその喧伝とによって、このカテゴリーはメディア制作者から倫理哲学者に至るまで、人々に好んで取り上げられ、人道主義的関心〔の有無〕を示す〔指標となった〕。しかし我々は十分に慎重でなければならない。このカテゴリーには二つのリスクがある。ムスリム世界に着せられた汚名を強化するリスクと、それが女性を公正に扱うことに必ずしもつながらないというリスクだ。

名誉犯罪を、女性が性的な規範を破ったことで失墜した家族の名誉挽回のため親族が女性を殺すことと定義すると、名誉犯罪は近年の他のどのカテゴリーよりもはっきりと、このトランスナショナルな世界で、権利に関して積極的行動主義を採ることのジレンマを浮かび上がらせる。名誉犯罪はある文化に特有の暴力形態とされ、他の広く見られる暴力形態、より我々に馴染みのある、痴情のもつれによる犯罪を含む、親密な男女間や家族間のDV（ドメスティック・バイオレンス）とは異なるものとされる。確かに名誉の価値もその暴力による強制も、ムスリム・コミュニティならではのものとしては定義されていないし、イスラーム法や宗教指導者層もこの行為を認めてはいない。しかし名誉犯罪の物語や報告書が中東か南アジア、あるいは当該地域出身の移民のコミュニティからもたらされることで、それはイスラームと特に関連があるとされてしまう。ムスリム女性の表象や、実際にムスリム世界に住む女性の人生、そしてグローバルな「ムスリム女性救済」事業に関わる全ての人は、心してこのカテゴリーを注視しなければならない。名誉犯罪は伝統的ないし文化的な慣行と指摘され、国際問題ないし多文化主義のリスクとして、恒常的に問題として取り上げられ、議論の的になり、国連総会決議において非難までされた。それ故に、名誉犯罪は文化人類学者や新帝国主義を理解しようとする人々の、特別な注目に値するのである(1)。

名誉犯罪は、ある民族ないし文化共同体に特有の行為であると説明される。文化それ自体や「伝統」が、この犯罪的な暴力の原因とみなされているのである。従ってこのカテゴリーは、特定の暴力行為そのものではなく、文化全体や共同体を糾弾する。しかし、特定の共同体を糾弾せずに、そして特定の共同体にかかる表象を例外的とみなすことなく、女性に対する暴力の深刻さを認識することはできないのか。今日の欧米では、ムスリム共同体は常に、遅れた、暴力的な世界として描かれる。新たな常識においては、国際紛争は自由や非暴力といった価値を受け入れないムスリム地域全体との「文明の危機」へと矮小化されてしまう。欧米の干渉は何十万もの人々の死因となったが、それすらも異なる文明へ自由――と女性の権利――をもたらすという主張によって正当化された。ヨーロッパとアメリカにおける、この地域からの移民に対する複雑な感情や敵意は、彼らが「文明化されていない」行為を持ちこむからだと正当化される。同様にムスリムが大多数を占める多くの国家においてさえ、エリートは地方やスラムや特定の地域に住む市井の人々を見下し、女性に対する暴力をそれらの人々ならではの伝統や、同国人のなかでも啓蒙が足りない、あるいは「近代的」でない者たちの「文化的後進性」のせいにする。

とはいえ名付けることと、特定の暴力形態を犯罪化することはおそらく有益である。それは法改正につながるかもしれないし、裁判官の教育にもなるだろう。また政府および共同体に女性に対する暴力の深刻さを認識させ、シェルターの開設や、警察官を対象としたトレーニングプログラムの策定、女性救援活動の根拠となる。しかし、女性に対する暴力行為のなかのいくつかをある地域や文化ならではのものとみなさずに、それらのゴールにたどり着く方法はないだろうか。この、女性に対する暴力のなかのある特定の行為を、文化に結び付けて理解するという文化化のリスクは、それが一層の敵意と暴力を生むであろうことだ。それによって女性がより安全になることはないだろう。

名誉犯罪に関する倫理的な嫌悪は、メディアや三文ノンフィクション、専門的で学問的な仕事のなかになど、至るところにある。だからこそ、私は自問自答をはじめた。どのような力が、この壮大な文化的暴力というカテゴリーを作り上げ、そして維持しているのか。大衆向けファンタジーのどの部分が、このカテゴリーにリアリティを持たせているのか。そしてこのカテゴリーが女性に対する暴力が起きる、社会的・政治的な世界について見えなくしているものは何だろうか。

本章では、名誉犯罪というカテゴリーが作用するときの四つの問題を明らかにしたい。一つ目は、名誉犯罪は道徳規範（morality）を単純化し、名誉が価値の中核をなしている社会における男女の関係を曲解させること。二つ目は、名誉犯罪を特定の文化ならではの暴力形態と定義することで、巧妙に、世界を文明化された社会とそうでない社会、つまり西欧とそれ以外とに二分すること。三つ目は、名誉犯罪に執着することで、近代国家の制度や統治技法など、暴力事件とそれらが理解されるカテゴリーに不可欠な要素が完全に不可視化されること。最後が、名誉犯罪について考えることが、おそらく一種の「非政治化装置」として働き、それによって、社会変容や政治的な利害対立が存在していることが捨象されてしまうことである。[2]

モラル・パズル

人権活動家、人気作家、そして研究者は、名誉犯罪がここ二〇年程の間に知名度を得ることに貢献した。九〇年代後半、名誉犯罪が突如として目につくようになったことは私に疑念を抱かせた。長年、アラブ世界のムスリム女性たちのあるコミュニティに住み、仕事をしてきた文化人類学者として、私は現地の人々が名誉という言葉にどのような意味付けをしているかと、名誉が人々にとって何を意味しているかを理解するために、長い時間をかけてきた。ちなみに私の処女作の副題は「ベドウィン社会における名誉と詩」だった。アムネスティ・インターナショナルの名誉犯罪についての「差別の文化」という一般向けのパンフレットを読んで、私はショックを受けた。そこには、「名誉殺人として知られる犯罪は、女性を男性と同等の尊厳や権利を持つ人間としてではなく、モノや商品のように扱う、特定の文化に深く根差した信念に基づいている。女性は男性親族の財産であり、彼女を『所有する』男性の名誉を体現する存在とみなされている」と書かれていた。[3]

こうした定義は、名誉犯罪を、女性が男性と平等でないだけでなく、女性を財産、モノ、あるいは男性によってコントロールされる身体部位（女性は処女膜に矮小化されることがある）[4]とみなして説明し、女性をいかなる道徳的主体性をも持たない存在として社会のなかに位置づける。このような認識は、現地の倫理規範のシステムを矮小化し、そうしたコミュニティで女性たちが自分たちをどう見なしているか、そのあり方を公正に評価することから議論を始めようとはしない。私にはそれが理解できない。私はかつて、名誉に深く傾倒し、それを誇りとするコミュニティに長い間暮らした。そうした、名誉と性的道徳が社会的関心／社会的な幻想の核となっているコミュニティの女性や少女たちの暮らしにも詳しい。名誉と貞淑さは常に議論の的である。こうした価値観は、共有され、実践される複雑な道徳規範の鍵となる。それは個々人の様々な感情を呼び起こし、また個々人に義務を負わせもする。女性も男性も、こうした価値観を、彼らが伝統的に得意とする詩や物語の語りに取り入れている。

私の処女作『秘められた感情』では、貞淑さ——名誉のなかでも特に、女性の性に関する適切な振る舞い——がいかに広く共有されつつ、複雑な道徳規範の一部をなしているか、に着目した。アウラード・アリ族出身のベドウィン（遊牧民）である友人によれば、名誉は社会的地位の定義（そしてその再生産）と深く関係している。私の知る男性や女性にとって名誉は、勇気や寛大さ、信頼性や侮辱を許さない態度などの〔幅広い美徳を備えた〕、理想的な人間として生きるための精神的支柱や基盤になるものなのだ。『秘められた感情』で説明した通り、女性や少女にとって名誉とはすなわち、男性や有力な一族（「自由」と呼ばれる）に期待される強さと寛大さを体現することなのはもちろんのこと、それに加えて他者に対する尊敬を表す方法でもあるという。その本で提示したように、人を敬う態度の一つの表れであり、女性を他者に尊敬させるための様式なのである。貞淑さとは、あるカテゴリーに属する男性（それ以外の人々は対象外であることに注意）に対してヴェールを纏うことや、親族でない異性との接触の回避などの行為となって表れるべきものである。貞淑さは、私たちの価値観における「女らしい」振る舞いをすることとは関係がない。男性の名誉にとっては、性的な関心を避けることが同じように重要である。男性たちには、親族でない女性たちと一定の距離を保つことや、そうした女性たちに礼節をもって接することが期待される。他の男性たちの前で自分たちの妻や親族の女性たちの話もしない。これは、身内の女性たちに対する彼らの尊敬の表れである。婚外性交渉は、男性と女性の双方にとって不名誉なこととされる。そして結婚相手を選ぶ自由は男女共にほとんどないが、相対的に見れば若い男性には若い女性よりはまだしも自由がある。親族構造が社会規範の基盤となっているため、結婚は、個人の問題として個々人に委ねるにはその重要性が高すぎるのである。

こうした、男性と女性の双方に理想を課す道徳規範は、血統や相続、経済、政治・社会関係など全ての基盤である、父系親族関係に貫かれた社会構造があるからこそ生じる。それを単に、女性を暴力に晒す家父長制的抑圧としてのみ理解していいのだろうか。女性の行動に課された制限は、男性が彼女たちの自主性を制約したものだと考えなければならないのだろうか。こうした問いに答えるためには、社会構造のただなかで生きる当事者がそれをどのように見ているのかを問い、あるいは実際の社会状況のなかで道徳規範が実際に機能する複雑なあり方を検証する必要があるのではないか。私は、二冊の自著、『秘められた感情』と『女性の世界を書く』でそれを試みた。

一九八〇年代に私が出会ったアウラード・アリ一族の少女たちは、よく、自分たちに課せられた不公正な制約や、彼女らに向けられる猜疑に満ちた監視の目に対して不満を漏らしていた。彼女たちのオバや祖母は、遊牧生活をやめた結果、空間的制約が増したことに不満たらたらだった。その変化は、イスラーム復興がどのように二〇世紀後半にエジプトを変容させたかについての議論のなかで後述する、新たな要因によって引き起こされたものでもあった。私はまた少女たちが「自分たちが信頼されないのは理不尽である」という感覚からくる道徳的優位性の意識ゆえに、新たに課せられた制約に対して苛立ちを覚えていることを感じ取った。ヘアピンや口紅に憧れを抱きつつも、「私たちにはやりたいことをする権利がある」という主張ではなく、自らの貞淑さや道徳的美徳を主張することが、彼女たちの言い分の根拠となっていた。彼女たちは、家族や男性にコントロールされる客体としてではなく、十全な判断力を備えた主体的な人間として、自分たちのことを語った。

ベドウィンの祝婚歌に耳を傾けてみれば、このコミュニティの少女たちが自分たちのことを、道徳的基盤を担う、パワフルな行為主体とみなしていたことがよくわかる。彼女たちが一族の花嫁を誇らしげに言祝ぐ祝婚歌の多くでは、夫婦は敵対するジェンダー・イメージで描かれる。それは強烈な印象を残す。「鷹のように生きる／野育ちの狩人すら触れることあたわず」「熱風を切り裂き　鳥は舞う／どんなライフルも捉えることあたわず」[5]これらの歌は、以前扱ったテーマと同様に、女性の生を鳥になぞらえて描き出す。しかしそれが意味するものは、(檻からの)解放でもなければ、喪失に対する悲嘆でもない。それが意味するのは名誉への希求である。

道徳規範が個々人にいかに複雑に作用するかを理解するには、日々の暮らしについて語らなければならないだろう。私が書いた民族誌は、どのように少女たちが非難を躱《かわ》し、母親たちが娘たちを心配し、兄弟が姉妹のために立ち上がり、父親が周囲の疑念や非難に対抗して娘たちを支えているかにまつわる多くの物語に満ちている。そこにはまた、男たちの、かつてあきらめた愛の物語や、息子や兄弟の名誉を意に介さない行動の後に何とか面子を保った物語もある。このコミュニティの中心にあるのは、公衆の面前でかわされる、男女の間の魅惑的で意味深なプライドと独立心の誇示である。それは親しい人々に捧げる詩や、願いや痛みの詩——それは結婚生活や友情のなかで生まれる、彼らの繊細さと愛情ゆえの感情である——という形をとる。アウラード・アリ一族の友人たちにとって、ロミオとジュリエットの美しい苦悩の背景にある社会的制約と家名を守れという要求は、お馴染みで身近なものなのだろう。彼らもロミオとジュリエットと似たようなラブストーリー、砂漠の恋人たちの悲恋や悲恋に近いラブストーリーを語ってくれる。(6)

エジプト国家制度からの独立を懸命に守ろうとしてきたコミュニティの道徳規範の体系は、単に男性が女性の自由を制限し、女性の身体を束縛するものとして理解しうるのか。アムネスティのファクトシートはそう理解するよう勧める。しかし女性たちがこのシステムに心から、積極的に関与していることをどう考えればいいのか。権力、人々の社会的紐帯、さらには個人の精神生活を、一体どのように理解したら、ジェンダー化された人生のような極めて複雑なものを、白黒はっきりさせて考えることができるというのか。

リベラル・ファンタジーの強制

こうした、名誉が道徳規範の中心的位置を占める社会を矮小化して表象することに加えて、名誉犯罪にはもう一つ言説に関わる問題がある。それが、学術、ポップカルチャー、法的〔権利拡大〕キャンペーンが連動し、相互に作用するなかで生じる、名誉犯罪を特殊かつ固有な文化様式とみなす傾向である。こうした伝統は健在で、クワメ・アンソニー・アッピアの著作『名誉規範』の、パキスタンの名誉殺人の描きかたのなかにもそれを見出せる。アッピアはパキスタン人男性や、「名誉殺人」に加担してきた人々を、外部から集団的に恥じ入らせ、「巧妙に仕組んだ嘲笑」をあびせることを通じた道徳革命を呼びかけた。(7) さらに、ウンニ・ヴィカンのような人類学者までもが、メディアで大々的に報じられた、二〇〇二年にスウェーデンで起きたクルド人移民が関わった名誉犯罪について記した著書で、この罠にかかっている。彼女の目的とは、その本によれば、こうした出来事をひきおこしてしまう「文化」を理解しようとすることであるという。しかし（スティグマを避けつつ）理解を探求する人類学的動機は、メロドラマのような章の終わり方や、一貫した証拠の誤読、そして果てしない道義的批判などの修辞法によってことごとく裏切られている。

　ヴィカンの著作は、娘のファディメ・サヒンダールを、数年の仲たがいの後に殺害した父親の事例を検証している。裁判記録、警察の報告書、メディアの記録は膨大で、相互に矛盾する。ヴィカンによる証拠の誤読の一例を示そう。ファディメの姉妹の一人は父親について「この事件をメディアが取材するようになってから、全てが壊れてしまいました。父は、自分の尊厳、プライド、そして名誉が奪われたと感じています」と説明した[8]。心臓疾患を患い、仕事を辞めなくてはならなくなった後に、彼はファディメに「メディアや警察に俺をこんな風に晒し者にするな。少なくとも一五人には唾を吐かれたぞ」と言ったという[9]。裁判で彼は「スウェーデン人が大勢やってきて、窓に石を投げつけた。彼らに『この黒髪野郎、もといた所に帰りやがれ！』と言われた」と証言している[10]。

　しかしヴィカンは、姉妹が語った父親の尊厳の喪失や、彼が経験した人種差別や、メディアや警察が未解決の事件に関してしでかした致命的な失策については論じない。まるでそれが〔風土病の〕症状であるかのように、彼女は文化について、クルド、中東、伝統、伝統による縛り、非西洋文化が渾然一体となって境目なく広がっているかのような、ありがちの語りに終始する。ファディメの父親についてヴィカンは「彼のような精神のありようはあちこちで見出せる。彼のルーツは、自由や平等ではない価値観に支配された文化、数多の伝統のなかに深く沈みこんでいる[11]」と主張する。ヴィカンは「ヨーロッパ諸国の多くの移民は、数百年前に作られた田舎文化に救いがたいほどにどっぷりつかっている」と言う[12]。彼女は多少共感的に、彼のような父親たちを、勇敢で啓蒙された娘たちや組織が相対しなければならない「非人間的な伝統の被害者」として理解すべきだと言う[13]。彼女の人類学的言説には、名誉犯罪と、ムスリム女性についてのより広範な常識などの、大衆的な言説が驚くほど巧みに織り込まれている[14]。

名誉犯罪という概念にまつわる不愉快な政治をもっと実感したいなら、さらに大衆的な言説に目を向ける必要がある。三文ノンフィクションが、選択と自由を使ってどんな風にムスリム女性の抑圧を描いてきたかについてはすでに論じた。名誉犯罪というカテゴリーはまた、ファンタジーを通じて、近代性や西欧に帰された価値観に対する愛着を作り上げてもいる。この傾向は、名誉犯罪のサバイバーによる、商業的に大成功した二冊の「自伝」にも見られる。それらは、9・11以降でアメリカによるアフガニスタン侵攻の前夜、今にもイラクへの進攻が行われようとしているまさにその時期に、熱狂的で涙もろい読者に歓迎された。うち一冊はノーマ・コウリー作の、二〇〇三年にヨルダンで起きた、彼女の親友ダリアが犠牲となった名誉殺人を扱った、ベストセラーとなった回想記である。イギリスでは『禁じられた愛（*Forbidden Love*）』、アメリカでは『失われた名誉』と題されたこの本は、古典的な恋愛小説として書かれ、背が高く、肌が浅黒くハンサムなのに性差別的な人でなしではない男性が愛の対象として描かれることで完璧なものとなった。貞淑さもスパイスにしつつ、互いに惹かれあう胸の高鳴りが描かれる。しかしこの恋愛は一般的な恋愛小説とは違い、殺人という結末を迎える。この小説には、オリエンタルなステレオタイプも見出せる。人の心をつかむ話の筋のなかに、ハーレクインロマンスやホラー映画にはない、イスラームに関するえらそうな解説が含まれているのである。それによって、この物語の舞台がイスラーム・ランドであることが否応なく喚起される。

物語は、西欧の手によるムスリム女性の表象という、長い歴史を持つスタンダードなテーマに沿うように組み立てられている。西欧の自由な女性に対し、ムスリム女性は囚われの身である。「ほとんどの女性にとってヨルダンは、愛する者の手によってもたらされる死というリスクがある、厳しい牢獄である」とコウリーは書く。また女性たちは声なき存在でもある。「女性たちは、自分たちの声なき叫びを誰かが聞いてくれることを今でも祈っている」。この文章は、一章で議論した一九世紀の宣教師女性たちの文章「彼女たちは何世紀もの間抑圧の軛を負わされ続けたゆえに、自ら声をあげることができないのです」と重なるものがある。[15] ここには家父長制的伝統とフェミニストの近代性との明確な対立がみられるが、これもまた、スーザン・モラー・オーキンが以前に発表した「多文化主義は女性にとって悪いものか」という記事のなかにみられるものである。コウリーは不運な友人ダリアについて、「それでも自らの命をかけて［古代の決まりに背くことを］試みる数少ない女性もいる。彼女たちは砂漠からの囁きではなく、変化の風に耳を傾ける」と解説する。[16]

自伝は大衆的なフェミニズムとも連動している。信頼性を担保するために、本は『ハーフ・ザ・スカイ』とよく似たページで締め括られる。「あなたには何ができるか」というタイトルのそのページは、国連の人権委員会あてに、名誉犯罪に反対するという手紙を送ったり、寄付をするよう呼び掛ける。

ここでの問題は、それが捏造本であることである。ノーマ・コウリーの本名はノーマ・バガイン・トリオポウロスといい、本に書かれた出来事のために、オーストラリアで移民として暮らしていた。その後報道ジャーナリストは、彼女がヨルダンに住んでいたのは三歳までだということを突き止めた。疑いを抱いたヨルダン人ジャーナリストのラナ・フセイニーが、本のなかに何十もの重大な間違いと時代錯誤な点を見つけて指摘すると、出版社は本の販売を中止した。[17] コウリーは名誉犯罪から逃れていなかったし、それどころか彼女はシカゴ育ちの、逮捕歴を持ち、偽証罪で指名手配をかけられたことのある、問題のある女性（かつ強迫観念にとらわれた嘘つき）だったのである。[18]

この回想録に見せかけたフィクションは、名誉犯罪にまつわるファンタジーとその蠱惑的な引力とを、これ以上ない形で白日の下に晒す。「他者」の野蛮性に関する一人よがりの名誉とは、自由と選択というリベラリズムの強力なシンボルの個人化と、のぞき趣味とが渾然一体となったものである。こうした名誉犯罪の本や、名誉犯罪のスキャンダラスな扱いによって持ち上げられ褒め称えられているのは自由〔とその価値〕である。しかしここでの自由とは結局のところ、セックスと家出の自由にすぎない。また選択は、つまるところ、愛に基づき個人的決断を行うことだけになってしまう。この本を熱烈かつ無批判に受容することこそが、近代西欧文化的な価値観を、つまりセクシュアリティの解放と公的自由をめぐる個人的な権利を至上のものとみなしたいという誘惑を、下支えしているのである。

三章で少し触れたもう一冊の「自伝」は、名誉犯罪にはポルノ的な魅力と、リベラルな西洋と抑圧的なムスリムの東洋とを分ける役割があることを証拠立てている。『生きながら火に焼かれて――「名誉殺人」の被害者の告発』は、二〇〇三年にフランスで最初に出版された。これもまた、「抑圧された記憶」（信憑性のなさでよく知られる「抑圧された記憶」）に基づく、非一貫性と間違いにあふれた別の種類のでっちあげである。[19] これはスアド（ファーストネームだけが登場する「ヨーロッパのどこかに暮らす」女性）の物語である。スアドはパレスチナ人女性で、婚外子を妊娠したために火をつけられたという。彼女の言うところの「事件」から二五年も後に自伝を書いたことで、この女性は、名誉犯罪のサバイバーとして発言することをことあるごとに求められ、自らの社会の野蛮さだけでなく、ヨーロッパから来た救い主たちの素晴らしさについても証言した。そこには、ジャクリーヌという女性や、ＳＵＲＧＩＲというスイスの闇組織も含まれていた。ＳＵＲＧＩＲが使うキリスト教の救済主義的な物言いには実際、驚かされる。そしてご想像の通り、本の最後を飾るのは寄付のお願いである。

スアドは読み書きができないと認めているが、ジャクリーヌは彼女に「話す」だけで本は書けると約束した。この本がどのように書かれたものかについては、タイトルページ（カバーではない）に、マリー・テレーズ・クニーとの共著であることが記されている以外に読者には手がかりがない。このフランス人作家は、これ以前に三章で検証した『無理やり結婚させられて』の作者のフランス系モロッコ人「レイラ」の手助けもした。またそこに出ている情報によれば、彼女は近日、ムクタール・マイ（パキスタンの農村女性で、ニコラス・クリストフのヒロインとなった女性）の自伝執筆を手伝うそうである。

『生きながら火に焼かれて』には、スアドの支離滅裂で断片的な子ども時代の思い出や、父親の行動に起因する残酷で容赦のない出来事が描かれている。彼女は、二五年もの間忘れていたという、鮮明だが断片的な思い出を語る。そこには（名前すら忘れてしまった）妹が弟によって黒い電話線で首を絞められた話も含まれる。弟に対するスアドの感情はとても矛盾している。彼女は繰り返し、彼女がどんなに弟を愛していたかを訴えるのに、その弟を殺人者として描く。ジャクリーヌはスアドと出会ったヨルダン川西岸の病院での彼女の様子を、つらい経験をし、断続的な健忘症であったと説明する。それなのにスアドの「文章」は、ハンサムな隣人との逢瀬のくだりになると流れ出し、みるみる官能的になる。スアドは彼が自分と結婚してくれると考えていたが、彼は彼女を妊娠させた挙句、彼女を捨てた。未来の婚約者（になるとスアドが考えていた男性）との最初の密会の場面の描写にはそれがよく表れている。「嬉しさで胸が張り裂けそうだった。憧れの彼と一緒にいた、しかもあんなに近くに彼がいた。たった数分のこととはいえ、素晴らしい時間だった。私は体じゅうで感動を噛みしめていた。山羊ほどの教育も受けていなかったために無知でウブな私は、この感覚をどう表現したらいいのかわからなかったが、心と体がいっぺんに解放されるような、そんな素晴らしい自由な感じだった。生まれて初めて『自分』というものを意識している気がした。というのも何かを自分一人で決め、一人で実行したのは、これが始めてのことだったから。生きている、そんな実感がこみあげてきた。父にも誰にも従わない。それどころか私は皆に背いていたのだ」[20]。

人類学者のウンニ・ヴィカンは、スウェーデンで名誉犯罪の犠牲者となったクルド人のファディメの事例を描くにあたって、個人が性的規範を踏み越えることや個人の自立などに高い価値を見出した。それはヴィカンに言わせれば、愛の力の象徴である。ファディメは、「人類全てを包摂する見解と、普遍的な、個人としての最低限譲れない価値を重視する彼女は、ジェンダー、宗教、民族を超えて、自由と平等を体現する」[21]。それはひとえに彼女が家族に反抗し、スウェーデン人とイラン人のハーフのボーイフレンドと逃げ出し、その後議会で、ホスト社会に同化できていないと移民コミュニティを批判したからだ。

こうした大衆小説や劣悪な人類学の語りでは、西欧社会や西欧社会にうまく統合され、同化した移民だけが、リベラルで人間的な価値を独り占めしているかのように描かれる。それが含意するのは、西欧には貞節さ、宗教的道徳主義、非寛容、人種主義、監禁、性差別、経済的搾取、不平等といった、非リベラルな価値観は存在しないということである。そのため、アメリカ帝国主義に基づく介入やヨーロッパの反移民を唱える人種差別を批判する人々が、西欧民主主義のなかでリベラルが実際にはどのような状態にあるのかを疑問視するこの時代に、名誉犯罪が果たしているであろうイデオロギー上の役割について検討することには意義がある。さらに当然、自律的個人をその前提とするリベラルな理想がいかに男性的なものかを、フェミニスト政治理論の伝統が暴くに至った今日だからこそ、名誉犯罪を非難することが自律を単に称揚することを意味してしまうことについて考える必要がある。多くのフェミニストが、自律を理想化することは女性だけでなく男性にとっても、依存や人々の関係性といった経験の価値を低く評価することにつながるという議論をしてきた。道徳性の評価がはらむバイアスの説明として最も有名なものに、社会心理学者のキャロル・ギリガンの著作がある。伝統を打ち崩した彼女の『もう一つの声（*In a Different Voice*）』は、男性より女性が引き合いに出すことが多いケアの倫理は、通常、それより重視される自立という理想にもとづく道徳的論理と同じくらい重要ないし健全だということを示した。

愛やセックスを自由や個人の権利、あるいは近代西欧に結びつけることにも注意深くあらなければならない。歴史家、政治理論家、哲学者、フェミニスト研究者はそうした教義に異議を唱えてきた。例えばミシェル・フーコーは、近代的言説である性の解放が、新たなディシプリン、医療化、さらには倒錯という言語を伴ったことを明らかにした。フーコーより古いマルキシズムの伝統も、女性の抑圧は私有財産と核家族の台頭とともに生まれたと主張する。多くのフェミニストは、私たちが生きる後期資本主義社会において、自動車を売る宣伝やポルノのような、女性たちが客体化され商品とされる様相について記録を重ねてきた。

しかしこうした理論化や調査研究を無視する人々は、コウリーたちが軽んじる、名誉犯罪が起きる社会における愛の位置づけだけはせめて、より詳細に検討する必要があるのではないか。名誉犯罪をめぐる本には、芸術的で卓越した表現で愛を詠うことでよく知られる、アラブの文芸文化が決定的に欠けている。愛は、イスラーム以前のアラブ詩以来、特別な位置を占めるテーマである。そのロマンチックな語り口こそが、ヨーロッパの騎士道〔文学〕の礎になった。私が共に暮らしたアウラード・アリの人々にとって愛と欲望は、彼らが大事にする詩、歌、物語で表現されるものだった。彼らは愛や人生を創造力豊かに歌い上げる。だからこそ私は『秘められた感情』でそのことを書いた。

世界中どこでも、不幸な出来事は人々を襲う。暴力的な父親もいれば、近親相姦を犯す兄もいる。妻や恋人を、疑いの気持ちから殺してしまう男たちもいる。破綻し、互いを罵倒しあう家族や結婚もある。「名誉文化」だけが女性に対する唯一の暴力なのではない。アメリカやヨーロッパの新聞も、裁判官も、弁護士も、精神科医も、刑務所もそのことを証明している。そして、性的な貞節さが若い女性の道徳性の核となり、決定的に重要な役割を果たすコミュニティでも、全ての家族が疑惑や性的逸脱行為に同じように反応するわけではない。問題は、あるコミュニティで暴力が起こったときだけ、文化がその咎を負わされることである。それ以外のコミュニティであれば、事件に関わる個人が責任を問われ責められるのに。有名な論文「文化を非難する」でレティ・ヴォップが論じたように、暴力や暴力的行動は、マイノリティ、よその文化、人種、国民のグループで起きたときにのみ、文化のせいにされるのである。

名誉犯罪はあたかも、西欧と、自らを西欧と同一視する人々に安堵感を与える幻影としての機能を持つかのようである。それは、「自らの暴力的文化の犠牲者」として誇張された人々の絶望的な状況へと欧米人の注目を集めるだけでなく、後進的で破綻した文化に変化をもたらそうという、独善的な関わりを推奨する。アッピアは、名誉の概念を変えるようムスリム男性に迫り、彼らをして女性を殺すことを恥と感じさせよと我々に勧める。他の多くの人々も奨励するように、我々は、女性たちを彼女たちの文化から救済すべきなのである。法的・文化的なカテゴリーとしての名誉犯罪は、頻繁に暴力によってめちゃくちゃにされる社会生活の実態を理解する一助となる代わりに、不幸にも厳然とした区別を作り出す。そして我々の内部の暴力から我々の目をそらし、自律、個人主義、性的自由といった、リベラリズムに関連づけられる文化的価値の連なりに優位性を与え、またそれを作り出す。反名誉犯罪キャンペーンへの積極的な参加は、ムスリム・コミュニティのなかの西欧化されたエリートにとって、時として新たな機会と味方を得るために、後進的な現地の同胞と自分との差異化を意味する。頭脳明晰な若いヨルダン人技術者が開設した反名誉犯罪のウェブサイトの政治的一貫性は、この点を非常によく表している。スイスで教育を受けたバハレーン人の要請を受け、彼、ムハンマド・アル＝アズラクは行動に出た。二〇〇七年に「名誉殺人に名誉なし（nohonor.org）」〔以下、名誉なし〕と題したウェブサイトが立ち上がってすぐ、私は彼に連絡をとった。彼は自らの動機を「アラブの部族主義の混迷の時代から二一世紀の今に至るまで、女性に対する多くの犯罪が、『名誉』の名の下に行われてきた。人々は、後進的な部族的価値や伝統を満たすために自らの血肉を分けた存在を殺害してきた。そうした伝統は、宗教とは全く関係がない。私たち『名誉なし』は、この地域の若者の意識を向上させ、若い男性に、自らの姉妹、娘、妻、従姉妹たちの自己選択を尊重するように働きかけている」[22]。二〇〇九年三月二九日にインタビューを行った際には、彼はさらに明確に、「自分の核にあるのは、男性と女性は完全に平等であるという信念です。自分の姉妹、母、妻、そして一八歳以上の息子は、自己選択という権利を持っています。これこそ、私たちが伝えようとしていることなのです」と述べた。これらの非常に魅力的な見解もまた、対話をめぐるリベラルな政治や、彼のようなコスモポリタンな若者によって象徴される寛容、というより広い文脈に位置づけられなければならない。

要するに名誉犯罪に対する高い関心は、特定の暴力を超時代的なものとみなし、それを自分たちとは異なる異質の、特定のコミュニティの文化実践として固定化してしまう。それを、個別具体的な状況下で、時には名誉という価値規範に従って生きることもある、ある個人の逸脱や、多様な行為の一つとは捉えないのである。そのような行為の均一性を想定することで、人気のある物語は個人主義、自由、人道、寛容、そして自由主義などの価値を欧米のものとし、欧米以外の人々にはそれらの価値を認めない。実際には地球上の多くの社会で非人道、非寛容、そして反自由主義がはびこっているというのに。

軽んじられるガバナンス

草の根団体と国際的な団体による／のための、人権や女性の権利に関わる報告書に見られる論理的な知識の生産の形態からは、それが今までみてきたもの〔三文ノンフィクションなど〕とは異なって機能し、異なる政治的役割を果たしていることがわかる。ここに、名誉犯罪というカテゴリーの用いられ方における、第三の問題が見出せる。名誉犯罪に関する人権報告書は、政府やトランスナショナルな組織が人々やコミュニティでの生活に介入しているからこそ生まれるが、同時にそのことを巧みに隠蔽してもいる。センセーショナルな恋愛小説や自伝とは異なり、そうした報告書は科学的客観主義に基づく、中立的な形式で書かれている。こうした報告書には、典型的に、簡潔な事例と混乱を招く統計とが混在する。例えばヒューマン・ライツ・ウォッチによる「パレスチナにおける女性への暴力に関する報告書2006」は、『名誉』の名のもとに行われる女性殺害」という予想通りのセクションから始まる。そして検死報告書の「一八歳の女性、絞殺による窒息死、女性の家族によって行われた」という記述の引用がある。[23] 掲載されたリストや数字によって、私たちは何かがそこで起こっていると納得させられる。複数の事例の存在は、現象が実際に起こっていることを証拠立てる。積み重ねられた事例は、そのどれもが似通っているという印象を抱かせる。こうしてこれらの事件は、個別の逸脱行為や病理ではなく、同じパターンの出来事とみなされるようになる。

フェミニストの活動家も、こうした報告書に貢献している。被害者に対する真摯な思いに突き動かされ、女性のためを思って活動に打ち込みながら、勇気ある人々に刺激され草の根団体で働くフェミニストたちのなかには、いい仕事をする人々もいる。またフェミニストの多くは、啓発活動の一環として調査に携わる。ただし、非常に注意深い研究者／活動家が統計を積み重ねたときであっても、その結果には非常に困惑させられる。いくつかの挿話や、比較できない、あるいは信頼性に欠ける統計は、文脈、出来事、そして個々の状況についてはほとんど何も明らかにしていない。結果としてそれらの統計は、女性に対する暴力の様々な形態のうちで、（報告書が上げている事例の）どこが特異で、どのような共通点があるのかを描き出せていない。

しかし私が人権報告書から描き出そうとしている最も重要な問題はそこではない。むしろ私が問題にしたいのは、トルコ人社会学者の故ディジレ・コアジュオールが警鐘を鳴らしたように、そこで用いられている統計や事例といった情報を生み出す基盤そのもの（infrastructure）に目を向ける必要がある、ということである。そうした報告書が作られ流布する、そのあり方自体に注意を払うべきである。トルコがＥＵへの加盟を望み始めた時期から、名誉犯罪がにわかに重要な課題となったトルコの事例から、彼女は名誉犯罪がいかに、政党の計画、法的議論、新聞記事によって定義され管理されてきたかを明らかにした。犯罪はこうした公的機関との関わりのなかで生じている、と彼女は結論づける。そこで彼女が提起した最も重要な議論とは、以下である。もし我々が女性の権利と女性の福祉に配慮するのなら、私たちは国内外を問わず近代的組織が、名誉犯罪のような実践を温存させるのに果たした役割を不可視化するような構造をこそ、一変させなければならない[24]。

その基盤や組織は伝統的でも、部族的でも、農村由来でもない。それは虐待への注意を促し、警告し、対処すべき社会組織の担当部門などから成る、近代的政府によって作られた基盤である[25]。多くの場合、中産階級の、教育をうけ、正義感が強く、現代のフェミニスト政治に精通し、政府機関やさらには国際的な組織との協働を望む、広範なネットワークにつながる女性たちが組織を担っている。ヨーロッパでもアメリカ合衆国でも、そうした女性たちは移民女性たちを支援している。他の国々では、そうした女性たちは貧しい人々や、農村部の人々のために尽力している。加えてそこには、犯罪現場に赴き、殺人犯を捕らえ、暴力的事件を捜査する警察がいる。ヨルダン人ジャーナリスト、ラナ・フセイニーが報告書で扱う事件のほとんどでは、兄弟や父親は事件直後に警察に自首するか、警察が来て彼を逮捕するのを待っていた。ファディメの事件についてヴィカンが執筆することができたのは、スウェーデンの警察に保管された膨大な資料があったからである。

さらに、病院から遺体安置場に至る医療施設の存在もある。ラナ・フセイニーの謝辞には、ヨルダン国立法医学研究所の名前も含まれていた。法医学者らは死因を決定し、解剖し、日常業務として処女検査さえ行う。事件の報告書のほとんどは、被害者が処女であったか否かの言及で締めくくられている。これは、一七世紀のエジプトの裁判記録にも近代医学の制度化として記載がある、侵略的な医療実践である。[26]

罪を悔いたり、あるいは感情を示さない殺人犯たちを収容する刑務所がある。ヨルダン、パキスタン、アフガニスタンには、レイプの被害者、婚外子を妊娠した女性、その他の危険に身を晒されている女性を「保護」を目的に収容する刑務所がある。二〇〇四年のヨルダンにおける名誉犯罪を扱ったヒューマン・ライツ・ウォッチの報告書のもとになっているのは、そうした女性たちを対象に行ったインタビューである。刑務所と関連して、法、裁判官、裁判、記録を伴った司法と法のシステムがあり、そして国際条約の批准や法典による条項に関わる議論に対応する政治のシステムがある。

名誉犯罪は結局「ここではないどこか」か「私たちのそば」かの場所を問わず、監督、監視、介入といった社会制度と関わっている。一例をあげれば、パレスチナの女性活動家と研究者らによる調査は、以下のことを明らかにした。人種差別や性差別に対する、女性たちの嘆願に社会制度がきちんと対応できないことで、多くの女性被害者が生み出された。名誉の名のもとに女性を殺害した男性を罰する法案は、処罰が実現する時には、すでに被害を受けた後の女性被害者の救済にはほとんど役に立たない。シャルフーブ＝ケヴォルキアン（*イスラエルのジェンダー研究者。二〇〇八年、女性権利賞受賞）とダーヘル＝ナシーフは、パレスチナの女性たちが常に危険のただなかにいて、乱暴なイスラエル警察──彼女たちを侮辱し、警察のお気に入りの協力者である長老のもとに女性を追い返し、女性の危険に関して追跡調査もせず、殺人について証言するという家族の言い分にも取り合わない──とどうやって向き合っているのかを記録している。[27] 差別的な法システムは、問題を女性や少女に押し付ける。

さらに、名誉犯罪は国家的、国際的な政治議題として取り上げられており、メディアはそれを煽っている。名誉犯罪が政治制度に取り込まれていることを示す確固たる事例は、人権報告書にある。そこではありきたりの形式と決まり文句で事実が無視される。五章で扱う、ヒューマン・ライツ・ウォッチによるパレスチナに関する報告書は「こうした殺人は社会に根深く存在するジェンダー差別の最も悲劇的な結末であり、そのありようを克明に描き出している」という、アムネスティ・インターナショナルが以前に行った分析をほとんど一言一句そのまま繰り返している。[28] それでも、一六歳のラーマッラーの少女の事件に話が及ぶと、報告書は「パレスチナ警察はイスラエル軍兵士によって、ラーマッラーと、その家族が暮らすアブー＝カシュ村との間のイスラエル軍のチェックポイントで何時間も待たされた。法的支援とカウンセリングのための女性センター（Women's Center for Legal Aid and Counseling）のスタッフは「彼らは彼女の命を救えるうちに、彼女の家に辿り着くことができなかった。エルサレムと西岸の間に交通規制があったからである」と記している。少なくともここからチェックポイント、外出禁止令、イスラエルによる占領、女性NGOなどと、名誉犯罪との関わりを確認できる。

それに加え、メディアの存在がある。新聞、雑誌、テレビ、映画、今ではウェブサイトによって、スキャンダラスなスッパ抜きであろうと、ネット上のキャンペーンであろうと、今日びの名誉犯罪には全てメディアというフィルターがかかっている。ファディメはマスコミに助けを求め、その後メディアに追われることになった。地元の、国の、国際的なメディアの、全てが名誉犯罪を報じている。『ヨルダン・タイムズ』紙、『シドニー・モーニング・ヘラルド』紙、『デア・シュピーゲル』誌、CNN、BBC、フォックス・ニュースの番組「オライリー・ファクター」など、あらゆるメディアがこの事件を報じた。

メディアの役割は過小評価できない。ドイツの番組の例がそれをよく物語っている。『盗まれた名誉（*Stolen Honor*）』という本を書いた人類学者のキャサリン・ユーイングは、ベルリンで起こった鍵となる出来事が、徐々に名誉犯罪として認知されるようになり、それをきっかけにそれ以前に起こった女性殺人事件が、名誉殺人として改めて分類された過程を検証した。それがやがて、野蛮な移民による危機という国家規模のパニックを引き起こした。このパニックは彼女によれば、国家的幻想の噴出であった[29]。二〇〇五年二月の初旬、トルコ系の若い女性ハトゥン・スルジュがベルリンで彼女の兄弟（たち）によって殺害された。ジャーナリストらは、当初この銃殺をヘッドスカーフ・キリング（彼女はスカーフを纏っていなかった）と呼び、イスラーム主義に対する恐怖を煽った。二週間にわたるメディアでの狂騒の後、彼らは、この事件をベルリンにおける過去五か月間で六件目の名誉殺人と呼び始めた。ユーイングは、この「ベルリンの名誉殺人の急増は、統計的例外としても起こり得ない」もので、〔単に誤った〕分類の結果だと主張する。ほと多様な状況における様々な殺人事件が、「遡及的に名誉殺人とみなされるようになった」のである[30]。

んどは夫による妻の殺害事件であり、それは名誉殺人の定義からは外れていた。

若く、家族とは疎遠のシングルマザーで、クラブに踊りに行き、バーや交際相手を巡り歩くという、より「ドイツ的」生活を送っていたスルジュの物語は、容易に名誉の問題と化した。彼女が一風変わった性生活を送っていたとか、近親相姦の被害に遭った可能性があるといった、混乱を招くディテールはニュースから簡単に消し去られた。それでもユーイングは、彼女が殺害され、象徴的な存在とされた制度的、歴史的文脈に注目する必要があると訴える。隣国オランダでは、三章で検討した、アイヤーン・ヒルシ・アリの「ハードコア」反ムスリム映画『サブミッション（服従）』を製作したために、映画監督のテオ・ファン・ゴッホがモロッコ系移民に殺されたばかりだった。イスラーム委員会はトルコ系ドイツ人の若者の「自らの手による正義」と文化的伝統を利用する手口を非難していたにもかかわらず、ドイツの右派はこの事件を、ムスリム・コミュニティと多文化主義に泥を塗るために利用した。

その背後にあった文脈のうちの一つは、ユーイングも指摘するように、移民は「国家の病であり、ドイツ国家の基礎である民主的な基盤に対する脅威である」という主張である(31)。対照的に社会情勢に詳しい人々は、こうした殺害事件をネオナチの人種差別や、9・11後の反イスラーム的感情に応答する、ギャングメンバーの少年たちによるジェンダー・ポリティクスと結び付けて理解した。名誉犯罪は当時すでに、マチズモとトルコ系の若者たちの文化的正統性の指標とされていた。それらはまた、ドイツの内部の野蛮な並存する社会（*トルコ系の移民社会）に対するドイツの恐怖を象徴するものでもあった。トルコ女性の権利活動家は、過去には、スルジュの殺害事件を反名誉犯罪キャンペーンの展開へとつなげた。最終的にこの熱狂は、スルジュのライフスタイルにまつわる疑念をかきたてた。その中心にあったのはやはり、性的な自由について回るエロチシズムと、個人の選択を執拗なまでに重視する姿勢だった。

ヨーロッパでは名誉犯罪は、国境の管理とフランスの不法移民と人道主義について研究した人類学者のマリアム・ティクタンが「移住と移民の監視」と呼んだ事態と、切っても切れない関係にある。ティクタンの仕事の一部は本書三章でも引用した。それらは国家レベル、あるいは国際関係レベルの行政とは関係するが、文化とは関係がない[32]。北アフリカ出身の移民の男性が「性的逸脱」によってスティグマを科される様を描いたフランス人研究者のナシラ・ゲニフ・スィラマナスは、こうした現象を「非ヨーロッパ出身の労働者階級の若者が経験する新しい形の社会・経済的な支配を隠蔽するもの」であり、さらにそれを、彼らが旧植民地出身者として強いられる「不安定な生活」の結果であるとしている[33]。英国では、名誉犯罪を主に研究しているのは社会結束研究所という、宗教（イスラーム）過激派の研究を熱心に行う保守的なシンクタンクである。亡命、社会保障の拡充、そして最も興味深いことには入国ビザの問題（レイラの『無理やり結婚させられて』という自伝からもわかるように、名誉犯罪はしばしば、結婚相手がビザを得るための結婚を若い女性が拒んだために起こるといわれている）などは、名誉犯罪がいかにヨーロッパの移民政策〔という文脈のなか〕に埋め込まれているかの証左である。

ジャクリーン・ローズ（＊英国のジェンダー哲学者）はヨーロッパにおける移民をめぐる政治において、名誉犯罪についての執拗な論争が担ってきた重要な役割を白日の下に晒した上で、一連の議論についてのさらなる論拠を示している。彼女は、名誉殺人が近代性とナショナリズムに密接にかかわっているにもかかわらず、「古風」で「部族的」なものとしてブランド化される事態を批判し、名誉殺人を一般化するのではなく、人生の複雑さに分け入って物事を考えるべきだとする立場を強く支持する[34]。「名誉関連」の暴力についての、イギリス、ドイツ、カナダ、オランダでのメディアと政治議論の関係の包括的比較において、アンナ・コースベーク（＊社会学者。欧米のムスリム移民の社会統合などが専門）とギョクチェ・ユルダクル（＊移民の社会統合を研究する社会学者）もまた、一般的なスティグマ化された言説がいかに役に立たないかを明らかにしている。彼らは、政策立案の際は、そうした暴力が実際には、移民経験を通じて形成されたものである点を踏まえなければならないと主張する。また彼らは、こうした暴力の形態を対象とする際には、家庭内暴力の一形態として捉えるほうが有効であることを明らかにした。彼らは女性グループをメインのパートナーとし、移民を制限しようとするのではなく、移民女性たちを市民としてエンパワーすることを重視することを推奨する。[35]

移民について心配する国民国家のみならず、名誉犯罪には、国際機関、国連機関、支援元のコミュニティ、地元の草の根NGOが関わっている。それらを注意深く詳細に見れば、実際のところ、名誉犯罪は近代国家制度やインターナショナル・コミュニティの埒外では起こりえないことが見えてくるだろう。名誉犯罪をそれだけが単体で存在するような、あるいは古代の戒律や伝統に縛られた文化によるものだと考えると、その本質を見誤ってしまう。名誉犯罪は規律、監視、さらには近代国家権力による大衆幻想に潜んだマチズモを全て正当化し、それらを生きながらえさせるだけでなく、新自由主義的経済体制や、フェミニスト的、または武力的な衝突に対する人道的介入といった、特定の形での現代的なトランスナショナルな統治にも同じ効果を発揮するのである。

変化の風

これまで見てきたことは、名誉犯罪というカテゴリーが機能する際の四つ目の問題につながっている。文化自体への非難は、文化を一般化してしまうのみならず、道徳の体系に含まれる複雑性を剥がし取り、どんなコミュニティもそこから逃れられない、最も近代的なものとしてある政治的、社会的な介入を隠蔽してしまう。つまり歴史を消し去ってしまうのである。名誉犯罪の議論には、女性、家族、さらにはその一部に「名誉殺人」も深く関わる、コミュニティの日常生活の変化に大きく影響した、劇的な歴史変容への関心が全く見られない。

「名誉犯罪は増えている」と、名誉犯罪への警告を発する出版物は何度も繰り返す。しかし、ここ一〇年で出版されたほとんど全ての記事や書籍で引用されているのは、国連が出している、世界中で一年間におよそ五〇〇〇件の名誉殺人が行われているとの漠然とした数であり、この数には変化がない。捏造だった「自伝」本、『失われた名誉』に登場するダリアの母親ですら、この数を知っていたようだった。この数にはもちろん全く根拠はない。過去における名誉殺人の動向に関する、信頼に足る情報はないのである。そこには、事態を危惧する著者らが指摘するように、報告や分類に関わる現在進行形の大きな問題が横たわっている。しかしもし、ある特定の社会的文脈において、女性に対する家族間での暴力が増加していたとしても驚くには値しない。問われるべきは、その理由を探すときにどこに目を向けるべきか、である。

ヨーロッパ、トルコ、パレスチナ／イスラエルを対象とした研究では、目を向けるべき場所に関連した指摘がされてきた。それは、不安定な状態におかれたクルド人家族の核家族化、あるいはイギリス、ドイツ、フランスでの人種差別への反応、またイスラエル内のパレスチナ人コミュニティにおける、家父長制の伝統的権威強化を促す政策などである。それは、異なる倫理体系との接触や、異質な権威形態のせめぎあい、学校や労働市場を含む、国家や国家組織への異なる集団の取り込みの多様性、さらには異なる管理形態の衝突などであり、こうした様々な社会的背景が、家族間暴力に影響を及ぼしている。

また、過去三〇年の間の、国家組織、移住パターン、民族をめぐる政治、グローバル・メディアの浸透などの変化のみならず、ムスリム世界で巻き起こった敬虔志向運動（piety movement）を特に注視すべきである。イスラーム復興と平行して進んだ、法や社会のイスラーム化に関する議論は、様々な潮流を生んだ。より正しく完全なイスラーム復興に、意識的に自らを定位するという流行は、ジェンダーの領域にどのように表れ、女性の権利やジェンダー化された暴力にいかなる影響を及ぼしたのか。その答えは驚くことでもないが、複雑である。その影響は、国によって、あるいはコミュニティによって多様である。こうした影響は、名誉犯罪の議論に必ず含まれるべきであるが、ほとんど行われてはこなかった。

ムスリム世界に目を転じれば、「変化の風」は、エジプト、レバノン、パキスタン、マレーシア、さらにはノーマ・コウリーが否定的に描いたヨルダンにおいてさえ、非エリート女性からエリート女性にいたる、幅広い層の女性たちに影響を与えている。ただし、この「変化の風」は、コウリーが想像の友人ダリアのなかに見出し讃えたような、ホテルの四つ星レストランや、ダンスクラブや、性的解放に女性たちを向かわせるものではない。そうではなくてこの風は、彼女たちを、彼女たちが思うところのより高尚なムスリム倫理（Muslim morality）へと向かわせている。婚外での性的欲求は、実は家族の名誉に基づく「伝統的」な道徳規範におけるのと同じくらい、イスラームの信仰心やイスラームの法規範においても問題視されている。エジプトのあるベドウィンの女性たちは、自らも信仰をより重視する潮流に乗りつつも、若い男性が主導するイスラーム主義的傾向がもたらした、女性に対する新たな制約を、かつて部族的なやり方のもとで、享受できていた自由と比べていた。

セクシュアリティを宗教的言語と宗教法に基づいて語るあり方は、少なくとも私がよく知る地域では、ジェンダー・ポリティクスに三つの流行を生み出した。第一に、若く敬虔な男女が宗教規範に沿ったモラルを生きることを望むようになったため、この傾向があらゆる性的制約から自由になろうとする、リベラルな自由と彼らとに距離を生じさせている。多くの女性が、大人しくあること、性的礼儀正しさの遵守、過度の接触拒否などの道徳的態度を通じて、神に近づきたいと口にする。[36] ムスリム世界全体で、今、新しいイスラーム服やヒジャーブを纏うことで自らの敬虔さを誇示する女性が、家族や家庭で自主性や自律性を得つつある。自己を律することは、少なくとも一九八〇年代にベドウィンのアウラード・アリ一族の少女たちが持っていた、家族を重視する価値観のなかに位置づけられる。それは、性的自由に関するモラル・スタンダードに匹敵するほど重視されていた。女性や男性は、こうした状況を鑑みて、関係性を交渉する方法を見つけ出さなければならない。彼らは実際、ありとあらゆる創造的なやり方を駆使している。ポップミュージック、テレビ、男女共学制度、そしてレジャーや消費活動などを享受しつつ、彼らは一時婚（＊シーア派が合法とする、婚姻の期間と婚資の明示を条件とする結婚）ないしウルフィー（秘密）婚（＊スンナ派イスラーム法学において、多数説が婚姻の必須条件とする、女性の後見人の関与を不要とする、スンナ派の法学派の一つ、ハナフィー派の少数説のみが合法と認める結婚。エジプト身分法上は無効）などの法規定をも利用する。彼らもまた、自己や社会のなかでもがいている。[37] 学校、職場などの公共空間で多くみられる女性のヒジャーブ姿は、単に頑迷な信仰心を示すのみならず、自らの持つモラルを顕示する行為だとは、すでに多くの人々が指摘する通りである。[38]

第二に、二〇世紀最後の二五年に、パキスタンやイランといった国々で国家や法制度のイスラーム化が進み、それによってセクシュアリティが道義的規範と結びつき、急進的な新しい規制の形式と新たな倫理が施行されることで、新たな語彙や概念、そして新たな形の権威（と抵抗）が発展した。いくつかの出来事は、国家による名誉犯罪と説明されることとすらある。これらが意味するのは、倫理は宗教的基盤を獲得し、イスラーム的権威という経路を通じて顕在化するに至った、ということである。前述した道徳性の自発的な称揚は、その巧妙な操作をも含む、倫理にかかる言説へのより公的な介入と時を同じくして出てきた。倫理性をめぐり、罪やジナー（姦通罪）（＊シャリーアでは大罪とされる。シャリーアの刑法分野はサウジアラビアなど一部の国家を除き国家法としては採用されておらず、多くの国では刑法上は犯罪ではない）などの新たな言語が使われはじめた。それはイランやパキスタンなどでの、国家主導のイスラーム化の内容であり、国家がそれらを課する際にはどこであれ、国内からの法的、社会的挑戦を受けた。

第三に、こうした状況の結果、イスラーム宗教組織とコミュニティ統治機構との間に緊張が生まれている。近年、シリア、レバノンや他の地域の主な宗教指導者たちは、名誉犯罪は違法であるという法的見解（ファトワー）を発表した。ロンドンを拠点にする法学者のリン・ウェルチマンは、二〇〇五年の、名誉の保護を目的とした殺人に、パレスチナ自治政府のイスラーム首席裁判官が突如として介入した事例分析のなかで、イスラームやイスラーム法（シャリーア）が、名誉犯罪に反対する時に参照されることを跡付けた。このことは、まだどう展開するかが判然としていない、法学、立法、そして社会に新たな影響を及ぼすだろう。

時を同じくして、名誉犯罪（と女性）は政治議論の駒とされた。ヨルダンでは、ヨルダン王族の支援を受けたフェミニスト運動家らによる刑法改革を求めるキャンペーンを阻止するために、イスラーム政党の政治家によって名誉犯罪が都合よく利用されたことが、克明な記録として残る。ポピュリストかつイスラーム主義の政治家たちは、刑法改革は、ヨルダン社会とヨルダンの道徳を崩壊させるための西欧の陰謀と関係していると、一連の努力を妨害した。そもそもヨルダンの名誉の保護に関わる法が、ナポレオン法（＊ナポレオン一世が一八〇四年に制定したフランス民法典。近代市民法原理を確立し、中東諸国を含め諸国の民法に影響を与えた）と、オスマン帝国の法（＊原文ママ、メジエッレのことか）、そして英国判例法に基づいていることを思えば、これは皮肉なことである。[39]

こうしたセクシュアリティと名誉に関する近年の反応の変化は、言説のみならず、名誉犯罪を具現化する制度自体の重要な変化を示している。ジェンダーに基づく暴力の原因を、文化――後進的で、伝統的で、野蛮な文化――のせいにする分析は、暴力を分析する上で欠かせない、そして暴力に責任を持って対処していくために、利用しうる歴史的変動から私たちの目を逸らしてしまう。「深く根付いた文化的価値観」

「古からの砂漠の掟」、あるいはよその文化に暮らす人々が娘たちを殺そうとすることを「理解する」努力などについて語るのは、もう終わりにすべきだ。ムスリム世界のフェミニストたちもこの点により注意を払うべきである。彼女たちは人種差別や文明論の危険性については常日頃から警戒を怠らないが、イスラーム原理主義を恐れるあまり、時に彼女たちの理解にはひずみが生じる。五章で論じる、ムスリム法のもとに生きる女性たち（ＷＬＵＭＬ）（Women Living under Muslim Laws, 以下ＷＬＵＭＬと表記）の「女性の石打ちと殺害をやめろ！」と題したキャンペーンは、幅広い実践を一緒くたにし、超歴史的な名誉犯罪に付きまとう名誉とセックスへの高い関心を、自らの反原理主義アジェンダに利用している。

誠実な活動家のジレンマ

名誉犯罪には蠱惑的な力がある。性的なスリルと堕落への恐怖が絶妙に混じりあっているために、それはありとあらゆる行為を名誉犯罪のなかに包摂し、名誉犯罪として消費するような奥行きの広さを持つ。その蠱惑的な力ゆえに、名誉犯罪は政治や文化の分野で重要な役割を果たす、強固なカテゴリーたりえているのである。ここでこのカテゴリーの便利さや正確さを批判することは、そこで名付けられるべき暴力を擁護したり、許容したり、このカテゴリーを用いて状況の改善を試みる仕事の成果を矮小化したりすることではない。そうではなくて私はここで、まず第一に、歴史的状況のなかで生まれたある痛みが、他の多くの痛みが名付けられずに打ち捨てられているにもかかわらず、重大かつ広く関心を呼ぶ問題として認識されるに至った歴史的状況と、具体的な政治情勢に注意を向けさせようとした。第二に、今日女性の権利の侵害として、ヘゲモニックな言語に枠付けられる、構造化された問題意識の多様な影響を辿ろうとした。

私は他の人のように、より多くの女性が交通事故で亡くなっていることを[redacted]として引き合いに出して、家族間の暴力は大した問題ではないと言いたいのではない。さらには一体何[redacted]の女性が（より多くの女性が）、構造的あるいは軍事的な暴力、つまりは貧困の蔓延や空爆によって肉[redacted]を焼かれるなどの暴力の犠牲となっているかを考えるべきだ、と言うつもりもない。個人間の暴力が[redacted]たらす危害を、まるで臭いものに蓋をするように隠蔽したり、その暴力がジェンダー化または性化されて[redacted]いることを無視することにいかなる言い訳もできない。女性への暴力や性暴力を、公的な倫理や法的課[redacted]として〔公的領域の問題として〕再定義し、人生の私的領域における隠蔽されるべき、またはありふれたこと[redacted]して捨て置くことを許さなかったのは、まぎれもなくフェミニズムの功績である。

しかし女性が名誉犯罪の被害者とされる社会と、名誉が動機、正当化[redacted]法的な免罪理由にならない社会における、近親者による殺人や暴行事件の割合の比較ができないとい[redacted]間違いを犯し続けるのであれば、それは問題である。細部は重要だし、人類学者として私は、ジェン[redacted]や権力、そして道徳に関してそれぞれの文化が異なるシステムをそれぞれ有することを重視する。[redacted]し、細部に注意を払う際には、全ての政治機構や法的機構を系統的に検証する必要がある。暴力[redacted]包含する人々の日常生活は、そうした機構を通じて多様な場所で営まれている。

私の主な懸念は、文化構築物として名誉犯罪を定義[redacted]ることと、その定義によってもたらされる影響で[redacted][40]。我々は、このカテゴリーの接合過程を観[redacted]た。加えて、めぼしいプロジェクトと権力の広がりを取[redacted]ように[redacted]るかを考察した。さらにそれがもたらす、異なる領域や場所での効果を解きほぐしつつある。そこにあるのは、移民の管理や排斥、地方や都市部のサバルタン・コミュニティに対する国家や社会保障組織による規律的侵入、民族、階級、エスニックグループごとの支配をめぐる試み、西欧と非西欧の分離をあおるリベラリズムの擁護、フェミニスト・プロジェクトとフェミニスト研究のための資金という魅力、国際的な軍事化、権利や人道主義という名のもとに行われる、新しい形でのトランスナショナルな統治である。

　将来的に、他の文化的カテゴリーにも注目が集まるであろう兆候はすでにある。我々は、新たなカテゴリーにも注意を払い、やはり注意深くあらねばならない。一夫多妻は、今まで三文ノンフィクションやガバナンスに関心を持つフェミニストたちの政治対象にされてきた「強制結婚」の流れで、新たな活動対象となりうる[41]。そうしたカテゴリーは、新しい政治と文化の新たな絡みあいによって力を得る。その絡みあいには、同性婚、ヨーロッパにおける競合的な法体系や宗教的仲裁に関わる議論、国際的なイスラーム・フェミニスト改革団体の台頭、イスラーム主義者のアイデンティティをめぐる政治における動態性、そして、「法による支配」の導入という名目でムスリム世界で行われる終わりの見えない軍事介入などが含まれる。一夫多妻と強制結婚という二つの女性の苦しみは、どちらもセックス（ハーレムやレイプ）を暗示させるものである。それらは名誉犯罪とはやや異なる形で機能し、異なる政治的、社会的影響を及ぼすだろう。実際の虐待や女性の苦しみの多くの事例を扱いながら、それらは、人権にまつわる仕事や研究、そして介入の新たな機会をもたらすだろう。それらは、名誉犯罪がそうであるように、フェミニストや人権活動家に、倫理的で政治的な難問を突き付けるだろう。

5 「ムスリム女性の権利」の社会生活

ファイルーズにはビッグニュースがあった。村を一年ぶりに訪れ、私は彼女に会いにいった。最後に会った時の彼女は、ガンかもしれないという事態のまっただなかだった。彼女の腫瘍を手術で摘出した医者は、腫瘍は良性だと請け負った。彼女はその時の痛みや、自分亡き後の子どもたちのことを考えると眠れなかったと話してくれた。今では彼女は、大胆で美しく、エネルギーと決断力に満ちた自分を取り戻していた。

ファイルーズは何かを見せたがっていた。私は、丈の長いゆったりしたドレスと、村の女性たちがみな着ている黒いヴェールを纏った彼女と歩き出した。彼女の実の娘と義理の娘が後からついてきた。轍のついた泥の道をしばらく歩くと、そこはもう村の外れの畑だった。彼女は麦畑のなかに立つ、建築中の巨大な三階建ての家を誇らしげに指さした。ファイルーズは巨大な回り階段を苦労して上り、建築資材の瓦礫を踏み分けながら周囲を案内してくれた。そして誰かが泥で塗り固めた、建物脇の出入り口を見せてくれた。彼女は「弟が喧嘩を売ってきた」と説明した。

彼女の父は村一番の土地持ちの地主だった。とても魅力的な人物で、私は彼が好きだった。その父が二年前に亡くなり、ファイルーズと姉妹たちは兄弟と遺産相続争いをしていた。彼女たちは村長に相談し、裁判所にまで出向いた。弟がいちいち通報するので、彼女は農地に違法に建物を建てた、電気をひいた、水道を通した、などの理由で都度罰金をとられた。彼はまた、建物脇の出入り口からの通行に必要な数フィートの土地を彼女に譲るのを拒んだ。そこは旗竿地で、彼の土地を通らなければ彼女の土地には入れなかった。

屋上に立ち、家のすぐそばの美しい畑を眺めながら、鶏小屋から鶏を外に出して日なたぼっこをさせている間に、彼女は相続争いについて話してくれた。イスラームの相続法によって、彼女と他の三人の姉妹は、全体の土地の半分を貰えるはずだった。残りの半分の土地は二人の兄弟で分けることになっていた。それを彼女は、四人姉妹で男二人分、と表現した。彼女は、兄弟が自分たちの取り分をきちんと与えてくれないことに腹を立てた。弟は嫌がらせをした。最終的には弟は、通行に必要だった数フィートの土地を譲ってくれたが、そのために彼女は、他の場所の彼女の相続地一エーカーとの交換を強いられた。

この家族の確執を見るのは悲しかった。弟は若いころは明るく優しいサッカー選手で、土地の管理も父親任せで、責任を負いたがらなかった。彼はいつでも家族の赤ちゃんで、彼女は愛情にあふれた姉だった。弟は今では悪態をつくとき以外、彼女に話しかけてくることはない。兄とはまだ道で出会えば、礼儀正しく挨拶を交わしていた。兄は彼女を「父親の娘」とは呼んだが、自分の家には招かなくなった。それでもファイルーズは闘いをやめなかった。彼女は兄弟の欲深さを非難した。「なぜ私が諦めなくちゃいけないの？ こういうとき、男はいつだって土地を独り占めしようとするのよ。（*上エジプトには、不動産相続から女性を排除する、イスラーム法と矛盾する慣習がある）」。

彼女は「何か私だけのものが欲しいの」と打ち明けた。そして、両親から相続した土地に家を建てた義理の姉妹を引き合いに出した。彼女たちはいつでもお互いに競争心を持っていた。「この家は私のものよ。私の息子たちのものなの」と彼女は説明した。（今彼女が夫と暮らしている）母屋は夫の家族のもので、彼女は母屋には何の権利もないのだった。

これは大衆作家が人々の関心を惹こうとするような、女性に対する争いの一事例なのか。ファイルーズは確かに、弟が喧嘩を売ってきたと言った。しかし少し考えれば、これが単なるムスリム的家父長制ゆえの苦しみではないことはすぐにわかる。そもそもイスラームやムスリム文化に対する道義的十字軍を率いる人々は、ムスリム女性の権利の問題をどう考えているのだろうか。ファイルーズは、イスラーム相続法が彼女に保障する権利を得ようとしているにすぎない。コミュニティの長老と国家の裁判所はどちらも彼女の味方である。彼女の弟は、サッカー選手時代に比べれば幾分か敬虔にはなったものの、イスラーム法が認める姉の権利を無視している。罰金は農地に建築物を建てることを禁止する国家法に基づくが、その法とジェンダーには何の関係もない。さらには、彼女はその強い意志だけでなにがしかの成功を収めたのではなく、成功の理由の一つには男性の支援があった。夫は裕福な商人である。べらぼうな額の建築費用に対する彼の文句から推察するに、彼はこの建築計画を資金面から支援しているようだった。ファイルーズはこの相続をめぐる争いを、自分や息子たちの取り分を手に入れるため、という理由で戦い抜いた。しかしもちろん、子どもたちは夫の息子たちでもある。彼らは一人あたり母屋の一フロアずつを、各自の家として割り当てられていた。彼らは父と母の両方の家族から相続を受ける。

私がファイルーズの話をするのは、ムスリム女性の権利はそれぞれの場で、国家法や宗教法などの様々な制度や手段を駆使しつつ、追求されていることに気づいてもらうためである。私たちは、ムスリム女性の権利なるもの――勝ち取られるべきもの、討論され、歴史的に考察されるべきもの、文化間比較的視点からとらえられるべき、実現され、組織され、支援をうけ、実体検証の対象とされる、その権利——には、私たちが生きる現代世界において、きわめて積極的な社会的役割が与えられていることをはっきりと認識する必要がある。

女性の権利のなかでも、特にムスリム女性の救済にかかわるグローバルな新しい常識は、西欧におけるムスリム世界の女性の状況にまつわるイメージを肯定する様々な文章があって初めて成り立つ。それらには、国連の報告書、「三文ノンフィクション」、そしてアフガニスタンのマニキュアに関する政治スピーチまでが含まれる。「ムスリム女性の権利」という概念が、空港の書店、教室、政府の政策決定者たちの間に大陸を越えて広がり、ニューヨークとジュネーブでの国連フォーラムや、パキスタンやマレーシアの女性団体、シリアやエジプトの女性向けドラマ、モロッコやアルジェリアで開発された婚姻契約のモデル、北アメリカのモスクで行われる勉強会といった形で世界中に流布する状況下で、私たちは、この概念が広く旅をし、様々な場で様々な形に翻訳されている状況をどのように考えるべきか、という問いと向き合っている。ムスリム女性の権利は、ウェブサイトやＤＶシェルターから農村の相続争いに至るまでの、何もかもを生み出しているのである。

このような場と形の爆発的な増加に照らして、どのように権利にかかる問いを枠付けるべきだろうか。権利などというものはそもそも存在するのか、とか、権利を一から一〇で測るような普遍的な測定値を想定し、それを基準にしてムスリム女性に権利はあるかないか、権利は十分か不十分なのかなどという質問をするのではなくて、私たちはナショナル、あるいはインターナショナルな権利をめぐる政治を理解すべきだろう。ムスリム女性は権利を求めているのかいないのか、世俗の権利とイスラーム法における権利とを比べると、どちらにおいて女性の権利は増え、あるいは減るのか、そして彼女たちが権利を享受するために運動家は必要なのか、などのお決まりの質問はこの際脇におきたい。その代わりに、ムスリム女性の権利が多様な社会でそれぞれに作用する、その様を追っていきたい。権利という概念を誰がどのように使っているのか。それはどのように変わりつつあるのか。

ムスリム女性は虐待の被害者であり、いかなる権利も（もしくはほんの少しの権利しか）ないという議論の前提となる常識から距離を取り、代わりに様々な世界やプロジェクトを旅する概念としてムスリム女性の権利を捉えることで、一体何を学べるだろうか。この概念がどのように、議論や文書を通じてアメリカやヨーロッパにおいて、例えば反「名誉犯罪」法や「強制結婚」への反対という形で流布するかについては、すでに明らかにした。しかしこの概念が実際、どのように現実の女性運動を組織するのかについての考察はまだである。この概念が、ファイルーズ、アマル、ザイナブのような、ムスリム世界の様々な場所に暮らす女性たちの人生に何をもたらしたのかも検証していない。ムスリム女性の権利の名の下に作られた制度や施設に注目して、次のように問うてみることができる。それらは様々な場所で、多様な女性たちに、何をもたらしたのか。

権利に社会生活があるかのような説明は奇妙に響くだろう。この用語を使うのは、ムスリム女性の権利は、社会のなかで役割があるときにのみ立ち現れることを示したかったからである。つまり、「権利」という概念は社会的相互行為のなかで流布し、多様な現場の状況に移植され、流用されているだけでなく、数多の社会的ネットワークや技術的装置を経ることで、この概念は様々な形をとるのである。ここでいう重要な装置とは、テレビのメロドラマ、フォーカスグループ、ビーズを使った商品を扱う組合、ジェンダー意識向上トレーニングのセッションなどを含む[1]。

私が「ムスリム女性の権利」という用語を使うのは、全てのムスリム女性を結束させるような何かがあるからでも、彼女たちの生活や権利の獲得方法に何か独自のものがあるからでもない。この用語を使うのは、初めから言っているように、そうしたものが存在するという認識とこの概念に沿ってプロジェクトが策定され、議論がなされるのが当たり前になってしまっているからである。どの場所を選んでも、そこで女性の権利のために活動する組織やそうした権利のために戦っている女性を見出せるだろう。本章でエジプトとパレスチナを取り上げるのは、そこが、私がフェミニスト運動についてこれまで学んできたところだからである。[2]

エジプト――変化し続けるフィールド

エジプトは、女性の権利の社会生活を検証するには良い場所である。エジプトは女性運動史に関する史料が豊富で、女性の権利拡大を叫び、女性のために尽くした高学歴女性を数多く輩出してきた。〔女性の権利の拡大を目指す〕多くの組織は、開発産業に携わり、女性のエンパワーメントをゴールとしている。女性の権利（これが「ムスリム女性の権利」とされないのは、ムスリムと並び、エジプトにはコプト教徒（＊エジプト土着の単性論派キリスト教会の信徒。人口の約一割を占める）人口がかなりいるためである）は、エジプトで極めて長く、生き生きした社会生活を送ってきた。一九二〇年にエジプト・フェミニスト組合が結成されたのはその一例である。この組織のリーダーたちは国際会議に参加し、サフラジェット（＊一九世紀末から二〇世紀初頭の、英国の女性参政権論者）を始めとする、フランス、アメリカ、インドなど世界各地のフェミニストたちと交流を持った。それ以前から、女性の権利はエジプトでは、本書の一章でアフガニスタンについて述べたなかで触れた、コロニアル・フェミニズムの文脈で議論されていた。初期の特筆すべき出来事としては、一八九九年の、近代主義ナショナリストのカースィム・

アミーンによる『女性の解放（*The Liberation of Women*）』という大きな反響を呼んだ本の出版が挙げられる。この本はアラブ世界全域のみならず、それ以外の地域でも広く読まれた(3)。

一九五〇年代から六〇年代には、国家からの独立を保つ女性組織は解散させられたが、ガマル・アブドゥル・ナーセル大統領（＊在任一九五六―七〇）のもと、研究者が国家フェミニズムと呼ぶものによって、教育、就労、労働権、産休・育休制度など、女性に国家の福利厚生を保証する法制化が進められた。この問題含みの時期の後、サーダート大統領（＊七八年にイスラエルと和平条約を結んだ。在任一九七〇―八一）のもとで新たな段階に入り、それは二〇一一年に劇的に権力の座から追い落とされたホスニ・ムバーラク大統領（＊在任一九八一―二〇一一）に引き継がれた(4)。新自由主義的な経済構造改革と、一九七〇年代以降のアメリカ寄りの政策に伴い、政権は女性の権利を擁護する重要な法律を撤回した。これにより、様々な市民社会組織が台頭し――イスラーム主義者から女性運動家まで、多くの組織が開発という枠組みと開発プロジェクトを通じて活動した――、これらの組織が社会的に重要な役割を担い、構造改革による民営化のために国家が放棄した社会保障を肩代わりするようになった(5)。

一九八〇年代と九〇年代には、無数の女性非政府組織（ＮＧＯ）が生まれた。フォード財団、人口会議、ユニセフに加え、エジプトがイスラエルと和平を結んだ見返りとして得た、ヨーロッパ諸国やアメリカからの国家支援がそれを後押しした。女性の権利に関わる活動は、一九九〇年代中頃、エジプトの国際会議参加によってさらに盛んになった。とりわけ、国際人口開発会議（＊一九九四年に国連がカイロで開催した会議。「人口と持続的成長並びに持続可能な開発」をテーマにし、リプロダクティブ・ヘルス＆ライツ（性と生殖に関する権利と健康）という考え方が提唱された）の開催国になったこと、北京で開催された第四回世界女性会議（＊一九九五年）に代表団を送ったことは特筆に値する(6)。

女性の権利や女性に対するサービスに関わる組織に対する海外からの資金援助は、成長産業の一つと化した。ムバーラク期には、市民社会組織に対する厳しい規制と定期的な政府の弾圧にもかかわらず、何万というNGOがエジプトで活動していた。女性NGOは、エジプトの政治経済的な状況の変化のみならず、トランスナショナルな政治的組織化、経済交易、階層間関係、国家の歴史的変化などが、女性の権利の社会生活にとっていかに重要かを示している。[7]

一九九〇年代の女性活動家に関する研究はすでに、女性組織と社会的文脈との相関を指摘している。現在英国に拠点を置く人類学者のナジェ・アル＝アリは、女性組織間で交わされた議論や衝突は、「エジプトの政治文化の鏡」だったと指摘する。[8]活動家たちが政治的自立を重視し、アメリカによる介入を恐れていたために、海外からの資金援助をめぐる議論は沸騰した。後にNGO六〇団体を対象に行われた調査からも、現地組織が海外からの資金援助獲得に躍起になっていたのと同時期に、資金援助が組織のプロジェクトの選択に規制を課し、「目的を、援助者の優先順位に一致」させたことに不満を抱いていたことが明らかになっている。[9]

政治・経済的文脈は、女性の権利に対して、それが機能する経路を設定し、そしてそれを流布させるための技術を提供するという二点において、最も強い影響がある。革命前の一〇年間のエジプトにおける権利の社会生活の三大変化は、(1)政府による占有、(2)イスラーム団体と宗教言説との絡み合い、(3)商業化や企業化である。一九九〇年以降、国家女性協議会(National Council for Women)(＊同名の英のNGOとは別物。エジプトのNCWを指す)などの政府機関や海外のNGOは、女性の権利について今までとは違う伝達の仕方をするようになっただけでなく、女性の権利の中身に影響を与えてきた。女性の権利を掲げ活動するグループの政治、プロジェクト、団体の自己提示の仕方にも、人権の超国家的アピールが反映されるようになり、宗教的要素に多大な正当性が与えられていた現地の状況に応答するようになった。

二〇一一年にエジプトで起きた民衆蜂起は、政権を転覆し、政治的風景を再編した。女性の権利という課題もメディアの関心を惹き、選挙や新たな憲法に関係して多くの団体を動かした。二〇一二年のムスリム同胞団の勝利が、エジプトの今後一〇年の女性の権利の社会生活にどのように影響するかについて語るのは時期尚早である。[10] はっきりしているのは、この問題が、タハリール広場でのデモが始まったその瞬間から世界や海外メディアを驚愕させ、地元での議論を沸騰させたということである。[11]

政府管理下におかれる権利

革命前の一〇年の間に始まった、女性の権利の政府組織による乗っ取りは、二〇〇〇年の大統領令による国家女性協議会の結成にはっきりと見てとれる。ある証言によれば、「大統領夫人スーザン・ムバーラクの肝いりで、公共政策が女性に与える影響について政権や政府機関に助言をする目的で協議会は設立された」という。[12] 国家女性協議会で指導的役割を担った人物には、尊敬に値する人々もいた。例えば、〔国家女性協議会の前身である〕国家母子協議会（National Council for Childhood and Motherhood）（一九八八年にスーザン・ムバーラクが設立）の指導的地位にいた人々は、しばしば信用と尊敬が疑問視される政府組織で働いていながらも、政権の評判を高めることに貢献した。しかし国家女性協議会発足直後には、NGO関係者から少なくない疑念の声が挙がった。

ここでは国家女性協議会を評価するよりは、国家女性協議会がエジプトの女性の権利の分野でどのような役割を果たしたのかを検討したい。国家女性協議会は統合を理念とし、これまでエジプトの女性の権利をめぐる運動で活躍した多くの女性たちの参加を促した。そうした女性たちは、組織の代表としてではなく、個人として招聘された。これがNGOの弱体化につながった。[13] 大統領の妻が主導する国家女性協議会がエジプト政府、国連の開発プログラム、米国国際開発庁（USAID）を含む様々な海外機関から、多額の資金援助を受けたことは驚くに値しない。多くのより小規模で、よりラディカルなフェミニストNGOはこうした資金援助を受け取っていない。国家女性協議会のもとに行われた相当数のプロジェクトは、エジプトで女性の権利が可視化され実践的存在感を増す上で、国家女性協議会が重要な組織となったことを示している。

国家女性協議会は特定の社会的政治的ルートから資金援助を受けていた。国家女性協議会が女性の権利のために集めた資金は無視できない額に上る。二〇〇六年に国連開発援助枠組み（UNDAF）で国連が一つのプロジェクトに拠出した資金は、五年で三億四千万米ドルだった。これには世界銀行からの支援は含まれない[14]。女性関連のプロジェクトに割り当てられた予算から巨額の支援を受けることで、国家女性協議会は、女性の権利推進関連の仕事で、誰が活発な役割を果たすべきかの決定権を持ちえたのである[15]。

国家による女性の権利の定義、創出への介入は、この時期のエジプトにおける「ムスリム女性の権利」の社会的広がりにおける唯一の変化ではない。エジプトの女性のための仕事を定義づけるプロジェクトや言語は明らかな変貌を遂げた。それにはNGO界隈で、女性の権利が国際化したことが大いに影響している。ある意味ではNGOそのものも、ジャネット・ハーレイ（＊中東でも教鞭を取ったことのあるアメリカのジェンダー法学者）や彼女の同僚が「ガバナンス・フェミニズム」と呼ぶものの一部と化した。そこではエリートのみが女性について語り、影響力のある組織において自らのジェンダーについての専門知識を駆使する[16]。エジプトでは、人権という言語が女性の権利を提唱する際に最もよく使われるようになった。

女性の権利のための機関に対する国際的な援助は、エジプトの高学歴の専門職の女性の利害と、前章で論じた、国際的な中東やムスリム女性の権利への異常に高い関心とをつなげてきた。これによって、機関やプロジェクト、それに「南」の多くの国々で見られる、トランスナショナルな統治《ガバナンス》構造は生きながらえた。一九八七年設立の、女性世帯主にマイクロクレジットを提供してきた女性開発促進協会（the Association for the Development and Enhancement of Women, 以下ＡＤＥＷと表記）（＊エジプトのＮＧＯ）はその好例である。[17] ＡＤＥＷは多くの国際的支援者からの援助を受け、その後識字プログラム、医療サービス、法的権利意識向上セミナー、シェルターといった事業に手を広げた。ＡＤＥＷはエジプト国内の五地域に一五のオフィスを構え、二〇〇人のスタッフで活動した。[18]

融通無碍なイスラームの諸機関と宗教言説

エジプトの過去一〇年間における女性の権利の社会生活の二つ目の特徴は、宗教的諸機関やイデオロギーとの新たな形での適応である。エジプトで女性の権利を求めて公の活動に携わる人々は、その他の地域同様、勃興しつつある保守的イスラームの要素に女性の権利が脅かされていると考えていたが（そして現在の（＊原書の刊行は二〇一三年）、ムスリム同胞団のリーダーシップへは対応しあぐねている）、とりわけ社会的個人的にごく親しく人々が結びついている世界では、様々な応答があった。

イスラームとのより緊密な結びつきは、政府機関だけでなく、ＮＧＯの世界でもはっきり見て取れる。エジプト女性のための法支援センター（the Center for Egyptian Women's Legal Assistance, 以下ＣＥＷＬＡと表記）の事例を見てみよう。ＣＥＷＬＡは一九九五年、カイロの低所得かつ人口過密な不法に作られた街区に設立された。その目的は、低所得住民の救済であった。ＣＥＷＬＡは、条件の良い資金援助を打診された後も、コミュニティ支援へのコミットメントを理由にそこを離れることを拒んだ。ＣＥＷＬＡは当初、二部屋と、唯一の家具はいくつかのファイルボックスだけ、というごく小さな団体としてスタートした[19]。代表は女性弁護士のアッザ・スレイマーンで、スタッフの多くは女性弁護士だった。彼女たちは、多くのアラブ諸国の大学と同様、女子学生が学生の半数以上を占めるエジプトの大学の卒業生だった（＊特に湾岸諸国では、男子学生の多くは国外の有名大学に進学するため、国内の大学の女性比率が高い）。CEWLAは当初、カナダ国際開発団体、オランダのオクスファム、そして後には世界女性基金（the Global Fund for Women）（＊一九八七年、アメリカ、カリフォルニアで設立）の下部団体、ナウ・オア・ネバー基金、フォード財団、サウィリス財団（Sawiris）（＊二〇〇一年設立。エジプトの大企業、オラスコムグループのオーナーのサウィリス一族設立のエジプトの財団）といった団体から資金援助を受けた[20]。CEWLAはその活動を法的支援から、暴力と子どもの人権の意識向上《アウェアネス》、国家レベルでのロビー活動、調査研究の実施や出版、成人識字教育、子ども向け民主主義トレーニング、一〇代に向けた性教育へと広げていった。

二〇〇八年にCEWLAは、ムスリム女性の権利の社会生活と、ムスリム女性の権利への組織的媒介という比較的新たな方向に舵を切った。この動きは非常にエジプト的なものではあるが、六章で論じたように、CEWLAの活動計画には世界的な傾向が反映されている。NGO団体は宗教理念にもとづいているわけではなく、特定の宗教組織とも無関係だが、女性たちの宗教的アイデンティティに注目する傾向がみられる[21]。

CEWLAは、女性差別撤廃条約（CEDAW）がシャリーア、より厳密にはイスラーム家族法に適合的であることを証明することに専念した。CEWLAのこのプロジェクトの裏には、近年宗教に大きな敬意が払われるようになったという、大きな文化的・政治的文脈と、活動のターゲットである貧困層の女性、男性、若者の抱える悩みの二つがあった。CEWLAについて語った弁護士のセハーム・アリは、エジプトの人々は、西欧由来のものに対して懐疑的な傾向があると説明してくれた。実際多くの人々は女性差別撤廃条約を、家族を破壊し、宗教を軽んじていると非難した。新たなプロジェクトは、こうした無知の払拭を目指したという。そのためにCEWLAは新たな組織的ネットワークを通じて、イスラーム法の専門家や、名声があり「物議を醸さない」アズハル大学――エジプトの最高峰の宗教的権威――のイスラーム哲学の教授などに協力を仰いだ[22]。

アズハルと手を組んだNGOはCEWLAだけではない。エジプト国連開発援助枠組み二〇〇七―二〇一一（Framework for Egypt 2007-2011）において、アズハルは国家女性協議会および、ワクフ省を含むいくつかの省庁のパートナーとされ、以下の二つのゴールを共に目指した。一つは女性の権利に関する人々の認識を変えること、そしてもう一つはジェンダー暴力に反対することである[23]。

権利の商業化

二〇〇〇年前後の、市民社会の新自由主義的モデルへの傾倒を示す顕著な動きとして、ADEWの創設者の一人でフェミニストのイマーン・ビバルス博士が、中東北アフリカにおけるアショーカ・フェロー・プログラムのコーディネーターに就任したことが挙げられる。アショーカは自らを評して、先駆的な社会企業家のグローバルな組織であると言う。テレビのインタビューでビバルス博士は、「我々はソーシャルセクターにおけるベンチャー資本家です」と説明した。アショーカは政府から一切資金提供を受けておらず、企業と財団とのパートナーシップを模索する[24]。アショーカの信条を表した事務的な表現は、ウェブサイトで確認できる。「グローバル市民産業の成長は、個々の社会企業家から始まると信じています。彼ら企業家こそがこの産業を前進させ、新たな挑戦や変革への要請に応えるのです。彼らは地元のコミュニティに根を張りつつ、グローバルに考え行動します。彼らこそ、誰もがみなチェンジメーカー（変革の担い手）であるという、アショーカ［がトレードマークとするところ］のヴィジョンの究極のロールモデルであり、その支柱なのです[25]」。

少なくとも革命前までは、これはエジプトにおけるムスリム女性の権利の、進化し続ける社会生活の第三の道だった。女性の権利が商業世界で語られ出した。一九九六年、ＣＥＷＬＡ設立の一年後に設立されたエジプト、女性の権利センター（Egyptian Center for Women's Rights, 以下ＥＣＷＲ）の事例は、この大きな転換をよく表している。ＥＣＷＲのウェブサイトは、彼らのリベラルなイデオロギーを以下のように伝える。「ＥＣＷＲの活動は、女性の権利は人権の問題であり、エジプトはもちろん中東における民主的文化と開発をうちたてていく、本質的進歩に欠かせない要素であるという信念に基づいています[26]」。しかしＥＣＷＲは、社会的責任のある企業のスポンサーシップに働きかけるという新しい手法をとっている。

路上でのセクハラに対する反対運動は、ＥＣＷＲの活動のなかでも有名である[27]。女性に対するハラスメントがカイロや他の都市の路上で起きていることを否定はせずに、彼らの活動のある側面に着目したい。これは、権利の社会生活を検討する上で重要である。ＥＣＷＲは脱政治的問題として、すなわち構造的なジェンダー不平等の分析をせず、文化的に不届きな男性のみをターゲットにして、斬新なテクノロジーを活用した。資金集めのために始めた活動の一つは、ＳＭＳのショートメールを使って、ハラスメントの起きた場所を地図上に示すシステムを開発するという試みだった。ＥＣＷＲはネットスクエアード（NetSquared）を通じて、この試みで二〇〇八年米国国際開発庁開発二・〇チャレンジに応募した。まず一般投票によって最終候補が一五組選ばれ、そこから審査員によって優勝者が選ばれた（これはスター・アカデミーやアメリカン・アイドルと同じ方法である。どちらのテレビ番組も現在アラブ世界で大変な人気を誇っている)(28)。ＥＣＷＲは企業「ボランティア」であるナイル・エンド・ヌグームＦＭ、マスラウィー・ドットコム、フィルバラド・ドットコム、エジプトソフト・ドットオルグ、ゲーテ・インスティテュート、ネットスマート・エジプトに対し、彼らが「エジプトのＮＧＯには無理だといわれてきた活動に息を吹き込み、プロフェッショナルな風をもたらした」ことを感謝した。携帯電話関連の技術開発、企業協力、一般投票〔などのアイディア〕は、ショッピングモール、衛星放送、携帯電話会社の広告、消費主義が都市景観を席巻する今のカイロにぴったりだった(29)。

この活動はまた、国連女性開発基金（United Nations Development Fund for Women, ＵＮＩＦＥＭ）や女性差別撤廃条約委員会などの多様な国連機関を通じて、女性への暴力〔というトランスナショナルな課題をエジプトに〕移植するという点からみても画期的だった(30)。国連の会議場や女性差別撤廃条約の公聴会などの場をはるかに越えて流布するこの課題に関して、資金調達とキャリア形成とが、どの程度行われるのかを示す興味深い事例である。例えば、女性に対する暴力への啓発に取り組む、三人に一人の女性グローバルキャンペーン（The One in Three Women Global Campaign）（＊原文ママ）は、カード、キーホルダー、ドッグタグを販売しており、それを買うよう勧める(31)。ピースキーパー・コズメティック（PeaceKeeper Cause-metics）（＊女性支援を目的にした化粧品会社）も、女性支援のために口紅やマニキュアを買うよう求める(32)。ピースキーパー・コズメティックはムスリム世界と関わりのある名誉犯罪などの、文化的背景を持つ女性に対する暴力との闘いのために、収益の一部を寄付する。アイヤーン・ヒルシ・アリの財団は、こうした女性の権利の商業化を示す最新の例である。財団は、寄付として高品質の「名誉」トートバッグの購入を勧める。

パレスチナ――逃れられない政治

女性に対する暴力の考察はまた、権利に関する活動の別の事例と場所へと我々を導く。女性の殺害と石打ちをやめてグローバルキャンペーン（The Global Campaign to Stop Killing and Stoning Women）は、ムスリム女性の権利の名のもとにグローバルな運動を展開している。それは二〇〇七年、WLUMLのネットワークのもとに始まった。WLUMLは一九八四年に、反原理主義を唱えるフランス系アルジェリア人フェミニストのマリエム・エリ＝リュカスによってわずかな資金で設立された[33]。今やWLUMLはムスリム女性の権利の擁護運動における主要な国際的アクターに成長し、危険に晒されていたり虐待されているムスリム女性のために警告を発し、調査を行い、会議を開いている[34]。

そのグローバルキャンペーンは女性に対する暴力のうち、その文化特有の形態を取る女性に対する暴力を文脈から切り離し、改善の対象とし、その存在を広く世に知らしめた。ここでいう女性に対する暴力とは、ムスリム政権、ムスリムの原理主義者ら、そして現地の（ムスリムの）家族によるムスリム女性の権利侵害を指す。報道機関に対する声明のなかで、この新たなグローバルキャンペーンは「女性に対する死に至る暴力を文化的、宗教的に正当性しようとする傾向が強くなりつつあることに対処する」必要性があるとして正当化された[35]。女性に対する石打ち刑、石打ち刑をするという脅し、むち打ち刑、名誉犯罪などの個々の事件は、事件が起きた国、情報の信憑性、そして個々の事件に対してムスリム思想家、国家の司法制度、そして市井の〔ムスリムの〕人々が示した反応などにおいて根本的に異なっているにもかかわらず、あたかも同じ現象であるかのようにウェブサイトでは一緒くたにされている。

女性に対する暴力は世界規模の深刻な問題である。ムスリム女性の権利支援というサービスのなかで、このグローバルキャンペーンの展開の何が特徴的かを明らかにするためには、これが繰り広げられた文脈に注意を払う必要がある。第一に、このグローバルキャンペーンがムスリム女性を彼女たちの文化から救おうとする、類似の扇情的な動きのただなかで生まれたものであることは無視できない。なかには四章で名誉犯罪を事例に論じたように、教育のある若者たちが農村文化を遅れたものとみなして進めたものもあれば、新たな常識について論じたように、アイヤーン・ヒルシ・アリやアメリカやヨーロッパの右派、さらには他のフェミニストたちが、イスラーム法や宗教を抑圧的なものとみなして進めたものもある。[36]

第二に、文脈からみると、このグローバルキャンペーンは戦争によって（ムスリム）女性たちが多大なる暴力に晒されていた、まさにその時期に生まれた。アフガニスタンとイラクは未だ軍事的衝突の真最中だった。クリスマスの直前にこのキャンペーンが始まった直後、イスラエル防衛軍がガザを攻撃した。二三日間で一三〇〇人を超えるパレスチナ人が殺された。彼らはF16戦闘機の空爆によって壊れた家の瓦礫に生き埋めにされ、ベッドにいたところを至近距離から銃殺され、海からのマシンガン攻撃の標的にされ、戦車からフレシェット弾を浴びせられ、ナパームと同じ働きをする白リン弾によって焼き殺された。[37] 犠牲者のうち何人が女性だったのだろうか。私は自問した。一体、これだけ大勢のムスリム女性が受けた殺傷に反対する「グローバルなフェミニズム運動」はどこにいってしまったのか。紛争地域の数多の女性や民間人が苦しみそして死んでいるのは暴力ゆえなのに。[38]

パレスチナの女性活動家は、こうした状況での交渉を長年強いられてきた。一方に女性の権利擁護にかける情熱と他国や他地域のフェミニストたちとの連帯があり、他方に自分たちや活動対象の女性たちを規定する特定の政治的文脈に対する自覚がある。パレスチナの女性運動の「ＮＧＯ化」は、専門知識、資金提供者の希望に沿ったジェンダー・トレーニングや調査報告書へのエネルギー流用〔をせざるをえない状況〕、政治運動から援助要請の企画書の執筆へと女性が誘導されることなどによる、専門分化やヒエラルキーをもたらした。それによって生まれた脱政治的効果への自己批判をしつつも、パレスチナ人の女性の権利の活動家たちは変わらず、国家への情熱とより広い文脈での政治状況への自覚を保ち続けている。(39) パレスチナのNGOやプロジェクトは、占領地域であれ一九四八年に定められた国境の内側の地域であれ、エジプトのNGO同様、スカンジナビア、ドイツ、フォード財団、ジ・オープン・ソサイエティ（the Open Society）、世界保健機構（WHO）、国連女性開発基金などの機関から資金援助を受けてきた。しかし活動の中心は、占領や軍事化、イスラエル内のパレスチナ人の場合には周辺化と差別などの逃げ場のない現実のなかにある。(40)

パレスチナを対象とした、私が大きな衝撃を受けた研究に、二〇〇〇年に始まった第二次インティファーダ中に行われた、女性と喪失に関するいくつかの「アクション＝リサーチ」の報告書がある。報告書にはパレスチナにおける女性の権利に関する活動に見られる、エジプトにおける権利の社会生活とは異なるいくつかの特徴が描かれている。この研究はもともと女性を対象とした効果的な心理的、社会的セラピーを作るために行われ、同時に、政治紛争経験について女性が語れるようになることを目指していた。研究を率いたナデラ・シャルフーブ＝ケヴォルキアンがその編著『女性、武力紛争と喪失――占領地におけるパレスチナ女性の精神衛生（*Women, Armed Conflict and Loss: The Mental Health of Palestinian Women in the Occupied Territories*）』の自分の執筆章で議論しているように、その活動は「人権侵害、精神衛生、研究の交差点」に位置していた。(41) 研究によって一人ひとりの女性の物語が生まれた。トラウマや政治的暴力（イスラエルの兵士たちが息子の体を踏みつぶして、地面に飛び散った息子の脳を眺めていた、など）、家が襲撃され破壊された（家の中央の井戸に息子を隠していたのに、目の前で家が爆破された）、恐怖とセクシャルハラスメント（兵士たちに娘を蹂躙された）、ジェンダーに関する暴力（殉教者の妻たちに対する監視、チェックポイントにおける出産、失業し不満を抱えた夫とのやり取り）、恒常的な恐怖と不安などの悲痛な、詳細な記述[42]。

パレスチナでは、多くの熱心なフェミニストが国際組織や政府組織と協力して女性の権利や女性のエンパワーメントのために尽力してきた。とりわけ人権という主張は、パレスチナ人にとって力のある道具とみなされている。彼らは人権〔概念〕に寄せられる学術的批判や政治的批判を理解しつつも、それだけは放棄できないと主張する[43]。パレスチナの女性NGOは、パレスチナ人女性の生活に影響を与える構造的特徴を指摘しつつも、女性の権利擁護を目指す団体やネットワークにも参加している。しかし多国籍のこうした団体は、日常生活における政治的側面には抗議の声をあげないことが多い。エジプトはまた状況が異なる。エジプトでは政権批判は許されず、少なくとも革命前は、新自由主義的改革政策が女性や男性の生活にもたらした悲惨な結果は省みられていないようだった。

パレスチナで権利擁護運動活動家が直面する問題とは、ビルゼイト大学の研究員であるペニー・ジョンソンによれば以下である。それは、ヒューマン・ライツ・ウォッチなどの国際団体を支援するシャルフーブ＝ケヴォルキアンなどの研究者・活動家は「占領や包囲による暴力やそれが女性や家族にもたらす影響」が最終報告書に全く取り上げられないことで、失望させられることがある、ということだ[44]。ヒューマン・ライツ・ウォッチの報告書『安全保障にまつわる疑い（*A Question of Security*）』のなかでジョンソンは「DV、およびジェンダー関係とパレスチナの家族が抱える表に表れにくい要素は、それらが深く関わっている文脈の全てから切り離されていた」と不満を述べる。そうした報告書では、パレスチナ自治政府の法の実効的支配における占領や包囲の影響が無視され、暴力の蔓延や経済的窮乏がパレスチナの家族関係に与える影響は一切考慮されていない[45]。

ハーレイがいう「ガバナンス・フェミニズム」がエジプトにおける女性の権利運動の特徴を捉えているとすると、イスラーハ・ジャドをはじめとする人々は西岸とガザ、パレスチナ自治政府、とりわけ「フェモクラッツ（*フェミニズムを専門とすることで生きていく人々）」が受けている支援構造と、一九九〇年代以降の外資系ＮＧＯの急増とを明らかにしたといえよう。そうした存在により、かつて政治的であったパレスチナの女性運動は骨抜きにされた、とまで言われる[46]。活動の種類、組織の形、ヒエラルキー、女性の権利推進のための方法に付随する社会的ネットワークといった権利の社会生活を詳細に観察することで、女性活動家がゆっくりと力を剥奪されていったことが浮かび上がる。ジャドは、これによって草の根の女性たちがイスラーム主義者による動員（これについて彼女は一種独特の寛容さを示す）に晒されることに、強い懸念を抱く[47]。しかしここで彼女は、パレスチナの国家的文脈においても、脱政治化されたＮＧＯがジェンダー・トレーニング講習で使う技術が、より活動的要素の強い女性の権利の活動と交わり、そうした活動を後押しすることはありうる、ということを過小評価していると思う。

同様の傾向は、別の調査者のサマ・アウェイダフの話からも見て取れる。初めてジェニーン難民キャンプを訪れた際の物語は、シャルフーブ＝ケヴォルキアンのいう、女性の喪失経験というテーマに含まれる[48]。悲惨な難民キャンプを訪れた、彼女をその一員とする多国籍代表団を組織したのはパレスチナ医療救援委員会連合（the Union of Palestinian Medical Relief Committee）だった。キャンプに到着した彼らは、医療救護を行う若い男性たちに歓迎された。国際代表団に、二人のパレスチナ人が同行できたことと、その二人が女性センターから来たことを知って、彼らは興奮した。後にわかったことだが、この若者たちは以前、エルサレム女性研究センターでジェンダー・トレーニングを受けていたのだった。彼らはジェンダー・コースのテキストに載っていた、この同行女性の名前まで知っていた。ジェンダー・トレーニングと医療活動や政治活動との交差は、この国が置かれた特殊な文脈のなかの、パレスチナの女性の権利運動の特徴をよく表している。

日常生活におけるハイブリッドな経路

エジプトでは女性の権利運動が変わり続ける場と文脈のなかで展開してきたこと、そしてパレスチナでは女性の権利と政治とが分かちがたく絡み合っていることを理解したなら、次にはムスリム女性の権利が、現地の活動家や女性の権利の擁護者の与り知らぬところでどのように媒介されているかについて考えなければならない。ときに女性の権利のために自らの社会で奮闘する勇敢なヒロインとしてまつりあげられる全ての専門家たちの影には、専門家以外の、守られる対象として想定された女性たちがいる。ムスリム女性の権利なるものは、このような草の根活動の受益者層の人生の間をどのように流布しているのだろうか。

権利という社会的道具が、女性の人生にどのように媒介しているのかを見るために、私がよく知る上エジプトの村に話を戻したい。そうした村の権利の経路が、どのようにこれまで見てきたようなエリート的な、都市の国際的な場と交差し、そこから分岐しているのか、理解する必要がある。エジプトの女性権利グループの守備範囲はどこまでで、その社会的ネットワークの外の女性コミュニティでは何が起きているのか。農村の女性に目を向けるのは、ムスリム女性の権利を保障すべく活動する専門家や活動家を信用しないからでも、こき下ろすためでもない。活発で多彩な、十分な資金援助を受けた女性団体が活躍する都市の中心部から離れた場所での、ムスリム女性や少女の権利に関わる言説の射程と形状を観察するためである。(49)

ここまで、女性の権利を保障しようと努める様々な内外の女性団体に目を向け、それらの団体に資金援助をする財団を検証し、権利というアジェンダと国家とのもつれを、エジプトとパレスチナという二つの国家を事例に検討した。それによって、権利の国際的な経路の結節点を辿ってきた。農村で活動する人類学者として、ムスリム女性の権利がもし作用しているとすれば、ごく普通の女性たちの生活にどのように作用しているのかについても検討したい。

二〇〇八年、エジプトの女性権利団体についての調査中、私は休暇を取って農村の友人を訪ね、この新しいプロジェクトの話をした。多くの女性たちには言いたいことがあった（ザイナブがその三年後に政府について批判したのと同じように）。少女のころから私が知る二人の女性はすぐに、ラマダン中に見ていた、終わったばかりの人気テレビドラマについて勢いよく話し出した。そのドラマにはエジプトの大女優、ユスラが出演していた。二人はあらすじを話してくれた。数人の若者たちが深夜、帰りがけの女医と看護師を誘拐し、一人をレイプした。彼女たちは、そのドラマはレイプ犯と処罰をめぐる物語だと言い、レイプは死刑によって処罰されうると私に念を押した。

テレビドラマのメッセージに彼女たちが関心を寄せていたこと、国のあちこちで似たような会話が飛び交い、彼女たちの会話もその一部だったことは重要ではあるが、それ自体には何の目新しさもない。拙著『ドラマと国民性（*Drama and Nationhood*）』ですでに論じたように、エジプトのテレビドラマは、よく重要な社会的課題を題材とする。このドラマは、世論として、女性に対する暴力にかかる公的議論を巻き起こした。放映後にドラマは話題を呼び、出演俳優はアンマンで行われた国連女性開発基金の「女性に対する暴力を収束させる一六日間運動」というイベントで賞を受けた。

別の若い女性は、上エジプトの村では、女性の権利にかかる女性の知識に国営テレビが影響していることを教えてくれた。彼女に女性の権利について何を知っているかと尋ねると、彼女は、「それは、スーザン・ムバーラク（＊元エジプトのファースト・レディー）がやっている何かよ。女性器切除とか」と答えた。実際、少女への暴力の廃止を訴える国家母子協議会の重要なプロジェクトは、女性器切除が行われないモデルとなる村を推奨することだった。そうした村は、フリー・モデル・ヴィレッジと呼ばれた。

農村の女性と、権利にかかる国家言説には接点があった。別の女性とその一〇代の娘に、地元の女性の権利のための組織を知っているかと尋ねると、彼女たちは全く知らないと答えた。そうした組織がカイロにあるだろうことには同意したが、彼女たちは地元のそれを一つも知らなかった。女性と夫との間にトラブルが起きたらどうするかに話が及ぶと、母のほうが、彼女の家族が寄ってたかってトラブルを解決し、家族に平和を取り戻そうとすると説明した。相続について聞くと（数年後に、ファイルーズはまさにこの問題と格闘することとなる）、まず彼女は、女性は裁判所に行くと言った。「でも」と彼女は続け「もし女性の兄弟が抵抗すれば、皆が兄弟に話をつけに行く方が普通」、と語った。人々は、姉妹に正当な取り分を渡せ、と兄弟を説得するだろうと。

女性の権利について研究するのは、西欧人のなかにはエジプトの女性は抑圧されていると思っている人がいるからだ、と説明すると彼女は笑って「違う、違う。昔はそうだったけど」「それは過去の話。今ではずっと進歩してる。女の子たちは今ではみんな教育を受けているもの」と言った。彼女の世代は、家庭で母親の手伝いをしなくてはならなかったという。今では彼女たちはみな、自分の娘に教育を受けさせたいと願っている。彼女もその夫も、子どもたちが学校でいい成績をとれるように行き届いた心配りをみせる。夫は、フランス語を勉強するようにと娘を励ました。大学入学に有利になるかもしれないと思ったからだ。彼女の応答に「権利」という単語はないが、それでも彼女が、女子教育は進歩の象徴であり、権利ですらある、という開発主義者の言説を共有していたことははっきりしている。彼女は、昔の世代より多くのものを娘に与えたいという夫の希望を叶えるために、自分が家のことも家畜の世話も引き受けてもっと一生懸命働かなければならないことをよく知っていた[50]。この〔女子教育に関する〕方程式は、一九五〇年代に国家の発展という夢が大衆消費の的となって以来、国家によって作られ、学校やメディアを通じて宣伝されてきた。

他の女性たちとの議論でも、村で女性の権利が色々な形で影響を与え、多様な形で理解されていることが窺えた。一九九〇年代に識字クラスで知り合った四〇代のアーイシャは、「ムスリム女性の権利」という概念がこの農村で持つハイブリッドな性格や、権利を作り、浸透させる様々な制度的な経路を最もわかりやすく見せてくれた一人である。私が彼女と知り合った識字クラスは、それ自体が国家による女性の権利促進装置の一つだった。スーザン・ムバーラクの資金提供を受け、地域の大卒女性を二年ほど教員として雇った後、その識字クラスは何の理由もなく打ち切られた。

アーイシャにエジプトの女性の権利について新しく研究を始めたと伝えると、彼女は興奮して言った。「言わせてちょうだい、エジプトの女性には最高レベルの権利があるの。本当よ。知ってるでしょライラ、エジプトには女性の大臣だっている。大臣よ！　社会保障省。財務省の長官。女性たちなの。ここ、エジプトでは、政府が女性に権利を与えているのよ、一〇〇%のね」。

しかし彼女はこう修正した。「ただ、人々がね……。女性の家族とか。彼らが女性の権利を傷つけてる。

私の父が三エーカーの土地を残してくれたとするじゃない。すると兄弟がやってきて言うの。『いや、彼女は相続しない。女は土地を相続すべきじゃない』って。ここでは、政府は女性に権利を与えてる」。私の父、彼女の兄弟などとブレる人称代名詞を拾い上げながら、それは本当にあなたに起きたことなのかと聞くと、彼女は笑った。「これは単なる例よ。神に称えあれ」。そして（自分の運命に文句をつけているのではないというように）「うちの家族は土地なんて持っていないわ！」と付け加えた。そして続けた。「それで、兄弟が姉妹の土地を取り上げるわけ。こういうことが起きるのよ、ある家族ではね。どこの家でもっていうことじゃないわ。娘に相続させた家族もあるから。……で、男は言うのよ、『土地は俺がもらう。俺は男だ。だから土地を相続すべきなんだ』ってね」。

彼女はこの仮想兄弟にこう言い返した。「でも神は――栄光が神にありますように――、女性にも相続する権利を与えたわ[51]」。そして女性に相続を認める根拠としてクルアーンの一節を引用し、最後にこう言った。「神が啓示したクルアーンの言葉が、女性にも権利がある、女性も相続を受けるべきだって言うなら、それとは戦いようがないはずじゃない」。

こういう状況のとき、女性はどうするのかと訊くと彼女は、「政府に行くのよ」と答えた。しかし数秒ですぐにその意見を翻し、「まず家族に苦情を言いに行くわ。年配の人のところに」と言った。そしてこの村で実際に起こった事例について語り出した。彼女は、隣村の宗教的に尊敬を集める人物を知っているか、と私に確認した。彼は尊敬を集める人物で、彼の父親も祖父も宗教指導者だった。アーイシャが「こういう問題の時は彼のところに行くわ。女性はそうするのよ」と言ったちょうどその時、彼女の兄が部屋を通りかかったので、彼女は兄に「ねえそうでしょ、女の子がオジさんや兄弟と何か問題を起こしたら、シャイフ（＊長老、年長者の意。宗教者に対する尊称としても使われる）のところに行くわよね。彼のところに苦情を申し立てに。それが普通よね。それで、彼が話を聞くのよね」と確認した。彼女の兄は頷き、シャイフがこれまでに解決した厄介な問題について話し出した。興味深いことに、その問題は少女と家族との間のものではなく、キリスト教徒とイスラーム教徒の家族間で起きた土地争いの話だった。この話は、シャイフの類まれな気品、寛大さ、英知を示し、彼が卓越した問題解決力によって尊敬を集めていることを物語っていた。[52]

この一度の会話でアーイシャは、実に多様な権利について語っている。国家法における女性の権利、政治的代表権における女性の権利、家族内、家族間のローカルな争いにおける女性の権利、そして最後にクルアーンにある、神与の女性の権利。この一年後の会話では、彼女は大体においてイスラームを擁護した。彼女は、イスラームは女性が働くことも学校に通うことも認めていると主張した。そして預言者ムハンマドの時代の重要な女性たちを引き合いに出した。ナフィーサ（＊預言者の最初の妻ハディージャの友人。ハディージャと預言者の仲立ちをした）は教師であったし、アーイシャ（＊預言者の妻の一人。初代正統カリフ、アブー・バクルの娘）は預言者の言行録、ハディースを後世に語り伝えた。「でも一部の女たちは、自由とは丈と袖が短いドレスを着て、通りを裸で歩くことだと解釈することにしたのよ」、と彼女は付け加え「今は自由がありすぎる」と締めくくった。異なる権利のありようを再度ここで一緒くたにして彼女は、こうした自由は、カースィム・アミーンが意図した自由ではなかった、と説明した。ここで彼女はアミーンを、二〇世紀初頭のエジプト人近代改革主義者にして『女性の解放』の著者、最低限の女子教育の必要性とヴェールを脱ぐことを訴えた人物を引き合いに出した。

この議論でも、アーイシャはエジプトで権利をとり持ついくつもの制度に言及している。個々の女性たちが正義を求めてすがる審判の場には次のようなものがある。法廷と弁護士、法的義務、新聞、そして感情、ヒエラルキー、縦横無尽のつながりなどに満ちあふれたローカルな家族仲裁の場、さらに、女性が家族によって不当に扱われている時には、イスラームの権利や道徳性の名のもとで介入する地元の宗教指導者。彼女はNGOについては言及しなかった。しかし近くの村では、非常に資金が潤沢なトランスナショナルな人道的プロジェクトが展開されつつあった。そのプロジェクトは「学習する権利、遊ぶ権利、移動の権利などは自然権」とし、農村の少女たちにその重要性を教育することを目的としていた。[53] これまで会話を引用してきた他の女性や少女と同様に、アーイシャはこうした人生を語る枠組みや、権利を主張することを、テレビや学校、宗教学習、それに彼女の周りで生きる人々の日々の生活から学んでいた。コミュニティの成員同士にはほとんど秘密がないため、物事を可能にする知識は豊かで親密性に富んでいる。

二〇一二年、革命から一年後の議会選挙の直後に再びアーイシャに会いにいったとき、訪れた全ての場所で、女性や少女がともかく話をしたがっているのには驚かされた。[54] 彼女たちは政治について話し合っていた。国家レベルでは、政権が上から下までいかに汚職に満ち満ちていたかに啞然とし、エリートたちが莫大な富を横領したことにショックを受けていた。特に、スーザン・ムバーラクが前国王のファールーク王（＊ムハンマド・アリー朝の国王、在位一九三六―五二。自由将校団の革命により王位を剥奪され、亡命した）の母、ナズリ女王の宝飾品を我が物としたという発見（あるいはその噂）に憤慨していた。彼女たちは、それは国家のものだと主張した。また彼女たちは一年にもわたる前大統領の裁判が、正義をもたらさずに終わるだろうことに怒り狂っていた。そして革命の最初の一週間に治安部隊によって殺された若者たち――殉教者――の家族に特に同情を寄せていた。彼らは正義によって報われるに値した。

ローカルなレベルでは、彼女たちは終わったばかりの議会選挙に興奮していた。彼女たちは、選挙の政党政綱について話したがった。ムスリム同胞団についての懸念は、ムスリム同胞団が観光を禁止せず、観光客にローカルな倫理を尊重するよう請うだけであると約束したことで払拭された。彼女たちはそのアイディアを気に入っていた。ただなかには、彼らのやり方を笑いものにする者もいた。ムスリム同胞団は、少女や女性を投票に連れていくため交通手段を用意した。しかし同胞団の擁立候補者への女性たちの支持の期待について、若い女性たちは賢く見抜き、口にした。ある少女は「でも、私たちが誰に投票したかなんて、どうやったってわかんないでしょ？」といたずらっぽく言った。

誰もが、こういう話は前はとてもできなかった、と言い合った。今ではできるようになった、という強い確信がそこにはあった。もう沈黙と絶望に逆戻りするつもりはなかった。これまでどれだけ、どんな風に、彼女たちが女性としてでなく市民として、制度によって不当に扱われてきたかはもう十二分にわかっていた。

スカンジナビア系のフェミニストNGOと、そこが支援するタンザニアのとある島にある農村女性の組織のやり取りを描いた民族誌的研究において、クリスティン・ウォーリーは、「権利」のような普遍的な語彙は、多様な情報源をもとに意味が蓄積されると主張した[55]。彼女が調査を行ったコミュニティのムスリム女性は、権利と翻訳されるスワヒリ語のハキ（*haki*）を、イスラーム法の特権や義務、さらには慣習的正義と理解していた。しかしウォーリーは、独立期や社会主義期においては、ハキは市民の概念に密接に結び付けられ、別の意味を表す語彙として使われていたことをも明らかにする。より近年には、その組織の指導者たちがスカンジナビアの支援者たちの支援で派遣された会議で知った、国際的な人権や女性の権利を表す枠組みとしても、ハキは使われるようになっている。その結果、女性が「権利」を主張したときに、その権利がどのような枠組みの、どんな意味合いを持つ権利か、あるいはこれら全てがまじりあう形で使われているのかがわからないなど、権利の意味は非常な厚みを持つに至っている。

ウォーリーの、特定の状況に根差した重層的なものとして権利概念を提示する挑戦的な議論からは多くを学べる。エジプトの農村で、女性が「権利」を動員するやり方を説明する上でも、彼女の議論は有効であろう。ウォーリーは、社会的なネットワーク、政府機関、テクノロジーがいかに権利に介入しているかを辿る社会学的研究のような、私がここでやろうとしたことまでは射程に入れなかった。私が事例として描いたエジプトの農村では、女性の権利のための団体自体はなかったとしても、アーイシャの発言が示すように、女性の権利にかかる国内外での事業が現地の権利概念を形成し、学校や裁判所のような特定の機関を、女性の権利促進の中心的な場としたのである。また彼女の発言は同時に、特記すべきことを明らかにしてくれる。それは、NGOや政府による主要な活動の及ばないところで、どれだけの数の社会機関と想像的な枠組みが、ローカルな女性たちによる正義の実現と権利についての想像力を構成しているのか、ということである。イスラーム法の宗教的文言（これはCEWLAの事例で見たように、ようやく最近になって都市の中心部でその重要性が認識されるようになっている）、大衆的な宗教権威の見せるローカルな道義的力、社会の形を考える上で未だに最も重要な位置を占めている拡大家族は、公的なエジプトの女性の権利活動の枠組みや社会機関より影響力がある。

ムスリム女性の権利を考えるための、新たな方法を見つける必要がある。それは現在センセーショナルに扱われる国際的な課題であり、武力介入やトランスナショナル・フェミニズム、進歩的な財団、右派のシンクタンク、キャリアエリート、福祉行政、出版業、周縁での暮らしなどと分かちがたく絡み合っている。概念の社会生活を辿るという民族誌的手法は、この問題や、私たちが生きるこの時代を理解する上で、帝国主義との共謀であると（して否定的な評価を）したり、普遍的な啓蒙と進歩の希望にあふれたサインであると（して肯定的な評価を）したりして、そのどちらかによって女性の権利を評価しようとする道義的態度よりはるかに役に立つ。

本書で、私は他の選択肢を示してきた。ムスリム女性の権利を、世界を作りあげたり、作りなおすための何かと捉えるのである。どのように、いつ、どこでこの概念が使われるのか。その名のもとで、社会生活や個人の生活はどのような変化を蒙ったのか。その仕事をできるようにしたのは誰で、それによって力を得たのは誰か。どういった権力の筋道と金銭的・文化的な資本の経路が、それによって新たに開かれたのか。

人類学者は、「権利の社会実践」を検証し、権利に関わる議論とその履行を詳細に観察する必要を唱えてきた[56]。本章で、私はもっと踏み込んだ主張をした。すなわち、複数の地勢を横切り、権利の実践と議論とが社会的および政治的場を組織し、組織、プロジェクト、統治のあり方を生み出したこと、そしてそれらによって〔権利の実践と議論も〕生み出されたことを丁寧に辿れという主張である。このアプローチを採るなら、ムスリム女性の権利が特定の場とコミュニティに参入し、あるいは離れる詳細な様子を語る以外に方法はない。カイロでは、女性の権利という産業は、キャリアを作り、資金援助をもたらし、人々を取り込み、新規参入者に正当性を与え、社会的ネットワークを作り上げ、混乱させ、知識的・政治的枠組みと理想を正当化する。女性の権利は、中産階級と周辺部にいる人々の日常生活を統制することで、外からの介入と政府の介入の道筋となる暗渠を提供する。女性の権利は、企業スポンサーの介入の対象であり、近代性の象徴でもある。しかしそれはまた、特に近年においては、宗教機関や宗教団体、なかでもイスラーム政党や運動の目的である。女性の権利を、イスラーム・フェミニズムと呼ばれることのある、新しい形のフェミニズムも取り扱っている。この件については六章で議論する。

エジプトとパレスチナの事例を並置すると、ムスリム女性の権利の作用はより大きな政治的状況に左右されることがはっきりする。組織と国家資源、そして国際的な関心との、複雑な関係性を見る必要がある。

パレスチナにはエジプトと同等の資金援助を受けているNGOもあるが、その活動の実態や、彼らが作り出す社会的ネットワーク、国内外の制度との連結、そして階級間関係、女性同士、受益者同士の連帯感は、エジプトの事例とは全く異なる[57]。

ムスリム女性の権利に本当に関心があるなら、それを変化するものとして捉え、その変化を追いかけるべきである。幸い、私が長年にわたって仕事をしてきた調査地のある村には、権利関係の活動の受益者とみなされてきた、権利とエンパワーメントが必要な「伝統的」な、ある意味周縁化された女性たちが住んでいる。この農村に住んでいる女性や少女は、いかなる女性の権利組織にも属さず、どこからも資金援助を受けていない。九〇年代に行われた女性のための識字プログラム（そのプログラムによってファイルーズは自分の名前が書けるようになった）からも、ヨーロッパ人が個人で運営する、あっという間に消えた工芸製作活動からも、何も得ていない。

ここで示した、この村における女性の権利にまつわる会話の断片から、ムスリム女性の権利という言説の流布と、それを求めて交渉される実践的な方法の影響からは誰も逃れられない、ということがわかる。また同時に、こうした断片は、ムスリム女性の権利という枠組みとプロジェクトでは包摂しきれない、女性の権利概念や権利を主張しようとする経験があることも示唆している。

6　権利という領域のただなかに、人類学者として

女性の苦しみと幸せに関心を寄せる人々はみな、私たちの世界が、権利と制度についての語りであふれかえっていることを知っている。制度には、大きなものも小さなものもあり、ローカルなものもトランスナショナルなものもあるが、いずれも様々な権利を弁護するために作られた。私が権利という領域に足を踏み入れたのは、ムスリム女性の権利が、アフガニスタンへの介入において政治的に利用されたことに危機感を抱いたためである。それ以来一〇年にわたって、他の地域の状況や、この権利システムに貢献する組織や人について、研究を行ってきた。五章で論じたように、女性の権利問題についての、国際機関や地元団体におけるフェミニストたちの活躍は、権利推進派の活動家もまた、権力の外側にいるわけではないことを示している。それは、女性の権利擁護運動に携わる人々の間に、女性同士の連帯感や共有する従属感があり、その点で、他の形式の国際的な権利運動や人道主義的志向と異なっているとしても、例外ではない。

私はこの分野では新参者である。三〇年以上人類学的研究をしてきたが、権利、人類といった概念について系統立てて研究をしてきたわけではない。おそらくそのせいで、私はこの枠組みと悪戦苦闘を続ける

羽目に陥っている[1]。権利をこれまでの自分の「分厚い」、あるいは「薄い」民族誌的調査〔によって得た知見〕に照らすと、なんだか収まりが悪く、どうもしっくりこない感じがするのである[2]。分厚い民族誌的調査では、エジプト農村部の村の日常生活を対象とした。薄い〔ほうの〕調査では、ムスリム世界における女性の権利拡大とエンパワーメントに取り組む組織を対象とした。ムスリム女性の権利に関わる活動は、新しい、独創的な手法をとるようになっている。ここでは五章で扱ったような、七〇年代から活動を牽引してきた相対的に世俗的なNGOではなく、イスラミック・フェミニストたちによる、もっと新しい取り組みに焦点をあてる。

権利を概念と実践の両方から論じることで、人類学者は権利が行為遂行的《パフォーマティヴ》なものであることを明らかにしてきた。権利は出来事を引き起こし、人々を動かす。そして権利という枠組みは、サリー・メリー（*アメリカの人類学者）が現地語（vernacular）と呼ぶような異なる言語に移植し、翻訳することすら可能なのである[3]。人類学者はまた、道具としての権利と言語としての権利が、国連、国家省庁、NGOなどの世界中の様々な場所で、社会装置を通じて生成されるありようを詳らかにしてきた[4]。

人類学者のなかには、原住民や他の虐げられた集団に寄り添い、彼らの権利の擁護のために尽力する者もいるし、そこまで肩入れするのは危険だと考える者もいる[5]。ただし周辺化された集団を支援する場合も、彼らはそこにはらまれるジレンマやパラドックスに自覚的だった。例えばオーストラリアでは、土地を奪った入植者たちは同じように先住民の文化をも奪った。それによって文化の荒廃が進むまさにそのときに、土地の所有権をめぐって法廷に訴えたアボリジニは、リベラルな多文化主義の要請によって、自らの文化的正統性と継続性を証明しなければならない、というおかしな立ち位置に追いやられた[6]。アフリカを対象とする人類学者は、人権が新たな社会的区別を生み出すそのありように注目し、それがある者にとっては就労機会を得ることにつながることや、それがどのように新自由主義的改革やトランスナショナルな統治を脱政治化するのかを明らかにした(7)。多くの人類学者は、人権に基づく主張が、身体という生来のレベルに基づく人々の苦しみに立脚することによって、市民権に拠る、より政治性の高い主張を隅に追いやり、それと取って代わってしまうことに気付いている(8)。

権利制度の一見潔白そうな道徳性に挑むとき人類学者は、人道主義は植民地主義が姿を変えた、その新たなあり方なのではと疑う、政治思想家や法思想家と協働してきた。彼らのなかには、権利に基づく議論そのものの矛盾を指摘する者もいた。すなわち権利の議論は、人々が権利を主張することを促すが、しかしそれによって個々人が平等な世界へと解放されるわけではなく、むしろ個々人はかえって彼らの傷によって有徴化され、特定のアイデンティティへと囲い込まれてしまうのである。あるいはそれは、過去の暴力の加害者を、権利の擁護者に仕立て上げることで放免してしまう(9)。トランスナショナル・フェミニスト理論家は、女性の権利と人権を結びつけることでもたらされるよくない傾向を危惧した。ラトナ・カプール（＊女性の人権や法を専門とするジェンダー法学者）の、権利の言説は第三世界の女性を「被害者という客体」に矮小化してしまうという影響力の大きな分析や、インダーパール・グレウォル（＊第三世界フェミニズム研究、ジェンダーと移民、トランスナショナル状況の研究者、アメリカ人）の、人権は社会保障と権力の形式の二つと結び付けられた「真実というレジーム」である、という主張は、その例である(10)。

苦しみと向き合い、社会正義を求める人々にとっての権利の枠組みや実践に対して芽生えた私の違和感は、一般的な世俗の人権や女性の権利を見て、というよりも、むしろイスラームを通じて女性の権利を確立しようという新しい動きの諸相から生じている。そこで試みられているのは、イスラーム法の改革、とりわけ家族法の改革や、クルアーンの家父長制的でない解釈を提示することである。これらの活動家によるプロジェクトは多様かつ創造的で、変革をもたらす可能性があるものの、私はそれに両義性を感じている。それは、私がエジプトの農村コミュニティでの女性の生活について、なにがしかを知っているからである。ザイナブ、アーイシャ、アマル、その他私が本書で取り上げた女性たちは、そうしたムスリム・フェミニストたちが、より土着的な枠組みを使って保障しようと尽力する、女性の権利の受益者とされる存在である。[11]そして彼女たちこそ、これまで見てきたように、道義的《モラル》十字軍が救済対象とする「抑圧されるムスリム女性」なのである。

私の議論は以下の二点からなる。まず、社会学的視点から、このような運動を、階級的特権、教育と結びついたグローバル・ガバナンスの枠組みの外で捉えることは可能なのかを検証する。参加者の活動が、宗教コミュニティにおいて共有される感覚や、豊富な宗教的知識に基づく場合でも、実はそれはグローバルな階級特権や教育と連動している。第二に、権利やジェンダー平等といった法的枠組みが、複雑な女性の人生や苦しみなどに正義をもたらしうるかという疑問を提示したい。エジプトのある農村で困難な人生を生きる女性たちを側でつぶさに見てきた結果、私は社会的想像物としての権利は、部外者、地域に根付いた女性活動家、または新しいコスモポリタンなイスラミック・フェミニストなどの誰がもたらしたものであっても、女性たちの日常生活とは、つねにある程度乖離したものであるという結論に至った。

権利という枠組みに私が抱いた違和感をもっと詳しく説明すべく、ハディージャという若い女性の事例をここで検討したい。彼女は家庭内暴力の被害者である。暴力は女性の権利の侵害であり、ずっと昔から、トランスナショナル・フェミニズムの中心的課題とされてきた。また新しいムスリム・フェミニスト団体のうち、少なくとも一つはこの問題に取りくんでいる。[12]ここで私が懸念するのは、権利という文脈でムスリム世界における女性の人生〔の一部分〕を恣意的に取り上げることが、女性の人生や経験の複雑さや機微を、既存の（時に悪意ある）固定観念のなかに収まる形に矮小化、単純化することになり、結果、固定観念をさらに強化することにつながる、という可能性である。実際にはこうしたコミュニティで女性の権利の向上に努める取り組みの多くで、否定的で単純化されたイメージが共有されているわけではないし、世界中の女性たちは、五章でみたアーイシャのようにエジプト農村部に暮らす女性でさえも、自分の要求を通すために、様々なルーツを持ち時には矛盾する、いくつもの権利に関する言語を使い分けている。

女性の権利とイスラームの改革

近年始まった二つの活動は、新たな社会情勢と、ムスリム女性の権利の擁護という新たな競技の場ができあがりつつあることを示唆している。教育を受けたコスモポリタンなムスリム女性たちの多くは、イラン、アフガニスタン、トルコ、インドネシア、レバノン、エジプトにおいて、地元での活動を立ち上げ、イスラーム復興やムスリム・ポリティクスに対して巧みに応答しながら、アメリカ人が「信仰に基づく」フェミニズムと呼ぶものへの参入を肯定的に捉えつつある。[13] こうした真剣に考え抜かれた取り組みは、広くメディアで取り上げられる西欧在住のムスリム女性の個人としての活動とは非常に異なる。著名な女性たちは、内側からイスラームを批判していると主張してはいるが、実際には全く異なるゲームを戦っている。[14] 彼女たちの取り組みは、イスラーム政党やイスラーム運動に参加する、ムスリム世界の津々浦々にいる女性たち〔のアプローチ〕とも違っている。彼女たちは、権利という言語に訴えず、政治活動や社会奉仕を通して自分たちのコミュニティのジェンダー規範に挑戦したのだ。[15]〔新しい形態の〕こうした活動が、ある村に暮らす女性たちの日常生活とどのように関係しているのかを問う前に、以下の二つの団体の活動を見ておきたい。

最初に取り上げる団体は、ムサワ（Musawah）（平等の意）である。ムサワは、二〇〇九年にクアラルンプールで結成され、自らを「ムスリムの家族における平等と正義をめざすグローバルな運動」と呼ぶ。この団体は、イスラミック・フェミニズムと呼ばれるものを牽引する、マレーシアを拠点にするイスラームの姉妹たち（Sisters in Islam）という団体の陣頭指揮のもとで設立された[16]。一九九三年にNGOとして登録されたイスラームの姉妹たちは八〇年代末以降、ムスリム女性の権利や差別的な家族法の改革に取り組んできた[17]。

ムサワの設立趣意書から三つの特徴を読み取れる。その冒頭は注目に値する。「ムスリムとして、市民としての私たちは、家族内の平等と正義は二つともに必要であり、またそれを実現させることは可能だとここに宣言する。今こそ、法と訴訟手続きに、この理念を反映させるべき時である」[18]。第一に、「私たち」が内側から語る資格を備えている、ということが明示されていることに注目したい。第二に、権利要求におけるアイデンティティが、「ムスリムとして、市民としての私たちには」というように、宗教的なものと政治的なものとの混合体であることに注目したい。第三に、次に示す箇所で、権利について、複数の異なる起源を根拠としてあげていることに注目したい。「ムサワは、家族内の平等は、イスラームの教え、普遍的人権という基本理念、万人に保証される基本的権利、そして女性と男性の生きられる現実、これら全てと矛盾しない枠組みがあって初めて達成可能であると宣言する」。すなわち、ムサワの論理は次の二つの基本理念によっている。まず彼らは、（歴史的に発展してきた）法学派ごとの解釈以上に、シャリーアの目的を重視する。そして現代の世界状況との整合性がなければならないとも主張する。それは以下のように表現される。「ムスリムの法と実践には、正義、すなわちシャリーアの明白な目的が反映されていなければならない。またそれら〔ムスリムの法と実践〕は、今日の正義の理解において中心的な位置を占める、平等を支持するものでなければならない」[19]。

ムサワの汎用モデルは、イスラーム法やイスラーム的道徳言説だけでなく、リベラルな国際組織の理念世界から導き出されている。ムサワのアクション・フレームは意図的に、〔国連の〕普遍的人権宣言などの文書になぞらえて作られている。まず基本理念や条件が書かれた前文がきて、続いて数字を打った条項の形式で、根本的思想を謳っている。ただしモデルとは違って、ハイブリッドな形式を際立たせているのが、次のような宗教的な冒頭の一説である。「私たちは、正義、平等、公正、そして人類全ての尊厳の源泉をイスラームの理念に求める」[20]。

こうした、ムサワのような団体を組織したムスリム・フェミニストらによる改革の取り組みは、植民地支配への応答として生まれた、ムスリム世界のこれまでの改革プロジェクトとも思想の質と論旨を一にしている。ムサワが特に重要視するのは家族法である。彼女らは、クルアーンの最善の解釈とは、という議論には立ち入らない。その代わりに、家族法は人間《男性》が作ったもの、法律家たちがイスラームの聖典を特定の時代の社会状況のなかで、法として整備するために解釈をしたものだ、ということに着目し、より穏健で確実な観察に基づく議論を立ち上げる[21]。同時に彼女たちは、ムスリムはイスラームの精神に立ち返り、シャリーアの目的に導かれつつ、倫理的イスラームを追求するべきで、イスラームを現代の現実に合うものにしなければならないという、近代主義的改革論者の前世紀の議論をも踏襲する。ムサワの批判の矛先は、イスラーム法学者と、専門知識と権威を囲い込もうとする保守派の見解に向けられている。ムサワは自らの立場を擁護するため、イスラームの伝統において多様な意見が重視されてきたことを人々に訴え、クルアーンにおける平等の重要性を示す特定の節を示し、人の手による解釈がいかに理解を妨げているかを明らかにし、伝統のなかにある、人権擁護につながる概念を強調する。[22]

ムサワの議論は、民主的リベラリズムの語彙に満ちている。彼らが発行する参考書『求む！——ムスリム家族における平等と正義（*Wanted: Equality and Justice in the Muslim Family*）』の、ザイナ・アンワールが執筆した「はじめに」では、多角的視点が最重要視されている。[23] ザイナ・アンワールは、様々なムスリム諸国の女性グループが「宗教、国際的人権、憲法、万人に保証される基本的権利、女性が生きる現実といった多角的視点から改革を議論する、広範な総体的枠組みの模索を始めている」と指摘する。[24] アンワールにとっての総体論が持つ意義の一つは、宗教の役割を制限することである。彼女は宗教を、政策改革や法改革の参照枠の一つとしてのみ扱うことを提唱している。[25] ムサワによる初めての大型研究プロジェクトは、国連女性差別撤廃条約（CEDAW）とムスリム家族法との共通の基盤を探ることだった。[26]

イスラームの姉妹たち、ムスリム法のもとに生きる女性たち（WLUML）を、そして今はムサワなどの団体を、ムスリム世界の「啓蒙」ぶりを示すものとして歓迎した人々もいる。これは、こうした改革の取り組みと、世俗的リベラリズムの伝統とを結び付ける人々が、まがりなりにも存在することを示している。ムサワ設立に関するある法学者のブログのウィットに富むタイトルは、アメリカでは新保守主義のタカ派が熱心に喧伝してきた「抑圧されたムスリム女性」という文学ジャンルの主要な一冊のタイトルにわざと似せてある。その結果、おぼめかしたやりかたで、（ムサワ設立とこのジャンルを）結びつけている。すなわち、マフダヴィ・サンダーの「クアラルンプールでクルアーンを読む（Reading the Quran in Kuala Lumpur）」は、アザール・ナフィーシィのベストセラー小説『テヘランでロリータを読む（*Reading Lolita in Tehran*）』を踏まえている。[27] サンダーはムスリム女性の権利団体をこのように表象することで、宗教的後進性や保守性と啓蒙的近代主義を対比させる、ムスリム世界内外の標準的なリベラルの見解を再生産してみせる。[28]

関係者のなかには、こうした枠組みに反対意見を表明するものもいる。ムサワの創設者の一人であるズィーバー・ミール＝ホセイニー（＊イラン出身の人類学者）は、イスラミック・フェミニスト（彼女はこの用語は混乱を生むと考えている）を、政治的なイスラームの鬼っ子とみなす。[29] それでも彼女は、ムスリム・フェミニストの新たな試行錯誤を以下のように擁護する。

> イスラームの聖なるテキストの家父長制的な解釈と、啓蒙とフェミニズムを僭称するネオ植民地主義的で支配的なグローバル・プロジェクトの、どちらも望ましくないのに、どちらかを選ばざるをえない状況に直面する〔そして対応を迫られる〕私たち、女性のための正義を目指す私たちには、イスラームとフェミニストの視点を統合する以外に道はないのです。さもなくば、ムスリム女性による平等の探求は、二〇世紀にそうであったように、「テロとの戦い」で幕を開けた新たな世紀にも、〔我々の考えとは〕相違する政治的権力や趨勢の人質であり続けるでしょう。[30]

協働するものではないが、ムサワとつながる別の取り組みがある。この二つは似たような経過をたどり、両方への参加者も少なくなかった。二〇〇六年には、全く異なる組織基盤を持ち、よりコスモポリタンで、特定の地域と結びつきを持たず、より宗教的でスピリチュアルな側面を強調する、敬虔と平等を目指す女性たちのイスラミック・イニシアチブ（the Women's Islamic Initiative in Spirituality and Equality, 以下ＷＩＳＥ）が、ニューヨークで最初の一般公開イベントを行った。[31] その会議においてイスラーム法に関する議論への女性参画の欠如を問題化するために、諮問機関としてグローバル・ムスリム女性評議会（*Global Muslim Women's Shura*

Council）（以下、評議会）を組織するという決議がなされた。ＷＩＳＥはアメリカ・ムスリム振興会（*American Society of Muslim Advancement*）（ＡＳＭＡ、旧アメリカン・スーフィー・ムスリム協会（the American Sufi Muslim Association）だが、現在の資料のどこにもそのことについては書かれていない）の下部組織としてデイジー・ハーン（＊インド系アメリカ人運動家）が牽引している。一九九七年にニューヨークでデイジー・ハーンの夫である、イマームのフェイサル・アブドゥッルーフ（＊エジプト系アメリカ人の宗教指導者。西欧とムスリム世界の融和をめざすアクティビスト）が設立したＡＳＭＡは、彼が〔もともと〕率いていたコルドバ・イニシアティブと深い関わりがある。コルドバ・イニシアティブは、ムスリムと西欧世界との相互理解と「ムスリム、クリスチャン、ユダヤ教徒が調和し共存した八〇〇年前の、宗教間の寛容と尊敬の雰囲気を再興させる」ことを目指している。[32] 節度、多元主義、寛容、アブドゥッルーフはこの三つを、分裂しつつあるこの世界において、非常に重要なリベラルな鍵概念とみなしていた。[33]

二〇〇八年、私はＷＩＳＥの準備委員会への出席要請を受けた。人権を対象とする人類学者たちにとってはこの種の会議はフィールドワークの場で、そこで我々は弁護士や外部委員が参加する会議に出席し、人権にかかわる課題を策定および交渉する官僚制度の社会的手順を観察する。一日のなかで最も印象に残ったのは、彼らが共同決定手続きの過程で見せた創造性と予想のつかなさだった。そのクオリティの高さは、権利レジームの批判や、新たな植民地主義としての人道主義といった批判では到底捉えきれない。この会議に参加した女性たちには、近代主義的なスーフィーの理想によって作られた文化的創造性（cultural imagination）や、国連や女性の権利憲章にかかる知識、トランスナショナル・フェミニストによる組織化や運動の経験、さらには学術会議の経験が備わっていた。彼女たちは、クルアーンの解釈からフェミニスト歴史学、量的社会科学といったあらゆる種類の知的な道具を持ち寄っていた。[34]

この会議に先立ち、メンバーには調査報告書が送られていた。それによれば、運営委員会は〔前もって〕調査を行い、試験的に最初のファトワー——これはのちに、ファトワーが西欧で否定的に評価されていることから、それと距離を置き、さらにそれぞれの国家が出すファトワーの公的資源と敵対しないよう、宣言と呼ばれ始める——を出すための五つの課題候補を提案していた。宣言には、ムサワが最初に結成されたのと同じクアラルンプールで、二〇〇九年に女性評議会が正式に結成される際に焦点となるべき問題が組み込まれる事になっていた。メンバーの圧倒的支持が寄せられたのは、DVと、女性の宗教的権威の確立という二つの議題だった。ただし会議の席上における駆け引きの結果、評議会の当初の表明とは若干異なるところに合意形成がなされた。何人かの際立った人物が大胆なプロジェクトを押し、DVは暴力的な過激派勢力と一体をなすものとして取り上げることとなった。その提案に対し、多様な参加者が終日を費やして交わした考え抜かれた質疑応答によって、（そこでは、過激派の暴力がなぜジェンダー的な課題なのか、家庭内暴力と軍事的暴力を関連したものとして扱うのは、分析方法に照らせば無理があるのではないか、該当する宗教的テキストの出典が多様すぎないか、ジハードという用語を使うのは危険ではないか（といった疑義が呈された））「暴力に反対するジハード」が、評議会の最優先事項となった。[35] 運営者が議題選びの条件を予め伝えていたにもかかわらず（女性にとっての重要性、女性による支援が得られること、調査としての実行可能性、メディアの関心の高さ、伝統的組織から発せられるであろう反対運動の程度……）、研究者、ジャーナリスト、弁護士などの会議に参加した発言力のある女性たちは、我が道を行くことを選んだ。

私の民族誌は「薄い」ものの、会議の成果がヴィヴィッドな社会的プロセスのなかで生まれ、陰謀や何らかの操作とは関わりがないことを明らかにしている。その成果をもたらしたのは、強い信念、しっかりとした分析力、さらに経験などを有する人々だった。出席者は見解も様々だったし、出自もまた多様だった（南アジア、中東アラブ圏、トルコ、イラン、アメリカ出身者がいた）。イスラーム法とその適用の専門家もいれば、クルアーンやイスラーム史の専門家もいた。イスラームの語彙やイスラームという道具が持つ想像的説得力を戦略的に使う参加者もいれば、この取り組みが良きムスリムでいることと直接的に関わっているという確信を語る参加者もいた。スーフィー教団のシャイフを熱心に信奉する参加者は、教養のある、信仰を哲学的に捉える学者たちで、宗教間対話のベテランだった。髪を隠す参加者も、隠さない参加者もいた。さらに、西欧の植民地主義に非常に批判的な参加者も、アメリカ政府によるテロとの戦いにかなり好意的な参加者もいた。[36] 議論は時に白熱したが、女性たちは丁寧で礼儀を弁えていた。進行責任者は民主的で、非排他的で、ポジティブな雰囲気を作り出し、女性たちは評議会がどうしたら最善の形で機能しうるか、という共通のゴールに向かって、みなで懸命に知恵を絞った。

ＷＩＳＥは発足から二年ですでにそれなりの成果を上げている。骨組みができ、優秀なスタッフに恵まれ、戦略的計画と目標があり、大規模な会議といくつかの計画策定会議が動き出している。ＷＩＳＥはムサワがシャリーアから導き出したようなシャリーアの六つの目的――宗教、生命、知識、家族、財産、尊厳の保護と維持――に基づく、女性の権利推進という方向性を議論を重ねて作り上げた。メンバーに手紙で送られた文書によれば、これらの目的は長い歴史を持つ、クルアーンに基づくムスリムの伝統に則っている。[37]

ＷＩＳＥはまた資金集めにも成功した。オランダ外務省のＭＧ３ファンドと呼ばれる、ジェンダー平等と女性のエンパワーメントを目指した第三回ミレニアム開発目標関連ファンドから一〇〇万ユーロを獲得したばかりである。[38] デイジー・ハーンが会議で強調したように、ＷＩＳＥは他の団体との競争ではなく、その促進と強化〔に資すること〕を目的としていた。そして実際に、その数年後の二〇一一年六月には、統合型のムスリム女性のウェブポータルを立ち上げ、数多くの活動支援を行っている。

　発足会議の四か月後には二日間に渡る研修（retreat）が行われ、そこでもいくつかの原則が確認された。ここでも、ふたたび、内容と用語の使用戦略について、予想外の成果があった。意見を出し合う集会では、家庭内暴力と過激派による暴力をいかにつなぐか、その方法を発見するという重要な躍進があった。イスラームの伝統に則し、良きリーダーシップと悪しきリーダーシップをめぐる問題として、この二つは関連づけられたのである。[39] たとえ話として、シェバの女王の物語が使われた（＊古代南アラビアの女王、旧約と新約聖書にも記載がある。イスラームではクルアーン二七章二〇―四四節に記載があり、女王はソロモンの導きでアッラーに帰依した）。

　研修では、世界中からの参加者が複数のモデルや、多様な表現や議論の型を持ち寄った。彼女たちはイスラームの深い知識を共有し、国際的な感覚を持つ専門職女性――女性の権利運動の分野ではすでに著名な人――の技術と視角とが共有された。彼女たちは英語、権利、そして国連的な官僚的な用語や言葉の用法に精通していた。[40] ムサワと同様、彼女たちが作成した文書には前文があった。ＷＩＳＥもまた、社会科学に則った、サーベイ調査と世論調査という民主主義の武器を使用した。ムサワのよりもはっきりと、ＷＩＳＥは宗教的解釈やクルアーンの引用を重視する姿勢と、文化において世俗的な権利のための国際的活動の約束ごとを融合させた。

　ムサワやＷＩＳＥのグローバルな女性評議会といった取り組みから、今後の動向がわかる。彼女たちは長年にわたるムスリム女性運動の伝統に立脚しており、そうした運動のなかには、はっきりと宗教的なアイデンティティと確信に根ざしているものもある。にもかかわらず、現在彼女たちの活動は西欧の基金や政府から、驚くべき強い支持を得ている。[41] とりわけ、イギリスとカナダにおける宗教的家族仲裁評議会の設立要請や、ヨーロッパにおけるブルカ禁止法に対する彼女たちの働きは称賛に値する[42]（「ブルカ禁止法は」アメリカ下院議院で二〇〇八年に共和党議員によって提案された、「ジハード禁止法」といった不合理な法案とは比較にならない。法案では、外国人に入国ビザを出す際、あるいは帰化する際にまで、アメリカにおいて「シャリーア法のシステム」を推進しないことを宣誓するという条件をつけようとした)。こうした成果は、これまでの章で扱ってきたような、多くの議論を引き起こしたシャリーアと頭髪の覆いに対する西欧のヒステリアが形成されている状況下では重要である。

たとえばエジプトのように、宗教右派や独立系の政治運動を抑制したい政府の言い分にそって、外からの資金援助の事実が実際より誇張されがちで(しばしば誇張されてきた)、それが権利運動の評判を落とすために利用されるような地域の粗野なNGO批判を考慮すると、内からの改革を目指すムスリム・フェミニスト運動への外国からの資金援助を強調しすぎないようにしなければならない[43]。ただし時がたつにつれ、グローバル女性評議会が掲げる目標が、センセーショナルなメディアや三文ノンフィクションでよく取り上げられる問題と親和性を高めていることには驚きを禁じえない。その代表的なテーマが、女性器切除、石打ち刑、名誉殺人、強制結婚といった文化的な暴力である[44]。

近年国際的な権利コミュニティや、多くのムスリム・フェミニスト活動家、そして研究者の間で、イスラームと女性の人権とは協同して内部からの改革を目指すべきだ、という新しいコンセンサスができつつあり、これは検証に値する。二〇〇六年にある人権弁護士兼研究者が、中東やムスリム世界で活動するヒューマン・ライツ・ウォッチやアムネスティ・インターナショナルといった国際NGOが直面する問題に関し、重要な論文を発表した。人権擁護運動がブッシュ政権の言い回しをなぞることに対する不快感を顕にしつつ著者は、実務家が直面しているジレンマは、「人権擁護運動はいかにイスラーム法と関わるべきか」であると述べた[45]。ナズ・モディルザーデ(＊国際法と人権を専門とするアメリカの法学者)によれば、現在の実践では、全ての報告書の冒頭に、本団体はイスラーム法に対し特定の立場を取らない（中立かつ反帝国主義的であるために）という注意書きがあり、その上で報告書の本文に「イスラーム法のルール」に関係する違反事項が、それとは記されないながらもリストアップされる、という方法でこのジレンマを回避している。[46]モディルザーデは、このジレンマを逃れる三つの方法を挙げた。その二年後、彼女は、自分のシャリーアの扱いに関する意見が国際NGOにもたらした影響に驚いた。ヒューマン・ライツ・ウォッチは自前でシャリーアの専門家を抱えることを決めた。このポストは未だ空席のままである。[47]

二〇年前には、イスラーム法、イスラーム政党、教育のある専門職に就くエリートたちによるイスラームの穏健化やイスラーム改革の議論と実践の内外を、ムスリム女性の権利〔という概念〕が席巻するようになるなど、誰も考えもしなかった。[48]私は、そうした取り組みの正統性や整合性に疑義を唱えているのではない。民族誌家として私が望むのは、社会的、政治的、経済的な分野で、それらが流布するルートを書きとめることである。加えて、イスラームの権利運動を組織立てるために、複数の文化資源が使われるということを指摘したい。

〔権利の世界とは〕かけ離れた生活

団体の創設者兼運営者である、高学歴の都市のエリートたちは、学び、考え、意見報告書を起草し、金銭的支援を求め、多大なる時間を費やし、イスラームを、ジェンダー平等にそぐわないものではないとして西洋世界（と東洋世界）に提示する。そんななかで、農村地域で市井の女性たちと暮らした経験がある私のような人類学者が問うべきは、そうした都市のエリートが担う団体が、その救済の対象であり、団体名の由来でもある女性たちと、どのように関係性を紡ぎ出しているのか、ということである。イスラームの枠組みのなかで活動する新たなタイプのフェミニストは、草の根のムスリム女性たちの生活改善が地域的、あるいは個人的に有意義な資源を見出すことから始まると期待している。彼女たちのほとんどは、リベラルなモデルに則り、宗教は個人の信仰の問題であると考えているが、その一方で、自分たちに向けられるであろう言いがかり、例えば、外国のイデオロギーを持ち込んでいる、あるいは、良きムスリムであろうとする女性たちの意思を軽んじているといった批判を回避したいと願っている。こうした、イスラーム法や伝統やムスリム的精神意義に則った女性の権利、という考え方に基づく新しい改革への運動は、南〔途上国〕出身のエリートが可視化され、重要な位置を占める、フェミニスト・ガバナンスというグローバルな場における、彼女たちの社会的位置から生起したものである。しかしそれは、特定のコミュニティに暮らす普通のムスリム女性の日常生活と、一体どの程度合致しているのだろうか。

「普通の女性」を代表したり、彼女たちを代弁することは誰にもできない。ただ、今日のムスリム世界における女性の権利の複雑な状況を考える際、誰もが直面する問題をはっきりさせるために、上エジプトの農村に生きる、私の知る女性のライフストーリーを用いることは理にかなうだろう。彼女たちの経験は、ムスリム女性の抱える問題を語るときに使われる、既存の枠組みについて考える一助となる。これらの枠組みには、ＷＩＳＥやムサワが用いるものも、他の国際的、あるいは地元のエンパワーメントや権利擁護運動が用いるものもある。私が知る、ある「草の根」の女性の暮らしと、権利の世界で想像される概念との間には看過できないずれがある。イスラミック・フェミニスト版の権利もその例外ではない。

このずれを可視化させる一つの方法は、信心深さや敬虔さが、今日農村の女性たちにとって何を意味するのかを考えてみることである。日常的な宗教生活には、当然のことながら多様性や相互の緊張関係がある。同様に、この五〇年の間に、その村におけるイスラーム的思考や実践は変容した。イスラミック・フェミニズムを名乗るイスラーム改革運動における、プロジェクトの具体的な特色と階級政治がそれによって明らかになる。村での生活と国際的な取り組みとを交差させてみると、近代啓蒙主義的なクルアーンの解釈や、シャリーアの目的に沿った法改革は、私が知るような女性たちの、ムスリムとしての多様な宗教的経験を果たしてどれほど考慮したのか、と考えずにはいられない。さらに次のような差し迫った疑問がわいてくる。人々の暮らしにすでに根付いている既存の権威や団体と競合するために、そうした取り組みでは、どういった権威や筋道が利用されているのだろうか。エジプトのこの村では、〔既存の権威は、〕アズハルの学校制度や地元の放課後クルアーン学習教室、あるいは人気の高いテレビ説教師や、スーフィー同胞団や女性を対象とした新たなイスラーム学習グループまで、幅広い。

農村生活におけるイスラームは多彩で、常に進化している。過去何十年かの間にエジプトで起こった、政治的、社会的、経済的、さらには文化的な変化に関連した、世代間の差違もある。年配の女性は自らを良きムスリムと考え、控えめでゆったりした衣服を着用し、頭髪を覆う。さらに年配の女性たちは、未だに公的な場では、衣服の上に伝統的な黒いウールの外套を着用する。しかし四〇代の女性になると、彼女たちの衣服は、よりファッション性の高いアバーヤか、テーラード・コートにとって代わられる。国中の流行となった、慎み深い服装への関心は、一九九三年に私が訪れたときにはすでにこの村にも届いていたが、その前から年配女性たちは礼拝に熱心だったし、それは目新しいことではなかった。

さらに若い世代にとって重要だったのは、学校教育とテレビの普及、そしてイスラーム復興が同時期に大きな影響力をふるったことだった。若い女性と男性は、自らの信仰心を様々な方法で表現し、それまでとは違う服装をし出した。ジーンズに多彩な長袖のトップスやチュニックを合わせるようになった若い女性もいる。セーターにロングスカートを合わせる若い女性もいる。こうした服装は村の若い女性たちにとっては、対岸のルクソールやはるかな首都カイロを思わせる都会的なスタイルだった。ヒジャーブやスカーフで頭髪を覆わずに家の外にでる若い女性はいない。おしゃれな女性は、色とりどりのヒジャーブを纏う。そのスタイルは、ファッションの変化に合わせて多彩である。ただし、若い女性全員がそういう格好をするわけではない。エジプト国家が定めたカリキュラムよりもはるかに宗教的なイスラーム教育を行うアズハルの付属学校に通った女性は、ヒジャーブを頭髪の上からより深く纏い、だぼっとした長衣（ただし豊富に生地を用いている）を着る。こうした女性は、学費がより安く大学進学の機会も多い、共学の学校に通うことを良しとしない家庭出身である。

村の少女たちは、いくつもの宗教的活動に参加している。ほとんどの少女と少年は、幼いうちから伝統的なクッターブ（*クルアーンを中心に、読み書きそろばんを教える伝統的な初等教育施設）に、放課後や夏休みに、クルアーンを学びに通わされる。最近隣村に、若い女性向けの近代的なイスラームセンターができた。若い女性たちは自分自身のため、さらには、常に女性教員が不足しているアズハルの付属学校で教鞭をとるためのトレーニングとして、自発的に宗教学習に参加する。

私の知る、ある若い女性にとって、資格を目指した勉強は良い退屈しのぎだった。職業訓練校で資格を取得したのち、彼女は外出する機会をなくしてしまった。毎日着飾ってルクソールへ通い、勉強し、試験を受け、他の少女たちと交流し、学校の周辺にたむろする男子にちょっかいを出される日々から、家にずっといる日々への移行は耐えがたかった。彼女は熱心なサッカーファンで、自分の好きなチームをテレビで応援するのが楽しみだった。それ以外のほとんどの彼女の時間は、一人きりで家事をすることに費やされた。彼女が働くことで、牛と羊を育て家計の足しにする母親の負担を軽くできた。父親は農業の傍ら、熟練工として〔買い叩かれつつ〕安い労働力としても使われていて、一家には妻の収入が必要だった。彼女が今とは違う暮らしをするためには、誰かからのプロポーズが必要だった。なぜならこの地域には、貧しくコネのない未婚の女性が就ける仕事はほとんどなかったからである。

誰かからのプロポーズを待つ間——そして村では誰にもプロポーズされない若い女性が増えつつあったので——、宗教センターは、四年も家で過ごした彼女にとって、知的刺激を与え、外出する大義名分も与えてくれた。そして、将来的にはそれなりの生活の糧を得させてくれるかもしれなかった。また後には、女性が尊厳を保ち自活できるようになるための道ともなった。センターには、希望すれば八年まで通うことができた。最初の二年で資格を一つ獲得し、その二年後にはもう一つ資格が取れた。彼女は自分の宗教について深く知ることが好きだと語り、勉強を非常に楽しんでいた。しかし、イスラーム法の四つの法学派ごとの解釈の違いはひどくややこしいと思っていた。

アズハルの系列校であれクッターブであれ大学の宗教学コースであれ新しい種類のセンターであれ、これらは彼女たちの母親や父親とは異なる方法で、イスラームの知識を得る道である。彼女たちは読み書きができ、イスラーム史、クルアーンの解釈学、法律を学んだ。彼女たちはこれらの知識によってエンパワーされ、そのために、周囲の人々や家族からさえも尊敬されている。彼女たちは自信に満ち、自らの権利についてより多くを知っている。彼女たちは自立した個人として外出すべき良き理由を持つことで、実践においてもエンパワーされている。ただし、彼女たちが受けている宗教教育は、私から見れば保守的なものである。つまり学生たちは、ムサワやＷＩＳＥの評議会の議論（それらはイスラーム的概念や資源で形成されているので）を理解する道具は備えているが、彼女たちが、例えば女性差別撤廃条約とシャリーアに親和性がある、といった議論を耳にすることはありそうもない。そして、彼女たちがセンターで耳にするイスラーム的社会における女性の役割は、おそらく革命的な、あるいは平等的なものとはおよそかけ離れている。この状況が、結論においてこれから説明するように、結婚における女性の合意形成の重要性といった基本的な重要理念が、若い女性のなかで一般的なものになりつつあるとしても、〔変わらない〕現実としてある。

この新しい世代は、上エジプトで未だに強い影響力を持つスーフィー教団のような、より「広く実践される」現地の伝統的宗教経験や実践とは対立的な形式の宗教生活を選び取った。イスラームを再解釈し、家族や結婚に関わる法律を改革しようとする取り組みの受益者として、ムサワや評議会で活動するコスモポリタンな専門職の女性が想定しているのは、エジプトの村に暮らすこうした女性や少女たちである。彼女たちこそ、企画書のなかで権利教育が約束された、周縁を生きる女性や少女たちである。しかし、このようなムスリム女性の改革者と、エジプトのとある農村の、特定の社会宗教的な組織にがっちりと組み込まれた少女たちとの間の距離はとてつもなく大きい。どのような社会的、政治的メカニズムが、このふたつを架橋しうるだろうか。

家庭領域における暴力

改革を求める団体の枠組みと、こうした農村に生きる女性たちの社会的責任についての考え方と個人的な欲望とには、また別のずれがある。この点を検証するにあたって、村における、ある「家庭内暴力」の事例を取り上げたい。家庭内暴力は、世界中の女性の権利団体や国際会議にとって非常に重要な課題とされている。国連女性開発基金（ＵＮＩＦＥＭ）や、「国連のジェンダー平等と女性のエンパワーメントを目指す運動（UN Women）」が、最も頻繁に扱った課題である。またそれはWISE女性評議会の初期の活動として行われた「反暴力の聖戦《ジハード》」の中心的課題でもあった。ムサワも家庭内暴力を、婚姻関係や家庭の主要な機能不全の一つとみなしている。イスラーム法改革とイスラームの公正な解釈の教育も、この問題と関連付けてなされるべきである。今や人権団体の世界で、女性の人権侵害と分類されるようになったDVは、名誉犯罪同様「伝統」や家父長制的文化によるものだとされてきた。多くの外部の人々がこの暴力の文化はイスラームのせいであるというならば、ムサワやWISEのフェミニストが文化を非難する時には、このような議論や、保守的なムスリムの主張とは異なり、イスラームに関する知識の不十分さや、イスラームの不徹底こそが批判されるべき文化の根底にあるとする。そうしたフェミニストは、イスラームは正義、平等、人間の尊厳、人間関係や家族における愛情や同情を重視していると主張する。それを裏付ける多くの文書も見つけ出してくるだろう。

農村の女性の生のあり方は、女性の権利を称揚する上で重要な家庭内暴力という課題に関する私の考え方を混乱させる。実在する女性たちを思い浮かべると、一般的なフェミニストの枠組みや家庭内暴力の解決法などを援用することに躊躇を覚える。一般的には、家父長制こそが問題だとされてきた。解決法としては、シェルターや、警察官の講習、アンガーマネジメント講習、意識向上を目指したメディアでのキャンペーン、女性の権利に関する意識の向上、女性を守らない政府への追及、近代的になること、などが必要とされてきた。近年のイスラーム・フェミニストたちは、家庭内でのケア、愛情、平和の基盤をイスラームに求めるという戦術を使う(49)。

ある若い女性と出会い、彼女の抱えるトラウマに接してから私は、それらの枠組みや解決法を有効とは思えなくなってしまった。私はこうした不幸話を、イスラームであろうが〔普遍的〕人権であろうが、女性の権利の枠組みで語ること自体にうんざりしている。その理由を説明するために、ハディージャの経験を考えてみたい[50]。女性の権利という枠組みを問い直し、家庭内暴力を含む、女性に対する暴力という言説の貧弱さを明らかにするためにも、彼女の個人的な経験を、彼女の生活を変えたグローバル化の影響と、そしてもちろん、ローカルな愛情や相互依存の両面から理解しなければならない[51]。結論では、彼女の結婚を複雑にした個人的な困難な状況についても触れておきたい。本書を通じて主張してきたように、一般化や簡単な解決法を見出そうという試みには、一般化できない個人というものが常に立ちはだかる。ハディージャの経験も、日々の暮らしと権利の枠組みとの関係性を表す典型的な例として読むべきではない。

二〇〇九年の春に彼女の母親に会ったとき、ハディージャが一月ほど家出した後、夫の元に戻ったと聞いた。結婚して以来六年間、こうした状況が繰り返されていた。ハディージャは幸せではなく、夫は時に暴力をふるった。夫は彼女が家を空けることや、すぐ近くに暮らす母親を訪ねることをよく思っておらず、ハディージャがそれについて不平をこぼしていたことは前から知っていた。ハディージャは、夫がずっと家にいて、朝早くから飲み始めるともこぼしていた。最初はコーヒーを飲み（村人の多くが飲むのは紅茶だ）、続いてビールを、そしてウイスキーを飲み始めるのだという。最後にハディージャが実家に戻っていた時、ハディージャは兄弟によって（二人ともそれまで行ったことのなかった）カイロに連れていかれ、近くに住むヨーロッパから移住してきた隣人の勧めるカイロの精神科医を訪れた。ハディージャの母親によれば、精神科医は長い時間をかけてハディージャの話を聞き、彼女には不幸であること以外に問題はないと告げた。医師は彼女に、三日ごとに診察を受け、夫と別れなさいと告げた。

ハディージャの母親によれば、それはどちらもできないことだった。彼女の家族は、カイロに長期滞在する費用を賄うことも、精神科医への支払いを続けることもできなかった。彼らには医師が処方した薬でさえ高額で、同じ薬を彼女にずっと服ませることはできなかった。しかしなぜ、ハディージャは夫と離婚できなかったのだろうか。彼女の母親は、はっきりとこう言った。「ハディージャは子どもが二人いて、今もう一人を妊娠中なのよ。彼らを養うのは誰？ぎゅうぎゅうの家に、一体どうやったら子どもたちを連れて戻って来れるっていうの？」。ハディージャの両親はとうの昔に離婚していた。父親の仕事は少なく、新しい家族を養うので精一杯だった。ハディージャの母親は、兄弟、息子、両親、そして三人の子どもを連れた未亡人の義理の姉と共に暮らし、彼らに養ってもらっていた。家族のうちで仕事を持っていたのは母方オジ一人だけだったが、彼は学校教員で、収入はわずかだった。

ハディージャを争いと暴力まみれの結婚に縛りつけていたその抑圧の要因が、貧困よりも、文化的あるいは伝統的なジェンダー不平等であったとは言い難い。彼女たちの貧困は、一方ではローカルな家族史によって作られたものだが、他にも、少なくとも過去一世紀の間に、エジプトの富が首都とエジプト北部に蓄積されるようになったことや、近年の新自由主義的改革によって、財や富の配分がさらに不平等な形で行われるようになったことなど、広範な政治・経済的変化によるものでもある。さらにそれ以前に、植民地下の、そしてより近年の歴史のなかのグローバルな格差によって、貧困はエジプトのような地域ならではのものとなってしまった。

貧困層の抑圧に拍車をかけているこれらの、グローバルでナショナルでローカルな格差のダイナミクスは、彼女の夫の人生を翻弄し、それによってハディージャの結婚にも特異な形で影響を与えた。なぜ彼は、ほとんどの人が飲まないコミュニティのなかで、宗教がはっきりと禁じているにもかかわらず、酒を飲むのか。エジプトは、ファラオの遺跡が昔から西欧からの旅行者や考古学者を魅了してやまない地域で、彼とその兄弟は村で最初に観光業に携わった男たちだった。それはちょうど、ヨーロッパやアメリカ合衆国でフェミニズムが台頭し、女性の就労〔機会の拡大〕などの社会変容が起きた時期でもある。それは自立した欧米女性たちを、グローバルなツーリズムに積極的に参加せしめた。[52]彼や彼の兄弟は若いうちに旅行者と交流を持ち、外国人と一緒に酒を飲み、ヨーロッパ人女性とつきあうようになった。ここ二五年間にこうした経験をしたこの地域の他の若い男性と同じように、彼もまた、年上の離婚経験のあるヨーロッパ人女性とつきあい出した。[53]彼のような男性たちは、カイロやアラブ湾岸諸国に出稼ぎに出ることなく生きていく、新しい方法を見つけ出した。ヨーロッパ人女性は彼らのために家を建て、タクシーを購入し、ともにホテル経営や音楽フェスティバルの運営をし、時には、自国に彼らを連れ帰ったりもした。

ハディージャの夫に、二〇年来のつきあいのヨーロッパ人の友人がいることは周知の事実だった。しかし他の男性のように、彼も家族を持ちたくなった。十分な蓄えができると、彼は地元の女性と結婚した。ハディージャの夫が自分の家庭を持つときに、自分より相当若い女性を選んだことには別に驚かない。この縁談の成立には、夫の母親が一役買ったようだった。夫婦に介入し、夫のもとに帰るようハディージャを説得していたのは、いつも夫の母親だったからである。夫はハディージャのために二〇〇一年に家を建てたが、そのことをヨーロッパ人の友人には告げていなかった。このような状況は、関係者全員に厄介な事態をもたらすかもしれなかった。一番大変だったのは、ヨーロッパ人女性が彼に会いに来た時である。この真実を最初、ハディージャは知らなかったと言う人たちもいた。今、彼女はそれを知っている。彼女は嫉妬していると言う人もいた。

結婚して六年が経ち、彼のヨーロッパ人「妻」は彼の子どもたちを心からかわいがり、村の中を幼い息子の手をつないで誇らしげに歩いている、とハディージャの母親は話した。彼の賢い息子を目にして、その理由がわかる気がした。ピンクのボタンダウンシャツで着飾り、楽し気に会話をし、自分の通っている私立学校で教わったフランス語を誇らしげに話す姿は、とても可愛らしかった。村に暮らす誰もが、ある種の尊敬を交え、この女性は他の多くの騙された女性たちとは違って、旅行客に貸し出す自分の家を建てたとき、自分の名前だけが法的に登記されるよう手配したと指摘した。彼女の比較的豊かな資産とヨーロッパ人という社会的地位は、ジェンダー化された権力にかかる村の規範をゆるがせていた。皆が言うには、ハディージャの夫は、この女性のそばにいるときは大人しかった。彼は村で、自分の男性性は傷つけられたと感じただろうか。彼は結婚生活において、自分よりもずっと若く傷つきやすい女性であるハディージャに辛く当たることで、自分の男性性を取り戻そうとしていたのではなかったか。この点は推測するしかない。

はっきりしていてしかも重要なのは、この事例においては、家庭内暴力は断じて「伝統的」なものではないということである。この家庭内暴力は、グローバルに展開するヨーロッパのツーリズムなるものが、第三世界という場で露呈した、という出来事なのである。さらにそれは、裕福な外国人と地元の村人という格差によって、一層際立った。ハディージャの夫のような人たちがつきあうヨーロッパ人が当たり前のように飲む酒も、関係する要因なのだ。

ハディージャを昔から知る私は、貧困やグローバルな格差は措くとして、なぜ彼女がこの結婚から逃れられないのかがよくわかる。そこには親族関係が絡んでいた。ハディージャと夫は遠い親戚だった。この結婚には、比較的裕福な親族が、破産して困窮する親族を助けるため、という意味があった。ハディージャは魅力的ではあったが、この結婚は彼女や困窮した彼女の家族への、庇護ないしは贈与［を目的とするもの］でもあったのである。

彼女の人生はこの点において、彼女の家族史が（最悪の形で）繰り返されているようにも見える。ハディージャの祖父母はイトコ同士で、ハディージャと同じ理由で――つまり祖母の生活保障の手段として――結婚した。人々が語ったところによれば、祖母は、一二―一三歳のころ精霊に憑りつかれた。彼女は気まぐれな少女で、墓に家出をし（＊かつてエジプトでは墓地に出かけ、クルアーン詠みの読誦を聞いたりすることが娯楽の一種だった）、両親に多大な心労をかけた。多くの男性がこの美しい少女との結婚を望んだが、彼らの母親や家族は結婚を許さなかった。彼女は異常とされ、しょっちゅう宗教的空間に逃げ込み、神のみ名を唱えていた。そこでついに、イトコとの結婚が用意された。その結婚は、夫が彼女に生涯責任を持つことと、家族の精神的負担を肩代わりすることを意味した。夫は彼女に治療を受けさせ、しばらくの間調子は良くなった。彼女の娘によれば、一〇年ほど状態は安定した。しかし再び宗教行為にのめりこむようになり、定期的に三人の子どもと家族を残して家出をした。ハディージャの父親はこの祖母の息子である。ハディージャの父親もまた妻に暴力的に振舞った時期があった。ハディージャの母親と結婚したころはひどい状態で、それが離婚につながった。この二つの話の相違点は、ハディージャの祖父は自分の妻と娘たちに優しかったが、ハディージャは夫にそこまで恵まれなかったことである。それでも彼女と夫との関係は、家族の絆や依存などの、結婚を続ける理由から逃れられないのである。

　この物語の結末部分が教えてくれるのは、ハディージャの困難な結婚は、グローバル化や、家族が提供する愛情の絆などと分かちがたいために、伝統的な家父長制的文化による女性の権利の侵害、という言語では説明しえない、ということである。この物語の重層性を思えば、権利の枠組みでハディージャの人生の複雑さを捉えきれるのか、と問うことは重要である。新しく、より現地の人々主導のムスリム家族法の改革や、クルアーンのよりジェンダー平等的な解釈を広めようという取り組みにも同じことが言える。家父長制的文化からの解放やムスリム男性からの救済などのアプローチによって、複雑な糸のように絡まりあった彼女の苦しみの原因を理解することなどできるのだろうか。

村の女性たちは、ハディージャの不幸な結婚を評価・分析するとき、それぞれ異なる枠組みを使った。女性たちのハディージャの評価は様々で、同情度もまちまちだった。どうしてハディージャは暴力をふるわれても彼と別れないのか、と尋ねると、「母親のように、離婚して二人の子どもを一人で育てたくないから」と答える女性もいれば、「かつての自分のように、子どもたちに父親の愛情を知らずに育ってほしくないから」と答える女性もいた。「ハディージャは彼の状況や飲酒問題なんか全部知ってたのに、どうしても彼と結婚したかったのよ」と話した女性もいた。結婚は彼女が選んだことなのだから、彼女には結婚がうまくいくよう努力する責任がある、という。なかには、感情的で繊細過ぎるとハディージャを責めた女性もいた。彼女たちは、元夫の暴力を刺激した軽はずみなハディージャの母親と、彼女の元夫と一八年も穏便に暮らしている二番目の妻を比べたりもした。そして実際、彼は二番目の妻と、彼女との間に儲けた三人の子どもには優しかった。

女性たちの認識枠組みは、多種多様な彼女たちの困難な状況を納得のいくものとして理解するための、その土地ならではの方法から導きだされたものだった。なかには、忍耐（*sabr*）の理想に根ざすものや、自らの運命や神の意思を重んじそれを甘んじて受け入れる、などの宗教的な枠組みもあった。他にも、女性が最も大事に思うことや、人生とはうまくいかないものだという諦めなどの、彼女たちが慣れ親しむ知識にもとづくものもある。ハディージャが避妊を諦め、積極的に三人目の子どもを妊娠したことを指摘した女性たちもいた。彼女たちにとってこのことは、この結婚を続け、完全無欠の家族でい続けたい、という（とても理解できる）ハディージャの欲求や、意思を示すものだったのだろうか。実現させることが実際には難しくても、彼女たちの社会で、価値観として疑いえないものはある。そして誰も、この願いを嘲笑ったりしないだろう。

容態の悪化とそれに続くカイロ訪問の六か月後、ハディージャは可愛い女の子を無事出産した。その後私が訪問した際、ハディージャの母親は自信満々に、その子どもが生まれた瞬間から、ハディージャの夫は完全に飲酒をやめたと話した。彼は信心深くなり、ここ何十年で初めて真剣にラマダン〔月の断食や斎戒〕に取り組んだ。「本当は彼は体を壊して、医師に飲酒を止めなければ肝不全を起こすだろうと言われたんだよ」、と言う人もいた。いずれにせよ、結婚生活にはつかの間の平安が訪れた。ハディージャを含め皆が、それがずっと続くよう願っていた。

恣意的な介入

本章では、エジプトのある農村での社会・道徳的な諸関係と、イスラームの枠組から外れずにムスリム女性が担う新しく興味深い権利擁護活動とを比較した。そして個人的経験にもとづき、現在世界中に流通しているグローバルな権利の言説が、なぜ、そこで救い出されようとするムスリム女性の生き方を評価なり批評するのに相応しくないかを明らかにした。この家庭内暴力の一事例を取り上げることで、私は女性の権利やジェンダー平等を目指す運動の枠組みは、女性たちを悩ませるあらゆる問題を理解し、解決するのに役立つ、という我々の確信に揺さぶりをかけたかった。

権利の名のもとに働く活動家は、特定の社会的位置に出自を持ち、〔既存の〕政治状況のただなかで仕事をし、一定の文化資源を使うことが多い。女性のために尽力した個々人の努力を否定したり、女性の権利(人権であれ、イスラームにおける権利であれ)の向上を目指して組織された運動をないがしろにするつもりはない。例えば私は、イスラミック・フェミニズムの新しい取り組みと、それ以前にあったもっと世俗的な女性の権利に関わる取り組みには以下の共通点があるとみている。両方ともに活動を担うのは、問題に高い関心を持つ、仕事熱心で、創造的で、献身的で、驚くほど教養のある人々である。

権利やジェンダー平等を求める人々が社会格差や社会的不公正に抗議の声をあげ、人々の生活向上に貢献してきたことを否定するつもりはない。難問に向き合い、法的、道徳的な改善策を示してきた人々もいる。権利に関し、その土地の言葉や言い回しを政治的かつ戦略的に用いることは、政治的・道徳的な成果をもたらし、権利を奪われた集団や個人に将来への展望を与えるかもしれない。その受益者には女性も含まれる。彼女たちは、その力強い言葉の使い方を学び、自らの嘆きをその言語に翻訳して表現しつつある。五章では、農村女性のなかには、理不尽な仕打ちに対して、国家政治や法の領域や、現地の家族規範や、イスラーム法やイスラームについて書かれた文書などから多彩な権利に関する語彙を選び出し、それを効果的に使って異議申し立てを行う人々がいることと、その具体的なやり方を説明した。

しかし、この言語には限界があることには自覚的でなければならない。そこで一体何が排除されているのかを見極め、その言語と機関や政治的配置のあり方との関係性を理解する必要がある。さらに、この言語への翻訳そのものが必然的に伴う暴力が、この言語を〔使い慣れ、それをいわば〕「母語」と感じる人々を含め、全ての人々に作用することにも気づく必要があるだろう。簡単に言えば、権利という語彙や思想が持つ限界やその社会的配置について、より現実的になる必要がある。つまり、権利擁護運動とグローバルな格差と階級格差との関連に注意しなければならないのである。様々な形で展開する権利擁護運動と女性の地位向上運動は、キャリア形成、社会的指標、公的言説、新たな社会的そして経済的な回路、文書、法的議論、旅行機会、知的興奮、そして希望という形で、世界に一体何を実際に作り上げているのか、私たちは注意深く検証しなければならない。その影響には、意に反して生まれたものもある。特にそれが国際政治に取り込まれてしまったときには、救済対象の女性を傷つけることすらあるだろう。学術的道具としての権利、という枠組みは今や常識となり、その道具を使う人々や集団によって導かれる、特定の社会的背景を持つ政治的運動から権利の枠組みを切り離すことは難しい。しかしそれは、女性の経験の機微の真価を問うには相応しくないのである。

結論　人道主義の記録

本書は、ムスリム女性に権利はあるか、あるいは彼女たちに救いは必要なのか、という問いに対する長い回答である。本書で私は、女性の権利の侵害、とりわけムスリム女性の権利の侵害に対する抗議運動をグローバルに展開しようとする人々の仕事や、枠組みを検討した。そこには、ムスリム女性たちをどこかよそに暮らす特別な人々とみなし、彼女たちを救おうとする道義的《モラル》十字軍の戦士もいる。国際政治の情勢や女性の個人的トラウマを利用し、センセーショナルな虐待や脱出劇をあさましい自伝に仕立て上げて売る作家たちもいる。女性に対する暴力を含む、ジェンダー不平等の撲滅を目指して団体を主導する熱心な活動家もいる。ほとんどの人は普遍的権利という言語を使う。ムスリムの言説、伝統という特殊な言語を使う人々もいる。国際的なレベルで活動する人々も、地元で活動する人々もいる。この二つを分けるのが難しいこともある。〔国際的レベルと草の根レベルの〕切っても切れない関係は、現在の状況下で現れつつある、新たな種類のフェミニストたちにはっきり見て取れる。この種のフェミニストはクルアーンを流暢に引用し、イスラーム法に精通し、ムスリムの初期の歴史に先例を求め、女性差別撤廃条約について洗練された記事を書き、グーグル・カレンダーで国際会議をアレンジし、ウェブを使って調査をし、変化をめざす団体の活動から幅広い経験を得る。

まとめとして、もう一度エジプトの農村に戻り、そうした活動と関係はないが、援助対象としては世界で最も相応しいとどんな活動家も太鼓判を押すだろう女性たちの経験について考えてみたい。エジプトに生きる彼女や他の女性の困難がイスラームのせいにされると聞いて、ザイナブがショックを受けたように、〔ここで生きる〕他の女性たちも、自分たちの見られ方や評価のされ方に困惑し、あるいは憤るだろう。彼女たちの人生について語ることで、ムスリム女性とその権利、そして私たちの責任について今までとは違うように考えるための糸口としたい。

本書で私は、ウェブサイトで一〇ドルのワンクリック募金をするよりも、女子生徒に学校備品を届けるためにはるか遠くの地に赴くよりも、そして何より軍事的介入を求めるよりも先に、彼女らの声に耳を傾ける必要があると説いてきた。そして巷にあふれる物語という雑音をものともせずにその声に耳を傾けることが、いかに大変かを示してきた。これらの物語は、普遍的権利という言語の清廉さと結びつくことで権威を得た。人気の高い（ポルノ的な）露骨な描写のある自伝やテレビ番組が、その信憑性を高めた。二一世紀のフェミニズムにおいて、ジェンダー・オリエンタリズムは新しい命と新しい形式を手に入れたのである。

彼女たちの声にもっとちゃんと耳を傾ければ、そこで繰り広げられる出来事が、そう単純ではないことに気付くだろう。私たちが耳をそばだて、目を配っていたら、彼女たちの生きる文脈は、私たちの世界や生活と、私たちが思うほどには切り離されていないということを考えさせられるだろう。その文脈は、グローバルな政治、国際資本、近代国家という組織とそれが絶えず変化しながら家族やコミュニティに与える影響に左右される。何より、女性の置かれた状況にかかる事例は、人権という理想が支配する今という時代に人口に膾炙した、リベラリズムに寄せる我々の道徳的確信を揺さぶるだろう。タラル・アサドと同様、筆者も、これらの価値観を単に新帝国主義的介入の道具としてのみ捉えて事足れりとすべきではないと主張する。我々は、この正義という言語について真剣に考えるべきである。それは、ムスリム女性の救済という新たな常識を枠付けている。なぜならアサドが議論するように、正義という言語は世界中で、同じ価値観を共有し、同じ言語を話す政治主体を作り上げているからである。[1]

選択、合意形成、自由はその文法である。そこで、この文法が可能にするものは何か、可能にならないものは何かを考えてみよう。

考慮すべき条件

上エジプトでザイナブと別れてすぐに、私はエジプトの別の場所に向かった。エジプトの西北海岸に暮らす、私が七〇年代と八〇年代に共に暮らしたベドウィンの家族を再訪したのだった。私を受け入れ、父親代わりになってくれた素晴らしい男性の弔問に訪れて以来で、二年ぶりだった。

多くのことが起こっていた。生前には家族だけでなくコミュニティをも束ねていた、カリスマ的存在だった父親の死を、一家は受け入れていた。そう遠くない距離に二件の新しい家が建っていることに、私は気付いた。その家が長い間建築中なのは知っていた。家の建築は、政府が公共住宅を建てるために彼らから土地を接収しようとしていたことに対する、一家の土地所有の申し立ての一環だった。荒地の一角に壁を作る度、ブルドーザーがやってきてはそれを壊すのだった。人々が覚えている限り、こうしたベドウィンの家族は、親族や友人にだけ囲まれて、開けた土地で暮らしてきたのだった。彼らはその土地を取り上げられることを嫌がっていたが、政府の政策は混み合ったナイル川周辺から人々を追い出し、沙漠に居住させようとしていた。

私は、かつて彼らと共に暮らした家に、まだガティーファが住んでいると知って嬉しくなった。生真面目で聡明な彼女は、私が最も尊敬し、感謝した女性だった。私を彼女の家庭に温かく迎えてくれた、その優しさに私は感謝している。また私自身は、彼女の豊かな知識と、物語と、詩と、彼女のコミュニティに関する深い知見に多くを負っている。彼女が家の一角に一人で暮らすのを見るのは辛かった。その家には、彼女と、夫と、子どもたちが三〇年以上も住んでいた。それはとりもなおさず、私が彼女と知り合ってからの年月でもあった。私たちは近くに腰掛けて、近況を語り合った。再訪に最適な時期ではなかったし、エジプトの別の場所で調査を行っていることで私のアラビア語には別の地方の訛りも混ざっていたが、多くの記憶を共にし、共通の知り合いも多いため、話すことはたくさんあった。

彼女の夫の思い出を語り合っていると、突然彼女は「あなたには、支配することに長けた男性が必要よ」と言った。私はそれに衝撃を受けた。彼女は力を込めてそう言った。私は、彼女の夫婦仲が良かったことは知っていた。彼女は一三歳の時に彼と結婚し、九人の子どもに恵まれた。ずっといいことばかりだったわけではない。彼は複婚し、別の妻を連れてきた。しかし彼女はその理由をよく理解し、いつでも夫の味方だった。夫が死の病に倒れた時には、彼女が世話の一切を取り仕切った。彼女は夫の病気とその死の何もかもを知り尽くしていた[2]。夫が亡くなると哲学的で強い女性になり、彼女の信仰によって、彼女の周りで涙にくれる人々は、神が与えたもうたことは受け入れるべきだ、ということを再確認できたのだった。人は皆、いつかは死ぬ。彼女は、夫が最後の彼女への贈り物として、彼女が息子と一緒にマッカ巡礼に行けるよう手配してくれていたことを大切な思い出としてに胸にしまっていた。

彼女の感情を逆らせたものは何だったのだろう。彼女は無意識のうちに男性支配を容認していたのだろうか。彼女はその発想をクルアーンから得たのだろうか。話すうちに、その怒りのこもった一言は、間接的にだが彼女の長男に向けられていたことがわかってきた。彼は最近、妻と自分の子どもたちだけを連れ、拡大家族が暮らしていた大きな家を出て、例の新しい家屋の一つに移ったのだった。前回の訪問の際、彼女が嫁に対して批判的なことを言ったことを私は覚えていた。嫁の一人が眉毛を整えにいく間、赤ん坊をオバに預けていたことに、彼女は苛立っていた。彼女にはそれが分別のない行動にみえた。赤ん坊は母親を求めて泣き続けていた。また別の嫁が実母と一緒に、自分の子どもたちにだけ特別な衣服を買いに行ったことにも、彼女は不満を示した。彼女の目には、新しい世代の人間は自分勝手に写った。

私に対するその一言で、実はガティーファは息子のやり方への不満を表していたのである。息子は妻の力と欲望に屈したのだと、彼女は説明した。彼女と夫が作り上げた家族をばらばらにしようとして裏で働きかけたと言って、彼女は嫁を非難した。今では女性はめいめい勝手に、自分の子どもたちだけに特別なものを買うよう、夫をそそのかしている、と彼女は不平を鳴らした。女性たちはそれぞれ自分たちだけの家庭を欲しがり、拡大家族のために働こうとはしない。昔の、彼女の夫の生前の様子が脳裏に蘇った。「自分の子どもだけに特別なものを買うなんてありえなかった。あの頃は、夫が全てを取り仕切っていたから」と彼女は言った。夫は、家族全員が必要なもの全てを手に入れられるよう気をつけていた。ただ、みんなに同じものを与えていた。食べ物を買う時にはみんなの分を買った。新しい衣服を買う時には、みんなが同価値のものを貰った。ドレスの生地であれ、ガラベイヤ（男児や男性が着る長衣）であれ、ショールであれ、靴下でさえ。家族の家計は一つだった。彼女の夫はそう望んだし、有力家族はみなそうした規範を重視していた。

ガティーファは、「男」が家族を支配するべきだと考えていた。なぜなら、彼女にとって何より重要なのは、〔拡大〕家族をまとめていくことだったからである。それはまさに、彼女の夫が行ってきたことだった。息子が自分だけの核家族を望むなど、彼女には思いもよらないことだった。彼は何より家族の一体感と親族の誇りを重視すべきだった。息子の嫁が自分勝手にもそれを台無しにしている、と彼女は考えた。それが、彼女自身今まで何度も目にしてきた（そして人類学者たちが「家庭のサイクル」という名で多くを記してきた）通常の世代交代だとは彼女には思えなかった。彼女の夫の死を受けて、家族が新しい局面に入っていることを認めることが、彼女には難しかったのかもしれない。彼女は個人的な喪失に、道徳という枠組みで反応していた。おそらくどこの地域にもあるように、母親としての彼女の欲望と、妻としての義理の娘の欲望の間には解決不能な対立があった。彼女たちの選択は時に衝突した。このことと、クルアーンやイスラームが認めているであろう男性が有する女性に対する権利とは何の関係もない。実際、結婚における平等な扱い（＊ここでは別の妻と自分の扱いに差をつけないことを指すか）を、彼女も夫に対してイスラーム的権利として強く要求していた。

　このような特定の個人的な状況は、例えばハディージャの結婚生活における進展のような、ムスリム女性に対する文化的抑圧の顕著な印とみなされる物事に、違った意味合いを与える。六章で、彼女がいかにアル中の夫の暴力に晒されているかを検討した。そこで私は、地域的貧困、国際的な旅行産業、ヨーロッパにおけるフェミニストの功績（と高い離婚率）がいかに彼女の結婚に影響を与えたかを論じた。ただ六章では触れずじまいだったが、事態はもっとずっと複雑である。それは、夫の暴力と結婚の解消が困難である状況こそを彼女の惨めさの唯一の、あるいは主な原因とみなす見解に疑念を抱かせる。

　結婚するずいぶん前から、ハディージャは何度も危機的な状態に陥っていた。彼女の親族たちは、いつも村の噂にならないように必死でそれを隠していた。何年も前に彼女の家族を訪れた時のことは忘れられない。それは、その後何度もある、結婚延期の第一回目が起きた時の週だった。状況は悲惨だった。ハディージャはカウチに横たわり、苦しみのなか放心していた。舌がひどく腫れて、彼女は口をきけなかった。母親はまたしても彼女をひどく心配し、この時は、高額な支払いが必要な、アレキサンドリアから週に一回患者を診に飛行機でやってくる神経外科医に診てもらった。この医者は薬を処方する際に、ハディージャとほとんど話もしなかった。彼は注射を打ち、彼女は眠らされた。全てのエジプト人が今やそうであるように、専門家集団、利権、医薬品業界の政治によって動く医療システムに巻き込まれ、医療的介入をもってしてもハディージャが救われなかったのはこれが初めてでも、最後でもない。それ以前に母親主導で行った宗教的癒しもハディージャを救えなかった。最近ではカイロの精神科医にかかったが、彼女が受けた治療のなかではそれが最も危害が少なくすんだものだったろう。

ハディージャの状況を注意深く見ると、彼女を苦しめる家庭内暴力（ＤＶ）の原因が実は判然としないことに気づく。親族が彼女の結婚にもたらした保護と束縛がない交ぜになって、彼女の夫を取り巻く奇妙な国際的状況、グローバルな規制を受ける様々なタイプの貧困とそれによって閉ざされる彼女の選択肢、地域によってアクセスに差がある不十分な医療システム、彼女自身が背負い込んでいる困難——それが幼少期のトラウマの結果であれ（彼女の父親は暴力的だった）、遺伝的精神疾患であれ（彼女の祖母は精霊に取りつかれていた）、寄生虫や貧血であれ（家族内外でささやかれる説明には、この手のものが多かった）。ここから、これは単純な話ではないということに気づかされる。結婚から逃げ出すことはプラスになるだろうか。簡単には答えられない。彼女は生まれてからずっと頭痛に悩まされ、窒息しそうに感じ、定期的に自分の世界に引きこもった。

ハディージャの物語は続いている。彼女の将来は不確かである。夫が突然酒を断ち、ラマダンに断食を始めたことで生まれたハッピーエンドへの強い期待にもかかわらず、最後に私が村を訪れた時、彼女は母親のもとに戻っていた。彼女のオバは静かに私の手を取ると、通りの向かい側、塩気が強い不毛な地に彼女のために建てているという家を見せてくれた。ハディージャと子どもたちのために家を建てている親族を支援できる慈善活動を私は一つも知らなかった。このときばかりはハディージャも「元には戻らないと神に誓った」、と私に冷静に告げた。

合意形成と自由選択権

人類学者として、すなわちそれぞれの文化や社会世界の内側で個人がどのように形成されるかを理解することを生業とする人間として、選択のような概念に私は常に慎重であり続けてきた。人生の経験や親密な関係が持つ意味に思いを馳せる人は、合意形成という法的カテゴリーにも、同じような疑問を抱かずにはいられない。特に、個人主義以上に関係性と相互の思いやりを重視する社会では、そしてジェンダーが、家族的権力と密接に結び付けられる社会では、女性差別撤廃条約第一六条が掲げるような夫婦関係や家族関係における男性と女性の平等を謳うリベラルな理想は大志としては胸を打つものの、問題含みのフィクションであるように思える。ムスリム家族法改革をめざしてムサワが策定した「行動要綱（framework for action）」でもこの目標が繰り返し述べられている。この「行動要綱」は女性と男性が「配偶者を自由に選択し、自由〔意志〕と完全な合意形成のもとでのみ結婚をする同等の権利」を持つことを提唱している(3)。

社会的な世界のなかで形作られる人々の生活の複雑さは、このようなフィクションに再考を迫る。自由に選択する、ないし合意を形成するとは一体何を意味するのか。これは結婚にまつわる難問である。およそ二〇年間にエジプト農村部で何が起きたかに着目することで、この困難のいくつかの側面が窺える。そこではある興味深い現象が立ち現れていた。いくつもの農村コミュニティの少女たちが、イスラーム法が保証する自らの権利について知識を得つつある。その知識を活用して彼女たちは、家族主導の伝統的な見合い結婚を、〔イスラーム法上は女性の〕合意が結婚の必須条件であると指摘することで退けていた。

同様の試みは、ムスリム世界各地で行われている。この試みの先頭に立つフェミニスト改革者は世俗主義者からイスラーム的価値観を重視する者まで実にバラエティに富む。フェミニスト改革者は選択権、合意形成、契約書といった、結婚に関する女性の権利を保障する装置を作り出そうとしている。たとえば北アフリカでフェミニスト改革者が作成した結婚契約書のひな型は、夫が第二夫人を娶る際、第一夫人の合意形成を必須条件としている。インドやエジプトでは、妻の離婚請求権を認めるため、イスラーム的な家族法を改革せよというキャンペーンが展開されている[4]（＊エジプトでは二〇〇〇年に、妻が結婚契約書で保証された妻の財産に関する権利を放棄するという条件で裁判所に離婚を請求できるよう法改正がなされた。これをフルウ離婚という）。

ただし八〇年代後半に、その一〇年前に私が初めてのフィールド調査を行ったエジプト西方砂漠のベドウィンのコミュニティで気づいた最も驚くべき変化は、若い男性と女性にイスラーム復興が強い影響を与えていたことだった。ある若い女性が私宛てに書いた文章には、彼女のコミュニティの伝統のうち何に残すに足る価値があり、何を変えるべきかが書いてあった。文章のなかで、彼女は何度も結婚に触れた[5]。彼女は、家族のなかで初めて高校を卒業した女性だった。彼女の論考は、近代化イデオロギーとイスラーム化イデオロギーの混淆したもの〔を規範としそれ〕に従っていたが、それはエジプトの国家教育の内容でもあった[6]。昔のベドウィンの少女について、彼女はこう書いていた。「女性にはあらゆることについて、何の権利もありませんでした。彼女個人にとっても関係のある物事についても権利はなかったのです。女性は、夫を選ぶときですら意見を聞き入れてもらえませんでした。（中略）たとえその男性が意に沿わぬ人だったとしても女性は家族の命令に黙って従うべきで、女性に拒否権などなかったのです」。そして彼女は次のように付け加えた。「今になっても、女性がどれだけ教育を受けたとしても、女性が意見を述べることはできません。（中略）たとえ、夫になる男性が女性よりずっと年上でも、あるいは、女性と全然違う〔タイプの人物だった〕としても、女性は家族の要求に従わなければならなかったのです。例えば、家族が私に結婚しなさいと言ったら、私がその男性との結婚を望まなくても、彼のことが嫌いでも、親族がその縁談に同意し私にそうしろと言うなら、私がすべきことは、私の希望に背いてでもその男性と結婚することなのでしょう」。私はこの文章に驚いた。なぜ彼女は若い女性たちを、自分の結婚相手を選ぶ時には無力な存在として描いたのだろうか。私が聞いたのと同じ話を、彼女は聞いたことがあったはずだ。家族が決めた結婚にあの手この手で抵抗する、例えば彼女の祖母の、生き生きとした経験談を[7]。彼女はまた、たくさんの若い女性たちの話も知っていたはずである。なかには、別の男性と恋に落ちながらイトコと結婚した女性の話も含まれる。この女性は自分の戦略をはっきり知っていた。彼女はささいなことですぐに実家に帰った。結局夫は彼女と離婚したが、これこそ彼女が求めていたものだった。

　過去、女性は無力だったという単純な昔話の描写こそが、今彼女の目の前にある新しい基準を彼女が受け入れることを可能にした。学校での宗教教育は、見合い結婚に反対する道義的根拠を彼女に与えた。「預言者は」、と彼女は権威ありげに言った。「会った事のない相手と結婚するのは間違いだ、とおっしゃったわ」。少女は結婚にあたって意見を聞かれないといけないし、結婚に合意を与えなければいけない[8]〔というわけだ〕。

人生のこの時期、彼女は結婚を視野に入れていた。母親も彼女をからかって「もう高校の卒業証書も手にしたのだから、次の証書も準備しないとね！」と言っていた。彼女は、自分の結婚相手として選ばれたらしいと噂される人物に対する自分の評価もオープンに語っていた。そして彼女のオバと母親に気持ちを伝えていた。祖母や話を聞いてくれそうな人に対しては、教育のある、ベドウィンではなくエジプト人男性と結婚したいと力説した（＊ベドウィンはナイル渓谷に住む定住民を「エジプト人（マスリー）」と呼ぶ）。彼女は結婚相手に〔核家族で暮らすための独立した〕持ち家がある人を望んだ。小さな家族を望む男性を望んだ。二人目の妻を欲しがらない男性を望んだ。「お前の父親はその条件には賛成しないだろうよ」と祖母に言い返されたときには、祖母を愛情をこめて抱きしめて「話をしているだけよ、おばあちゃんの意見が知りたくて。私たちが思い通りにできることなんてある？ お父さんだって何ができるの？ 何が起こるかは神のみぞ知ることよ」と祖母に告げて落ち着かせた[9]。

今では、イスラームを引き合いに出して、見合い結婚をよしとする伝統的な価値観を批判する若い女性はますます増えている。その二〇年後、そこから何百キロも南に下った土地でも、花嫁の合意は結婚の必要不可欠だとするイスラームの原則を、同じように自信に満ちて主張する意見を耳にした。この主張は、教育の力とイスラーム復興が正統性を得つつある状況に拠っている。女性の権利を求める活動家らは、国家法を対象にするにせよムスリム家族法の改革を求めるにせよ、イスラーム的伝統が本来保証することに典拠を求めてきた。花嫁の同意は結婚の必須要件である、というのはその一例である。近年になって出てきた改革を求める運動のなかでも最も目立つ存在であるムサワは、「行動要綱」でこの原則を明文化した。そこでは「二一世紀においては、女性差別撤廃条約——家族や社会における女性に対する正義と平等を支持する——の条項の方が、多くのムスリム国家やコミュニティの家族法の条項よりもシャリーア〔の精神〕

と一致する」とされ、国家やコミュニティの法をそうした権利を包摂した法に変更することを求める。

合意形成の原則をあらかじめ規定することは、しかしながら、ある個人との結婚を決めるにあたり、若い女性が直面する苦境の解決にはつながらない。私の引用する多くの事例の出所である、上エジプトのある村では、今でも縁談には家族が密接にかかわる。そこには男女がデートをするという文化はないが、若い男女は、家族が親戚関係にあったり、学校が同じだったりして知り合いになることがある。男性かその両親が結婚の申し込みに女性の家に来た時には、女性の意見を必ず聞く。でも〔よく知らない男性について〕女性はどうやって自分の意見を持てるというのだろうか。結婚は世界中どこでも小さな出来事ではなく、将来の予測もつきにくい。

ある人物との結婚を拒否するか同意するかをどうやって決めるのかについて、興味深い話を聞いたことがある。ザイナブの長女の婚約破棄の出来事は、議論の機会を与えてくれた。彼女は過去一〇年間で、何人もの求婚者をふってきた。その後のある日、彼女は〔別の人物との結婚に〕同意し、婚約した。この時は母親の親友が、運命（*nasīb*）という概念を使って彼女を説得した。母の親友の説明によれば、「運命があれば上手くいくのよ。断ることもできるわ、あの人は嫌、この人は嫌って。でもそうなるべき時には（運命があって）、オーケーって言う」のだった。

別の若い女性もまた、最近では必ず女性に求婚を受け入れるか聞く、と断言した。昔はそうではなかった。彼女の家族が縁談を承諾すれば、女性も承諾した。しかし今一度問おう。女性の承諾は一体何に基づいているのか。若い女性は今では、花婿候補が知己でないときには、彼と会って話をして、彼のことを少しは知ることができるものだと思っている。ただしそうしたところで、人生を共に過ごそうとする相手のことを知ることは男女双方にとって難しい。女性が決断を促す別の方法もできつつある。新たな女子イスラーム学専門学校（*エジプトでは二〇〇〇年代から、主に都市部に、女性用のイスラーム学を学ぶための専門学校が盛んに設立された。背景には女性の識字率の向上と、高学歴女性の失業率の高さがある。階層に合わせて様々な専門学校がある）に通う若い女性によると、結婚に同意すべきかどうかわからなければ、特別な礼拝をすべきだという（*イスティハーラ礼拝。選択を神に委ねるために行う自発的礼拝で、この礼拝の後、夢など何らかの形で神意が伝達されるとされる）。その特別な礼拝の間に、その花婿候補を受け入れるべきかそうでないかが明らかになるという。それは神があなたのごく近くにいる瞬間で、神に委ねれば神は正しい道を示してくれる。もしその男性が結婚相手として相応しくないと祈りの間に感じるなら、断ればいいという。

このどちらも内省ではなく、超大な力に頼っている。〔ザイナブの長女が重視した〕運命とは、端的に言えば神意である。個人的決断をするときに、神に取るべき道を問う特別な礼拝を行うのはもっと直接的な方法である。将来結婚で得るはずの親愛が十分なものかみじめなものか、その結婚が長く続くかどうかは、そうそうわからない。かつては信頼する両親に委ねられていたその決断が、今や導きの力に取って代わられるというのもわからない話ではない。ただしそれは、女性差別撤廃条約やイスラーム・フェミニストが書く文章のなかで理想とされるような自由意志ではない。しかしそれでも、それは合意形成と選択なのである。

この事例では、ザイナブの娘にこの結婚に関わる決断をさせたのは、よりありふれた要因だった。彼女の婚約者はザイナブの母親の友人の息子だった。この地域の多くの若者同様、彼はヨーロッパで働いていた。仕事がないために、外に出れば仕事があるのなら、彼らは海外に働きに行った。その男性はなかなかに若く、そこそこ魅力的だった。私は、ザイナブの娘がその男性を積極的に評価していたことを思い出すことがある。彼女は彼に沢山質問をしたが、とても話しやすい男性だったという。

彼女が婚約したと知って、私は嬉しかった。彼女はいつも私に心を開いてくれたし、共に過ごす時間は楽しかった。彼女は自分の家族を持つに相応しい人物だった。出会った頃は十代だった彼女は、高校進学後も努力を重ね、いい成績を収めた。彼女は賢く、気が利いて、優しかった。彼女はいつでも、大家族の面倒をみる母親の一番の支援者だった。母親の困難を間近で感じ、彼女は徐々に家事全般をこなし、妹たちの面倒をも見るようになった。彼女はその責任をきちんと果たしたが、家族が仕事をするようになり、兄弟がカフェを営むようになってからはその役割は減っていった。そんな彼女が、ついに自分自身の人生を歩めるように思えた。

ところがその八か月後、彼女は突然婚約破棄を決めた。自分を特別な気持ちにさせてくれた、金のジュエリーも返した（＊エジプトには婚約の際に男性が女性に貴金属を贈る習慣がある）。その結果彼女の母親と、婚約者の母でもある母親の友人との間には遺恨が残った。一体何がいけなかったのかと私が尋ねると、彼女は彼がとても時代錯誤な要求をしたのだと答えた。彼は、ヨーロッパに一度働きに出れば毎回一年は戻らないと告げ、その間彼女の実家の隣村にある、彼の拡大家族所有の建物内の自分のアパートから彼女が外出することは許さないと言った。彼はまた、自分が留守の間に実家に戻ってもいけないと言った。加えて、彼女が彼の親戚たちと親しくつきあうために、彼らの住まいのある階下に行くことすらダメだと言った。どうやって知ったのと聞くと、よく電話で話していたと彼女は教えてくれた。ヨーロッパに何年も暮らしていながら彼が厳格なのに驚いた、と私が言うと彼女は同意し、「ヨーロッパに暮らしてたんだし、彼はもっとオープンな人だと思ってたの。だってここでだって、女性にそんな条件を突きつける人はいないもの」と語った。

彼女の母親からは別の情報を聞いた。その男性は、彼に就労ビザを手配してくれた、ヨーロッパ人の妻／ガールフレンドと別れるつもりはなかった。彼は、新しい結婚をしばらく秘密にしておきたがった。それは呑めない要求だった。ザイナブは、自分の体面を保つためにこの話をしたのかもしれなかった。ただ、娘は彼女の尊厳を踏みにじる彼のやり方が許せなかった。彼女が望んでいたのは、そんな結婚ではなかった。ついに夫を持ち、家族を持つことを可能にすることであっても、そしてそれがこのコミュニティでもほとんどの人が求めるものであったとしても、それは彼女が到底呑めない条件だった[10]。

年をとるにつれて、彼女が結婚せずじまいになる確率はどんどん上がっていった。彼女はすでに、年齢が高すぎる、彼女ほどに教育を受けていない、がさつすぎるなどの理由で、男性たちからの結婚の申し込みを断っていた。両親は彼女の意思を尊重していたが、婚約が上手くいかなかったことを悲しんでいた。もう次の結婚の申し込みは来ないかもしれないと思い、私と同じように両親は密かに彼女のことを心配していた。ただ、誰も口にはしなかった。彼女はとっくに三〇歳を超えていたが、そのコミュニティでは、女性は早ければ一七歳ぐらいで結婚し、ほとんどの場合は二〇代前半までに結婚した。このコミュニティでは結婚しない女性の割合も多く、彼女たちは年老いた両親の面倒をみていた。他の多くの場所と同じように、この村では未婚のままでいる女性たちも多かった。アラブ中東世界では、こうした現象はそれに警鐘を鳴らす者によって「結婚危機」と呼ばれる[11]。

その二年後、ザイナブの娘は、自分が結婚しなかったことの後悔をふと洩らした。人生を読み誤っていた、と彼女は言った。周囲の人々にとても必要とされていたと思っていたし、たくさんの家事をこなす母親を手助けをすることに責任を感じていた。特に母親が足首を骨折して、野良仕事や水牛の乳しぼりすらできなくなった時は責任を感じた。彼女は「自分が母親を一人にし、自分の助けが必要な家族を見捨てるなんて考えられなかった」と言った。幼い妹たち（その一人は糖尿病持ちだった）がとても可愛くて、「私があの子たちの母親だ、みたいな気になってたのよ」とも、彼女は言った。

問題は状況が変わったことだった。父親はカイロでの仕事を定年退職し、家族と暮らすために家に帰ってきた。妹たちはあっという間に大きくなった。早すぎると彼女が思うほどに。二二歳の、大学の宗教学部を卒業した妹は婚約した。一七歳の妹も、最近結婚の申し込みを受け入れた。弟の一人は結婚し、彼の妻も今や家事を分担している。「多分、自分のことをもっと考えるべきだったんだわ」と彼女は打ち明けた。彼女の自己犠牲は、周囲から感謝すらされていなかった。両親は、彼女は選り好みが激しくて結婚の申し込みを断ったと思っていた。彼女は結婚したくなかったのではない。彼女は、自分には家族の面倒をみる責任があると感じていたのだ。しかしそのことで、家族に恩を売るつもりはなかった。

今言葉にされていない恐れは、この状態が永遠に続くのではないかということだった。それこそが、突然襲ってくる心配やコントロールできない涙の理由だった。彼女は何人もの医者を渡り歩いていた。彼女は私にビニール袋に入れた薬の山を見せてくれた。処方された薬のなかには、抗うつ剤もあった。

恋愛至上主義――〔気づきにくい〕もう一つの束縛

この一人の若い女性が自分の責任と欲望を秤にかけつつ、馴染みのあるものの一部になりたい、愛されたいと願い、同時にそれが自分に合うかわからないのに、そしてそれが幸せと不幸のどちらを運んでくるかすらわからないのに、何か新しいものを選んでみたいと願うその気持ちは、誰もが知っている現実を思い起こさせる。それは選択には難しさがつきまとい、自分が何を望んでいるのかはわからないこともままある、ということだ。合意形成を保証することは、それを保証するのが女性差別撤廃条約だろうがシャリーアだろうが家族の愛情だろうが合理的な計算だろうが、ザイナブの娘が重要な選択をするときにはほとんど何の役にも立たない。同じような制約のただなかにいる人々は、世界中のどこにでもいる。自由な選択や合意形成が何を意味するのかを議論するなら、こうした状況を要因として取り上げる必要がある。

ここで、これまでの章で議論した三文ノンフィクションをざっと振り返り、合意形成〔の重視〕によって懸念されることについて議論を明確にしておきたい。まず、人々の実際の生活において、自由と義務、合意形成と拘束を分けることは容易ではない。アイヤーン・ヒルシ・アリの自伝、『無神論者』を使って示したように、こうした権力の物語から、異なる理解や矛盾の痕跡が読み取れる。しかし人気の高い語りにははまり切らないために、それらは決して目立たずに埋もれる。これらの多様で矛盾する要素は、女性の状況や感情の複雑さに光を当ててくれる。

二人のイエメン－イギリス人のティーンエイジャー、ザナとナディアが経験した辛さや裏切りや虐待を矮小化することなく、『売られて』や『情け容赦なく』でその物語が語られたこの二人のケースを例に考えてみよう。もし彼女たちの結婚相手が裕福ないしは中産階層出身で、教育があって、イエメン政府が二人を難民として送致した町、タイズで申し分のない暮らしをする若い男性だったなら、二人の反応は全く違っていただろう。もしそうだったなら、彼女たちが暮らしていたバーミンガムの治安の悪い地域や、福祉住宅や、サンドイッチショップでの長時間労働や、暴力的でアルコール中毒の父親や、将来のない暮らしや、人種差別主義的法律によるもめごと（これらは全て本に書かれている）を後にした二人の少女や母親は、結婚を強制されたことに不満を述べただろうか。

ザナの怒りのほとんどは、山頂付近の荒地のあばら家での暮らしに伴う過酷さに向けられているように見える。耐え難いほどに単純で重労働な農作業、手動でのトウモロコシの粉ひきという拷問、妊娠中でもバケツの水を急峻な山道を通って運び上げなければならないこと。彼女は、足りない食料と病気がちな夫について愚痴をこぼす。家父長制や強制結婚への非難は愚痴にほんの少し混じるだけである。それでももし注意深く読んだなら、彼女たちを支える男性たちも同じく苛酷な状況を生きていることに気が付くだろう。彼らもまた、結婚式で注目の的になることや、コミュニティからの祝福という当たり前の喜びを得られなかった。結婚式もなく、結婚の祝いの品もなかったが、それらはムスリム家族法で結婚の必須条件とされている（＊原文ママ）。要するに、語られていたのは関係者全員にとって異常な状況で、ただ日頃から厳しい地域に暮らし慣れている者にとってはその苛酷な状況が普通の暮らしだった、というだけのことである。

しかし妹のナディアが見せた、母親から送られた自由と「家」へのチケットに対する両義的な拒絶には、もっと痛切で複雑な何かがあるように思える。母親は、騙されて否応なくその状況に連れていかれた娘の怒りが次第に混乱に代わっていくこと、また今では彼女がイエメンでしっかりした生活を築いていると感じていることを理解できないようである。母親は娘たちへの愛情と、そしておそらくは夫への愛情にも縛られている。彼女もまた「自由」を選択できていない。

ナディアが抱える人間ゆえのジレンマは、私たちの多くがライフサイクルの違ったステージで、老いた両親の介護や病床にある愛する人の介護によって「自由」を失うことで抱えるジレンマと同様、ムスリム女性と彼女たちにとっての正しいことと間違ったことに関する新しい考え方を示している。性的な合意形成についての重要な論文においてジュディス・バトラーは、一般的な法的同意への批判の先を論じ、合意形成は〔よく言われているように〕リベラルな価値観の核心をなすのではなく、自律という強力な幻想の一部なのである、と書いた。だからこそ、合意形成という概念に私たちはこんなにも惹かれるのだ、と。バトラーのこの主張は、アントニオ・グラムシが言ったように、合意形成は常に個人的、政治的なレベルで捏造されるということを思い出させてくれる。我々は、「選択」するときの権力の重要性に自覚的でなくてはならない。ただしバトラーの独創性が表れているのは、個人的な欲望や親密性という問題において、合意形成にはさして意味がないのではないかという問いである。結局、「イエス」と言う時私たちは、一体何について合意しているのか、理解することができないのである。それがどう転ぶのか。人とのつきあいに合意することが、将来的にどういう意味を持つのか。深い不可知性は、人間のあらゆる欲望と行為、そして将来が持つ根源的な特性である。

百年にわたり人間を扱ってきた人類学の思索を通じて、我々の個人に対する日々の理解は、文化的そして歴史的な文脈のなかにある特殊なものだという共通認識が生み出された。そこでは近代西欧的な自己という支配的な概念は、近代西欧とは異なる基準で自律を評価し、自己と他者の相互関係に強く根ざす、他の数多の自己と対照をなすものとされてきた。[12] 人類学者は、文化に徹底したやり方こそ、人間の本性を理解する上で最も適したものだとするクリフォード・ギアツの議論に与してきた。人間となるためには、家族とコミュニティのただなかでの、気の遠くなるほど長い社会化の過程が必要なのである。[13]

それでも、そこからさらに思考をすすめ、ある環境下において、合意形成と選択という価値観がどのように拘りの対象となり、個人が自立した存在であるという幻想を下支えするために、どう擁護されてきたかを問う人類学者はほとんどいない。これこそが私が発見した、強制結婚や名誉犯罪を扱う三文ノンフィクションのダイナミズムである。あるいは、互いに人間関係を保ち、つながるということが、いかに我々の人間性の根源にあるかを明確に示すこともほぼなかった。遠い場所での人々について描くときには人類学者は、家族の絆こそが男性と女性を支えていることについて踏み込んだ議論をしてきたというのに。私は、自分が暮らし調査を行う機会に恵まれたアラブ・ムスリム・コミュニティについてはもちろん、こうした議論をしてきた。[14]

法と精神分析の観点から性的合意形成を扱った論文の最後の段落で、バトラーは、我々皆が個人として、そして自由な選択の価値を自明とするこの時代のこの場所に生きる人々として向き合わざるをえない限界について、ある痛烈な事実を示す。我々の存在に関する最も根源的な事実は、我々が家族のもとに生まれ、家族に依存するが、その家族は我々が選んだものではないことだ、とバトラーは言うのである。「近住関係、共住、近隣関係、あるいは共同生活などの形態のなかには、本来的に選択の余地がないものがある」と彼女は書く。「そうした形態が、私たちが契約してメンバーになったわけではない社会の基本的なあり方を規定し、社会は私達が同意した覚えもない、生きていくことに関わる社会的条件から成り立っている。そしてそのいずれも、私達の同意や不同意とは一切無関係なのである。たとえ同意した覚えがなく、または意思によらずにそこにあるものであっても、この社会的条件は守られ、擁護される」。

続いて、バトラーは哲学者としてこの状況が私たちをいかに規定しているかについて、一般的見解を述べる。「自分を超え、自分の選択を離れて存在する人生こそが、自分が何者かを規定する。すなわち自分だけの人生というものは存在しない。（中略）私たちはつまるところ人生の産物、情熱の産物で、私たちには、自分が完全に理解できたり選択できたりしない何かが必要なのである。そして私たちのセクシュアルな生や感情的な生は最初から、未知と必要性とによって互いに縛られていることによって特徴づけられている[15]」。

この文章は、ムスリム女性の権利について考える際の異なる視点を示してくれる。この議論にはいくつかの普遍的なものが提示されているが、それらは規範的ではなく、抽象的な装いもない。そして、注意深く偏狭さと政治性を隠している[16]。私たちには何か、人間として相通じるものがあるということを前提とした、普遍的なものがここにはある。この普遍的なものは、私たちを人為的に、自由に選択できる者とできない者、ありとあらゆる権利を持つ者と何の権利も持たない者、十分に持たない者、正しい権利を持たない者に分断するのではなく、結びつける。この立場は、私たちは権利をどう考えたらいいのか、女性の権利のために何をすべきか、はるかかなたの女性たちのために戦争に行くにはどうすればいいのか、そもそも行くべきなのか、について多くの示唆に富む。

この種の共通する人間性を引き合いに出すことと、人権の普遍性について幻想を抱くこととは違う。有名な写真展、「人間家族《ザ・ファミリー・オブ・マン》」（＊一九五五年にニューヨーク近代美術館の開館二五周年を記念して企画された展覧会。人類を一つの家族に見立て「全世界を通じて人間は本質的に単一である」というメッセージを表明した）を思い出した読者もいるだろう。それは大戦後の世界で、共通する人間性の存在を希望とともに宣言する行為の一環として企画された[17]。もちろん「マン」〔という男性形を人類の意味に当て〕「人間家族」としたところに、当時の特殊な歴史的文脈が表れている。国連の世界人権宣言の序文の、「平等で不可侵の権利」を持つ者が「人類《ヒューマン・ファミリー》」であるという定義は、私たちの知る実際の家族としての経験からみても、非常に特異である。家族は偶発的で、絶えず変化し、流動的で、その成員もよく変わるという本質を持つ。人類学者はかつて親族の研究を〔盛んに〕行った。親族の研究が人間社会が組織されるときの基盤となる様々な道理と、人間が社会的、感情的関係性を想像する〔各地で異なる〕方法を列挙したところ、〔そこに法則性など皆無だったため〕我々はうろたえた。人類学者は人々が違いや共通性に実に様々な意味を与えていることを明らかにし、記憶することや忘れ去ることの作用のただなかで、親族がそのメンバーを包摂しあるいは排除する様々な方法を研究した。小説家と同じように人類学者は、多様な家族のなかで個人の経験や個性が、激しい感情や活発な相互行為などによって磨かれることに驚嘆している。近年フェミニスト人類学者らは、新たな生殖技術や臓器移植が可能にした親族の形態に興味をそそられている。異性愛規範が構築されたことで、かつて私たちがあるべき家族の形として一つしか想像できなかったこと（＊男女のカップルからなる家族という前提をさす）や、生物学的決定論にもとづいて家族を考えていたことを批判したときと同じ熱心さで[18]〔フェミニスト人類学者はそれと向き合っている〕。実際には、幸せな家族でさえも、全ての家族はそれぞれ他とは違う。トルストイが『アンナ・カレーニナ』の冒頭で記した有名な一節とは相容れないだろうけれど（＊「幸せな家族はどれもみな同じように見えるが、不幸な家族にはそれぞれの不幸の形がある」）。

家族は疎遠さや近しさ、暴力と愛情、無関心と情熱の全てを裡に秘めている。これは家族を世界における人々の関係性のより良いモデルとするのだろうか。それは一律であることを特徴とする抽象化した人間性や、後進性対近代的な文化・文明という不自然な対立がある世界を想定するよりも有意義だろうか。家族とは、ともに暮らすことであり、個人的差異を超え、恒常的に変化する関係性で、帰属や愛情だけでなく、依存や、権威への反発や両義性をも含む[19]。ロラン・バルトが「人間家族」展における、不思議な自然の結束力についての敬虔な展示にコメントして言ったように、そこで取りこぼされているのは「差異」である。この差異の別名は、「歴史」と「不正義」と言う[20]。

ワンクリックの正義ではなく

ここまでで私は、「権利」をある特定の社会状況に置かれた人々によって想像され、遂行されるプロジェクトと考えるのが、それを理解するための最善策だということを示した。その社会状況とは、家族や法廷、権利を実現するための国際機関、権利を道具として利用する草の根の活動など、様々である。ムスリム女性には権利があるのかと問うのではなくて、その代わりに「ムスリム女性の権利」や「抑圧されたムスリム女性」という概念がこの世界でどう作用しているのか、その概念を利用しているのは誰かを問うべきだ、と私は提案する。本書で、はるか遠くの場所の女性の権利のために戦争に行けという要請が、分断を生み、時に甚大な被害をもたらす政治プロジェクトにいかに動員されるか、その方法をいくつか明らかにした。さらに権利という枠組みが人々の実際の人生の複雑な機微をどこまで捉え切れるのか、という問いも投げかけた。この正義という言語は、すでに世界中の多くの男性や女性の生の一部となっている。権利という言語の源泉や概要は多様で、私たちはもはや正義を独占してはいない。アーイシャの主張にみられた、国家法、慣習、クルアーンの三つに基づく混合型の権利は、このことの表れである。

「文明の衝突」をあおる想像の地理区分上の「向こう側」、そこにあるコミュニティに生きる女性たちの生活とジレンマの一断面を提供することによって、私は本書で四つの論証を行った。第一に、他の女性たち同様、ムスリム女性が経験する苦難には様々な種類があり、原因も多様で、宗教的伝統や文化形態が原因であろう苦難は、そのうちのごくわずかである。こうした苦難の源は、戯画化されるのではなく、包括的に理解しなければならない。

第二に、平等、安全、尊厳、さらには選択などに関わる権利として広く理解されている事柄への侵害は、確かにジェンダーによってパターン化されており、これを分析することが非常に重要である。加えて、このジェンダーに基づくパターンは、それぞれのコミュニティや歴史的時代が人々に提供する機会や可能性にもとづき、それぞれ異なる形で形成されていることに、我々は気付くべきである。つまり我々は、ジェンダーが暴力だけでなく、地位、幸せ、選択肢などを構造的に作り出す様子に注意深くありたいのである。

第三に、苦しみや困難、あるいは最悪の種類の侵害が起こる可能性がない人間などいない。新聞は、私たちが生きる世界で非人道的な行為が行われている証拠を日々報道する。それでも私たちは、どこか別のところで起こる見世物めいた悲惨な話に注目することで、自分の気を紛らわせている。人は多くの場合には好意に基づいて、時には独善的に、マスメディア化した（mass-mediated）自伝などの、センセーショナルな取り上げ方をするものの誘導に乗ってしまう。世界のどこかの女性の苦しみについての殊勝ぶった語り口に出くわすと、私はカナダの作家、アリス・マンロー（*短編小説の名手。二〇〇九年国際ブッカー賞、二〇一三年ノーベル文学賞受賞）の短編小説を思い出す。女性の日々の暮らしを描いたその数編の短編小説では、権利という言説は女性の生を輝かしいものに見せるのと正反対の効果を発揮する。マンローは女性が結婚やそれ以外のものに意味や幸せを見出そうとして必死になる姿を見事に捉えている。女性たちが生きる過程で行う妥協や、相反する逃れられない感情、消えていく欲望や夢について執拗に彼女は書く。マンローは主人公が突然見せる強さや、衝動的な逸脱行為、愛し合う者の間の誤解、窒息しそうな絆、毒となる嘘、そして社会慣習と宗教による批判や慰めを淡々と描く。一般に我々は、自分たちがよく知らない人々や、文化的に距離がある人々を前にすると、社会科学的で距離をとった記述のような普遍化された権利言説と、より人間的な物の見方との間でうまくバランスをとれなくなる。[21]

共通点を見出せないというのは危険なことである。その失敗を通じて私たちは、自分たちに共通する人間性だけでなく、世界の至るところで、女性を含む多くの人々が経験する苦しみに私たちが加担していることを否認する。カンディヨティは、安全の欠如や戦争に由来する貧困がアフガニスタンの家族に与える影響を分析した。彼らは今や、年若い娘たちを「売却」しなければならないほど追い詰められている。ハーシュキンド（＊中東とヨーロッパをフィールドとする人類学者）とマフムードは、CIAがアフガニスタンのムジャーヒディーン（ひどい女性観と女性の扱いで知られる戦士の長たち）に戦争資金を提供したことが与えた長期的影響について分析した。この二つの分析から、貧困が女性の選択肢を減少させることと、軍事的文化が女性の尊重を達成しがたいものにすることがわかる。アルコール依存症の夫と彼のヨーロッパ人の「友人」がいるハディージャは、トランスナショナルな資本主義だけでなく、国家政策によって明らかに不利な状態に追いやられた地域で、貧困におしつぶされている。彼女は、アメリカやフランス、イギリスにいる私たちと同じように、近代的なグローバル経済と社会システムの一部なのである。多国籍軍が女性のために戦争をするなら、それは誰にとっても予期せぬ結果をもたらす。

四番目に我々は、常に権力を思考の射程に入れる必要がある。誰かを非難するためではないが、誰が女性たちを、とりわけムスリム女性の価値を下げ、権利を持たない、あらかじめ第三者によって講じられた救済策――開発、エンパワーメント、キリスト教、女性の権利、人権、イスラーム改革のそれぞれの文脈における――を待つだけの存在とみなす権力を持っているのか、という基本的な問いかけをすべきなのである。いかなる社会資本が、ムスリム女性に権利をもたらすプロジェクトを可能とするのか。これは道徳的判断の問題ではなく、詳細な分析に基づいて議論されるべき問題である。自分たちの無実を主張しながら、私たちの大きな懸念のもととなる人々と自分は違うのだと訴えることは、自分を欺き、対処方法を探ることを難しくしてしまう。人類学者としての私は、人権であれ女性の権利であれ、権利や平等といった問いによってムスリム女性の心に響くそして複雑な生を、権利や自由を持つか持たないかという問いに矮小化することに飽き足りなさを感じる。その理由の一端は、彼女たちの生と苦しみの源泉がとても複雑なことにある。[22] 加えて、学校に行かず、貧しく、あるいは農村に生きる人々の生が、権利や権利の侵害といった語りを通じて、私たちの生に比べ、常にわかりやすいものとして翻訳されてしまうことにもよる。ハディージャやアマルや村に暮らす他の人々には複雑な感情や、錯綜した人間関係や夢はないのだろうか。上エジプトのこの村で彼女たちに開かれた有意義な可能性を、彼女たちは探求しているのではないか。私たちが、自分を取り囲む状況のなかでそうするように。

　本書には地球上のどこかの女性の苦痛について耳に優しい書籍にありがちの「今から一〇分でできる四つのステップ」（＊『ハーフ・ザ・スカイ』の一四章の副題の引用）は載せていない。本書で私が語った物語や発展させた分析は、お手軽な解決法や簡単な回答などないことを示している。もし何か代替案を示せと迫られたら、私は多分次のようにアドバイスするだろう。よく見て、よく聞きなさい。広い視野を持ってしっかり考え、責任を引き受けなさい、と。

　目で見て耳で聞くことは私たちに何を教えてくれるのか。本書では、ある特定の場所に住み、より良い暮らしを求めて生きる女性たちを紹介した。選択することは時に難しく、選択肢はその時々の種々の制約や将来の見通しの立たなさによって限定されるものの、彼女たちは日々選んでいる。家族、コミュニティ、そして国家という、私達の世界の一部で生きる彼女たち皆を、私は昔から知っている。彼女たちは自分が向き合っている問題をどのように捉えているのか。何を欲しいと言うのか。私たちがムスリム女性たちが住むと考える想像上の場所——それは地域性や個々人の置かれた状況が考慮されず、私たちが暮らす場所とは全く関わりのない、はるかかなたの場所と思われている——について、彼女たちはどんな違った見方を提示してくれるだろうか。そうした女性の状況を詳細に見ることは、選択や自由といった多くの意味を持つ価値観について、さらには、それらが人間の生の文脈でどのように機能するのかについて、我々に多くのことを教えてくれる。

　広い視野を持つとは、孤島に住んでいる人間などいない、ということを思い出すことに他ならない。人は皆、他の人間——家族、友人、村や近隣コミュニティ、そして国家——と関わりながら生きている。それが政治的活動の活発化によって希望にあふれていようと、ドローン攻撃によって疲弊していようと、政治家が人種差別的な反移民政策を訴える選挙を迎えようとしていようと。人は皆、大規模な集団が生む、自分たちを超えて存在する力によって形づくられている。私たちは皆、変化、議論、社会的論争によって特徴づけられる、現実の自分たちの時代と世界を生きている。時間が止まったような、あるいは後進的（だと思わせられている）ように見える場所で起こることは、いつだって長い歴史の産物なのである。過去や現在の動態的な文脈を無視することは、ばらばらで矛盾する実践であふれた、整然としない彼らの実際の生活を、私たちにわかるような形で普遍化できると信じ込ませ、心を穏やかにしてくれる。それでも、政治や歴史から逃れることはできない。私たちは、「他の」女性たちの痛みと向き合えと求める人々に疑いを抱かなくてはならない。「他の」女性たちは、あたかも私たちや私たちの行動、私たちの政府や金融機関とは何のつながりもなく、私たちと同じ人間性を共有しないかのように描かれる。

最後に、エリートやミドルクラスの特権が、圧倒的な不平等が無くならないこととどう関係しているかについての正直な内省は、それが起きているのが遠くの河岸か自分の裏庭かにかかわらず、女性の人権に向き合う倫理的姿勢として不可欠である。我々を結び付けている、特定の権力構造や不平等の相貌を辿ることは可能なのか。善意に基づく介入が常に残念な結果をもたらしていることは、それが軍事的なものか人道的なものか開発主義的なものかにかかわらず、我々がその関係性を正確に認識できていないことを示す十分な証拠である。

世界のどこかの女性の苦痛や永続的なジェンダー不平等、そしてそれに気づくことからどんな責任が生じるのか。ウーマン・トゥー・ウーマンのウェブサイトをクリックし、アフリカの女性がビーズ細工を習うことや、アフガニスタンの女性がバッグを縫うことを支援するために数ドルの寄付をするだけでは不十分である。支援団体がそれらの手仕事品をニューヨークの百貨店で売り、それによって女性たちの努力に見合う収入を得られるよう願うのも的外れである。国際機関のウェブサイトが、「テクノロジーの手腕」を持つティーンエイジャーの少女たちを焚きつけて「開発途上国の貧困に苦しむ少女と『つながり』、彼女たちの窮状に『同情し』、五ドルを団体の目的に賛同して寄付」させるのは、ラナ・スウェイス（＊フリーのジャーナリスト兼メディア研究者）が言うように、支援者と、哀れみの対象との間の分断を広げるだけである。[23] 古代の部族的な名誉の掟に舌打ちしても、カラチやブラッドフォードで起きている問題の核心には辿り着けないし、そこに生きる女性たちの共感を得ることすらできない。自らの信仰や、ムスリムとしてのアイデンティティや、家族やコミュニティに対する深い帰属意識を放棄せよと求めることは、ザイナブやアーイシャなどのエジプトの女性たちや、ヨルダンに住むパレスチナ人のオバには尊敬が足りないように映る。ムスリムの少女たちに家から逃げ出すよう助言することは、単なる無責任な行為である。

本書では、分かったつもりの、あるいは理解してもいないうちから行動すべきであると私たちが考える問題についての、欺瞞に満ちた単純な反応の裏側を扱った。[24] そしてムスリム女性の苦難の表象や、彼女たちの権利の欠落といった議論が、政治と実践の両面で今日どのように機能しているかを明らかにした。「ムスリム女性の権利」が論争や文書の形で旅をする様子、フェミニスト団体や女性活動を形作る様子、人々の情動を焚きつける様子、性暴力の自伝を構築する様子、さらには村で、難民キャンプで、スラムで、国連の会議場でそれが命を仲介する様子を辿ってきた。さらに権利の有無という用語だけを使って遠隔地の女性の人生を捉えようとする枠組みが、いかに日々の暴力や愛の形を隠蔽してしまうかを概観した。私たちがすべきは、権利対文化（や宗教）という概念によって人生を評価するこの枠組みが、どのように様々な女性たちのために（なり、どのように足かせに）なるのかを問うことである。加えて本書では、私たちに馴染みのない「ムスリム文化」の象徴、たとえばヴェールや名誉犯罪が、破壊的な戦争、身の毛もよだつ外国人嫌悪、金満人道主義などをめぐる現在の政治プロジェクトにいかに流用されているかを明らかにした。

北アメリカに暮らす恵まれた学者が、遠隔地の貧しい農村女性の姿を引き合いに出して、そこでの生活と恵まれた国際人が提唱する構想との落差を指摘することの皮肉には、私は十二分に自覚的である。せめてもの弁解は、農村生活への介入ではなく観察への注力によって、私はそこでの暮らしの複雑さや驚くほどの豊かさに気づけたということである。長い歴史を持ちムスリム世界の至る所でみられた「女性を作り直す」プロジェクトを研究することは、私を謙虚にした。[25]グローバルな格差が、部外者の想像上の、あるいは実際の介入に対して、自分が書いてきたような女性たちを私たち以上に脆弱な状態にしていることが、頭から離れない。

介入すべきという道徳的責任を私が感じるのは、農村女性の世界ではなく、私自身も平等な一人として参加する恵まれた人々の世界のほうである。グローバルな権利に関わる仕事と議論、そして人生を作り直す力ずくのプロジェクトとの関わりを考え合わせた結果、私は自分の知識と経験を、権利の仕事に権威を与えそれを自然にみせる権力の世界に介入することと、その権力の世界が引き起こした、人間の社会的生に関する、時に危険な理解に介入することに使いたいと思う。そしてどこの社会でも正義についての論争が起きていて、権力や権利についての抗争があり、変化を追い求める人々がいることを肝に銘じておきたい。他の人が選ぶものは、私たちが選ぶものとは違うかもしれない。しかしその決断が、丁寧な分析と批判的内省に基づき、そして、私たちに共通する人間としての感覚——異なる力に晒され、異なる方法で表現されているとしても——に自覚的である状態でなされるようにと願わずにはいられない。

原注

原注には詳細な書誌情報がついているが、ほとんどが英語文献で原注をそのまま訳すと煩雑になることから、原注の書誌の表記は著者名・発行年（同一著者で発行年も同じときは発行年のあとにa、b表記）・ページ数を示す形に簡略化した。その詳細は参考文献を参照されたい。（訳者）

はじめに――権利と人生

（1）ザイナブは仮名である。エジプトの生活について描写する際の他の全ての名前についても同様に仮名とする。

（2）彼女は、嫉妬深い近隣住民と言い争いになり、警察に逮捕されたこともあった。それは、ほとんどの人生をこの家で暮らしてきた、コミュニティの尊敬を集める中年女性にとってショッキングなことだった。

（3）ザイナブは、子どもたちが幼いうちは自分の母親に助けてもらっていた。彼女は、民俗学者や人類学者に惜しみなく知識を提供した。ザイナブの詳細については、Wickett 2010, Abu-Lughod 2005を参照のこと。

（4）Abu-Lughod 1986.

（5）Riesman 1977.

（6）この件の詳細については、Abu-Lughod 2008の序文を参照のこと。

（7）研究者はこれを、エドワード・サイードの書籍『オリエンタリズム』に倣い、「ジェンダー・オリエンタリズム（gendered Orientalism）」と呼び、オリエンタリスト言説における女性の表象や、ジェンダーの役割についての数多くの分析がなされている。一例として、Ahmad 2009, Kabbani 1986, Yegenoglu 1998.

（8）Joseph 1991, Al Ali 2007, Al-Ali and Pratt 2009.

（9）Sommers 2007. ソマーズはフィリス・チェスラーを引用しているが、彼女は、女性学講座を対象にした、シオニストのデイヴィッド・ホロウィッツ率いる反「イスラーム・ファシズム」のあくどいキャンペーンを支援したことで悪名を馳せた。また共著〔として著した〕女性とイスラーム法のパンフレットでは、イスラームは、暴力と全世界のムスリム女性を苦しめるあらゆる悪の根源であると論じたいがために、クルアーンを文脈から切り離して引用した。

（10）Farrell and McDermott 2005.

（11）クリフォード・ギアツはかつてウィリアム・ブレイク〔一八─一九世紀のイギリスの詩人・画家〕の詩の一節を引用し、人類学者の知の生成方法と、彼らが人類の状態を知ることを目的として、小さな、あるいは辺鄙な場所で何年も人々と日々の暮らしを共にする理由を描いた。人類学者は詩人と同様、「一粒の砂から世界を見る」のだと彼は言う。

（12）Fakhraie April 13, 2011.

（13）Dusenbery April 14, 2011. この記事について教えてくれたローラ・ツィオルコウスキーに感謝する。

（14）ヌスバウムは法的な禁止の対象となったのはブルカではなく、ニカーブ、つまり顔を覆うヴェールだったと用語を修正した。Nussbaum July 11, 2010. 一章で説明したように、ムスリム女性が纏う衣類には様々なものがある。アラビア語やペルシャ語起源の異なる種類の覆いを表す用語は、英語となる際に出典が曖昧になる。ヒジャーブや頭にまくスカーフは単に髪を隠すものである。ニカーブやブルカと呼ばれる形状の衣類は、目以外の顔をも覆う。イランのチャードルは全身を包むものの、覆われるのは頭髪と体だけで、顔は出ている。興味深いことに、カタールのベドウィンが用いる、鷹狩り用の鷹の目を覆う革製のフェイスマスクもブルカと呼ばれる。Nielsen 1959.

（15） Nussbaum July 15, 2010.

（16） Nussbaum July 11, 2010.

（17） この立場についての明快な要旨については、一般向けかつ最新の以下の文献を参照のこと。Nussbaum 2011.

（18） 国連女性差別撤廃条約（CEDAW）の機能についての最良の分析として、Merry 2006を参照のこと。女性差別撤廃条約が成立した時期は、イスラーム的権利と人権法とのその後の関係と、この関係の中心に「ムスリム女性」が据えられたことを考えるうえで重要であった。イラン出身のフェミニスト法人類学者ズィーバー・ミール＝ホセイニーは、女性差別撤廃条約が国連で採決されたまさにその年に、イラン革命が起こったと指摘した。人々がイスラーム政権を選び取ったことは衝撃をもって迎えられた。何年もの世俗化の後に、イランでイスラーム法が評価されるようになったとは、何とも皮肉である。女性は議論の争点となった。公共の場所では全身を覆うことを〔法的に〕義務づけられ、女性たちもまた、新たなフェミニズムの形式を生み出した。一九七九年以降、イスラーム・フェミニズムは多様な形態をとるようになったが、フェミニズムの動きをトランスナショナルな文脈で考える上では、女性たちの〔運動への積極的な〕参画を重視する必要がある。Mir-Hosseni 2011.

（19） こうした議論は後に、以下のような人々に耳目が集まる形で起こった。マーサ・ヌスバウム、スーザン・モラー・オーキン、キャサリン・マッキノン、ウエンディ・ブラウンの仕事を援用したインダーパール・グレウォル、チャンドラ・モハンティ、ガヤトリ・スピヴァク、ラジェスワーリー・サンダー・ラジャン、レティ・ヴォップなどの人物が有名である。Brown 2006, Grewal 1998, 2005, Mohanty 2003, Spivak 1988, Rajan 1993, Volpp 2000, 2001.

（20） Pathak and Rajan 1989. 優れた分析は次の文献を参照のこと。Agnes 2011.

(21) Chowdhury 2011.

(22) Mutua 2001.

(23) Siddiqi 2011.

(24) 国際的なケースとしては、ナイジェリアのアミーナ・レワールの事件が最も有名である。

(25) Siapno 2011.

(26) ムサワの活動については六章で論じる。

(27) Shehabuddin 2011.

(28) Ahmad 2011.

(29) Wolf 1929.

(30) Brown 2012. フランス世俗主義とそこでのヴェールの扱いに関する優れた批判としては、Scott 2007 を参照のこと。

(31) Mahmod 2006.

(32) アイヤーン・ヒルシ・アリは、ヴォルテールを引用し、「ムスリムの閉じた心（the closing of the Muslim mind）」〔ロバート・レイリーの同名の本のタイトルを踏まえた表現か〕に抵抗している。Hirsi Ali 2006: 129-140.

(33) Hirsi Ali 2006: 111-122.

(34) Angelou 1993. 詩の全体は、Angelou 1994: 194-195 に掲載されている。

(35) 冷戦後に勝利を収めた新たな「倫理的」人権言説は、「近隣住民」によって行われる残虐行為から人々を救出するための、「ワールド・コミュニティ」による多様な形式の介入を正当化した。これに関しては出色の出来の Meister 2011 を参照のこと。本書の一七ページ〔九行目から一六行目〕に載せたこの言説の要約は、ムスリム女性の権利に対する〔高い〕関心が、いかにして新しい人道主義的人権のなかにうまく取り込まれたかを示している。ローラ・A・エイゴスティンはより辛辣に「救済産業」を、ニコラス・クリストフ（二章を参照のこと）のようなジャーナリスト・ヒーロー、「人道主義の仮面をかぶったふざけた植民地主義者に介入を許し、彼らにフリーパスを与える」ものと説明している。Agostin 2012.

1　ムスリム女性に（いまだに）救援は必要か

（1）Crowe August 2, 2010.
（2）以下の文献を参照のこと。"Jodi Bieber Speaking about Her Bibi Aisha Photograph".
（3）Stengel July 29, 2010.
（4）Hyneman September 20, 2010, Jones August 12, 2010. アフガニスタンの女性団体に関する詳細で具体的な研究については、Wimpelmann 2013を参照のこと。
（5）本章は、次の論文に多くを依拠している。Abu-Lughod 2002. 女性の名を借りた反ターリバーン活動を対象とする初期の優れた政治分析としては、次の文献を参照のこと。Hirschkind and Mahmood 2002. ウエンディ・ヘスフォードは、次の文献においてアムネスティ・インターナショナルによるキャンペーンを分析し、人道的支援の広報においてアフガニスタンの女性の映像が〔優れた〕効力を発揮することを示した。Hesford 2011.
（6）Puar and Rai 2002.
（7）Bush November 17, 2001.
（8）Spivak 1988, Burton 1992, Mani 1987.
（9）Ahmed 1992. エローラ・シェハーブッディーンは次の文献において植民地フェミニズムや宣教フェミニズムが抱える問題を詳細に提示した。Shehabuddin 2011.
（10）Lazreg 1994: 135.
（11）Lazreg 1994: 68-69.
（12）Mahmod 2008: 81-82. 規範的世俗主義と、ある種のムスリム女性が現在西欧でもてはやされることには深い関わりがある。ヒルシ・アリは、私は無神論者だと宣言する。今もなおみられる宣教的視座やキリスト教が果たす役割についての優れた議論は、以下の文献を参照のこと。Shehabuddin 2011.

（13）Papanek 1982.

（14）Fremson November 4, 2001: 12.

（15）Fremson November 4, 2001: 12.

（16）Goldenberg January 23, 2002.

（17）アフガニスタンにおけるブルカの意味とその用法の変化についてはトヌン・ウィンペルマンにご教示いただいた。記して感謝する。

（18）Abu-Lughod 1986.

（19）例えばAbu-Lughod（ed）1998, Abu-Lughod 2005, Brenner 1996, Macleod 1991, Ong 1990.

（20）Mahmood 2005.

（21）Deeb 2006.

（22）イランでは、強制的な服装規範に抵抗する試みは「悪いヒジャーブ」と呼ばれ、政権はそれに対して黙認と取り締まりとを交互に繰り返している。

（23）ヨーロッパにおけるヴェール論争を理解するためには次の文献を参照のこと。Moors 2012: 282-295. Scott 2007.

（24）フェミニスト人類学者ならではの居心地の悪い関係については、以下の文献が明らかにしている。Strathern 1987.

（25）以下の文献を参照のこと。Hirschkind and Mahmood 2002.

（26）以下の文献を参照のこと。Ong 1988.

（27）Erlanger November 30, 2001.

(28) Afshar 1998, Mahdavi 2009, Mir-Hosseini 1999, Moghissi 1999, Najamabadi 1998b, Osanloo 2009.
(29) Abu-Lughod 2001: 101-113.
(30) Abu-Lughod 2009: 83-103.
(31) Mahmood 2001: 223.
(32) Sommer and Zwemer 1907. 歴史研究としては、以下の文献を参照のこと。Fleischmann 1998.
(33) Sommer 1907: 16.
(34) Zwemer 1907: 5.
(35) リズ・マーニンによるすばらしい映画『カーブルの美容学校（*Beauty Academy of Kabul*）』〔二〇〇六年のドキュメンタリー映画〕を参照のこと。映画とプロジェクトに関する優れた分析としては以下の文献を参照のこと。Nguyen 2011: 359. あるアメリカ人参加者については以下の文献を参照のこと。Rodriguez and Ohlson 2007.
(36) Walley 1997.
(37) Kandiyoti 2007: 176.
(38) Kandiyoti 2007.
(39) Kandiyoti 2007: 180.
(40) Kandiyoti 2009.
(41) Baker August 9, 2010.
(42) シンシア・エンローはこれらを詳細に分析した。そこにはアフガニスタンの事例も含まれる。Enloe 2004, 2007.

2 新たな常識

(1) Kristof and WuDunn 2010: 裏表紙。

（2） Kristof and Wudunn 2010: vii.

（3） Kristof and WuDunn 2010: 裏表紙。

（4） Appiah 2010. かつてはシシリア島、そして今ではパキスタンなどの場所で起こる、アッピアが対象にする女性に対する暴力の中の一形態は、名誉殺人と言われる。この手の暴力は、男性が女性をコントロールしたいという欲望に基づくものと説明される。そしてその男性は往々にしてムスリムである。「名誉殺人」については四章で議論し詳細に分析する。

（5） 最近、オーストラリアで行われた学会発表書籍化への執筆を求められた。『名誉の名の下に（*In the Name of Honour*）』というタイトルの書籍の編者は、アーイシャ・ギル、カール・ロバーツ、キャロリン・ストレンジである。「名誉を買おう《ショップ・オナー》」運動とトートバックのプレゼントについては以下のサイトを参照のこと。Theahafoundation.org/get-invlved/honour/shop-honour/ 最終アクセス日二〇一二年六月三〇日。

（6） アイヤーン・ヒルシ・アリの三冊の本とは、『囚われの乙女』（2006）、『無神論者』（2007）『遊牧民』（2010）である。

（7） ヒルシ・アリの描写に対する返答は「感情面では私の手をぽんぽんと叩くのと同じです」、なぜなら彼らは、ヒルシ・アリの戦いには勝ち目がないと考えているからである。彼女は書く、「私はこの負け犬根性のアプローチを採るのをやめました」。Hirsi Ali 2010: 232.

（8） Kristof and WuDunn 2010: xviii.

（9） Hirsi Ali 2006.

（10） Kristof and WuDunn 2010: xxiv.

（11） Kristof and WuDunn 2010: 261.

（12） Brown 2006: 452-455.

（13） Brown 2006: 453.

（14） Alexander 2010. ただし一〇年前であっても、黒人男性は白人男性に比べ、刑務所に入る確率が六から八倍高かった。驚くべきことに、高卒の黒人男性の三〇%、高校中退の黒人男性の実に六〇%が刑務所に入ったことがある。研究者は、「刑務所に入ることは、大学に進学しなかった現代の黒人男性集団にとって、ありふれたライフイベントの一つとなっている」と結論づけている。これが、彼らの将来の機会の獲得に深刻な影響を与えている。Pettit and Western 2004: 151.

（15） Elias 1978.

（16） 興味深いことに、ジェンダー平等をイスラーム家族法の改革を通じて行おうとする新しいイスラミック・フェミニストもまた、過去における奴隷制の許容と現在におけるその拒絶にジェンダー平等への希望を見出している。ムサワの活動家にとっては、しかしながら、ジェンダー平等は外部からの介入によってではなく内部改革によってもたらされるべきなのである。彼女たちの行動要綱には、こう記されている。「クルアーンの原理と規範は、奴隷制度を廃止させたときと同じく、家族法やその適用において、平等と正義を志向するための道を定めています。奴隷制度の不公正が広く認識され、奴隷制度廃止に必要な条件が整うにつれて、奴隷制度に関連する法や適用が再考され、古典的なイスラーム法学〔の解釈〕は時代遅れになりました。同様にわれわれの家族法も――成文法として成文化されていない慣習も含めて――イスラーム的な平等と正義に照らして、普遍的な人権〔概念〕基準を強化し、そして二一世紀の家族の現実に対応する形で再編されなければなりません」。Musawah 2009.

（17） Kristof and WuDunn 2010: xxiii.

（18） Tjaden and Thoennes 2006. 少数派と非少数派女性で割合に差は見られなかった。

（19） Sanday 1990, ここでは、社会的事実を性ホルモンによって説明する通俗的な試みのあら捜しをする科学的文献については触れない。科学における性に関する最新の批判については、Jordan-Young 2010 を参照のこと。

（20） Kristof and WuDunn 2010: xvi.

（21）Enloe 1990, 1993.
（22）Kristof and WudDunn 2010: 181. これは非常に興味深いイメージである。五〇年代後半から六〇年代初頭のアルジェリア戦争の〔用語〕、「スーツケース・キャリアー（les porteurs de valises）」をクリストフがなぜ、あえて持ち出してきたのか是非知りたい。〔なぜなら〕その呼び方は、フランスで、アルジェリアの独立を支援し、フランス国内のアルジェリア人が民族解放戦線のために集めた資金を輸送した、思想や拠り所を異とする、牧師やマルクス主義者などを含む〔多様な〕人々からなる集団を指す言葉だったからだ。また彼らは、ＩＤ偽造や、民族解放戦線の闘士への隠れ家の提供なども行った（アラン・グレッシュとの個人的なやり取りによる。二〇一一年四月一七日）。
（23）Appiah 2010: 99.
（24）Ko 2006: 215-217.
（25）Ko 2005.
（26）Hinton and Gordon 2011. 伝統、近代、そして西欧の影響といった言説を根本から揺るがす、中国のフェミニズムを扱った先駆的な本としては以下がある。Liu, Karl and Ko（Eds）2013.
（27）参照すべき重要な仕事としては以下がある。Wolf 1985, 1975, Ko 2005, 2006, Rofel 1999, Hershatter 1988, Davin 1975.
（28）Ko 2005.
（29）Ko 2006: 235.
（30）Kristof and WuDunn 2010: xxii.
（31）アメリカ人は、アメリカ合衆国に人権を適用すべきであるという指摘を受け入れられないとしばしば言われる。さらにアメリカは、女性差別撤廃条約を批准していない数少ない国の一つだが、この事実は通常忘れられている、とも度々指摘されている。これには多くの理由がある。そこには国家の自治権保護や、政治的経済的懸念などが含まれる。共和党はこれらに及び腰である。

(32) Luts 2011.

(33) Kristof and WuDunn 2010: 211. マイクロクレジットを対象とした研究によれば、貸付利率が非常に高く、女性を対象としたマイクロクレジットは、方法として深刻な問題を抱えているという。Karim 2011, Roy 2010.

(34) Kristof and WuDunn 2010: 24.

(35) Kristof and WuDunn 2010: 23.

(36) Kristof and WuDunn 2010: 20.

(37) ヒルシ・アリは、著書の一つの副題に「ある〔ムスリム〕女性の理由を求める叫び (A Woman's Cry for Reason)〔表記ミスか。A Muslim Woman's Cry for Reason が正しい〕」と、別の本の副題には「個人的な旅——文明の衝突をかいくぐって (A Personal Journey through the Clash of Civilizations)」とつけている。オランダでの彼女の日々の詳細については以下の文献を参照のこと。Snel and Stock 2008, Ghorashi 2003.

(38) イルシャッド・マンジやアザール・ナフィーシィなど、ヒルシ・アリを政治的に後押しする一大勢力については、マフムードが明らかにしている。Mahmood 2008. イスラームを糾弾する「穏健なムスリム」〔という概念〕が構築される際に女性が果たした重要な役割については以下の文献を参照のこと。Shehabuddin 2011.

(39) ヒルシ・アリは、自身の映画『サブミッション (服従)』(テオ・ファン・ゴッホ監督 2004) の中でついには、「イスラミスタン」という国をでっちあげた。

(40) Hirsi Ali 2006: 2.

(41) Kristof and WuDunn 2010: 175.

(42) Appiah 2010: 153.

(43) Kristof and WuDunn 2010: xii.

(44) 「ダルフールを救おう」というこれに先立つ活動でも同じテクニックが使われている。以下の文献を参照のこと。Hicks and Eichler-Levine 2007.

(45) Kristof and WuDunn 2010: 171.

(46) Pagels 1979.

(47) Joyce 2009, "QuiverFull".

(48) Appiah は Leviticus and Deuteronomy を引用している。

(49) El-Haj 2012.

(50) 以下の文献を参照のこと。Pogrebin March 20, 2009.

(51) Hirsi Ali 2010: 247. 彼女は、十字軍について注をつけずにこれを書いた。十字軍の城は、中東全域でバスツアー客を魅了し続けている。加えて、一九世紀から二〇世紀にかけての一〇〇年間にアラブ地域の植民地で行われた宣教活動は、いくつもの優れた学校を設立した。しかし彼らは東方正教徒の一部をプロテスタントに改宗させたに過ぎなかった。

(52) Cooke 2007.

(53) Hirsi Ali 2010: 129.

(54) 言うまでもないが、ここでは仮名を用いることで記述対象者の保護に努めたい。

(55) 訪問文化（social visiting）と家族の名誉との関係性についての最も優れた分析としては、以下の文献を参照のこと。Meneley 1996.

(56) アッピアは、彼自身が知らないパキスタンについて、ウェブサイトとマスメディアの情報に依拠して分析・執筆を行った。関連して私は以下のような想像をしてしまう。イランの哲学者が、アメリカについて新聞、シェルターや刑務所で暮らす女性の研究、子どもの福祉についての法的見解、あるいは雑誌広告だけをもとに、アメリカが今後どのようにあるべきかを議論したらそれはどんな内容なのだろうかと。タブロイド紙が取り上げる誘拐や連続殺人の記事をもとにしたその哲学者のジェンダー関係の分析を、信用などできるだろうか。

(57) Hirsi Ali 2010: 25-26. この事例の独自性を強調するために使った「偶発（contingent）」という用語は、次の文献から借用した。Shehabuddin 2011: 126.
(58) Halley 2006.
(59) Haltunen 1995.
(60) 「三文ノンフィクション（pulp nonfiction）」という用語は、以下の文献から借用した。Ahmed 2009: 105.

3　道義的十字軍の認可／権威づけ

(1) Kapur 2002: 1.
(2) クリストフとウーダンは慎ましく、すばらしい女性たちに巡り会えて光栄であると語っている。Kristf and WuDunn 2010: 287.
(3) MacKinnon 2006: 41-43, Bunch 1990, Okin 1999: Nussbaum 2000.
(4) MacKinnon 2006: 43.
(5) Bunch 1990: 491.
(6) Okin 1999: 10.
(7) Brown 2006: 190.
(8) 権利と潜在能力のいずれのアプローチも、ここではないどこか別の場所や宗教で実践される性的従属を説明するために文化を使っている。レティ・ヴォップが指摘するように、リベラルな立場をとる人々のこうしたやり方は、世界中の女性たちの問題の多くは、〔実際には〕個人の属する文化やコミュニティを超えた力、例えば国際的な格差構造、政治化された宗教運動に付随する新たな家父長制の形態、トランスナショナルな資金の流れなどに由来するという事実を覆い隠してしまう。彼らは、性差別的な文化や宗教実践以外の、女性に影響を及ぼす問題——男性を含む他者と共有できるかもしれない問題——から我々の関心を逸らす。四章で議論するように、その間彼らは私たちの目を現在のアメリカ合衆国やヨーロッパ、あるいは中産階級に「土着の」性差別からそむけさせようとする。Volpp 2001: 1204.

（9）Okin 1990: 23. 彼女が問題にした事柄の一つは、「公的空間はニュートラルであるということが〔議論の〕前提になっているのはなぜか」である。ブラウンは以下のように問うている。「男性上位がリベラリズムの核である自由、すなわち自立と利己的関心に基づくもの、そして平等、すなわち同質性と公的空間に限定されるもの、に予め刻印されていると考えてみたら何が見えるだろうか」。Brown 2006: 265.

（10）Okin 1999: 16. Chakrabarty 2000: 27を参照のこと。

（11）Nussbaum 1993: 265.

（12）Nussbaum 2000: 97.

（13）潜在能力アプローチは、人権のようには西欧とのつながりに汚されていない、というヌスバウムの言はおそらく正しい。これまでも、人権を特定の、「非西欧的」伝統のなかに位置づける試みはいくつも行われてきた（その試みについては、以下のものからその痕跡を辿ることができる。国際イスラーム的人権宣言（The International Islamic Declaration of Human Rights）、イスラームにおける人権カイロ宣言（the Cairo Declaration of Human Rights in Islam）、イラン・イスラーム的人権委員会（the Islamic Human Rights Commission in Iran）。これらの議論については、たとえば以下の文献を参照のこと。Al-Sayyid 2009. イランについては以下の文献を参照のこと。Osanloo 2009, 2006.

（14）Nussbaum 2000: 99-100. 彼女が用いる普遍的なレトリックと、普遍的なものとして彼女が提示するきわめて文化的な独特な要素との違いを理解するために、私たちは彼女がこうした人間の潜在能力をどのように説明するかを見る必要がある。タラル・アサドは、最も露骨にそれらの価値観を担わされたものを引用し、これこそが「人間についての厚い記述」であると主張する。Asad 2003. 私は、以下の文献でこの潜在能力を論じ、その価値を分析した。Abu-Lughod 2010b.

（15） 世界人権宣言、総会決議217A（Ⅲ）ジュネーブ、国連公式記録一九四八年一二月一〇日：七一―七九。世界人権宣言の文章は、三六〇の言語に訳され、国連人権高等弁務官事務所のウェブサイトに掲載されている。（ohchr.org/EN/Pages/WelcomePage.aspx）英語版の決議は以下のウェブサイトに掲載されている。（ohchr.org/ENG/UDHR/Pages/Language.aspx.aspx?LangID=eng.）

（16） ポストコロニアル研究者は、いかなる歴史的経緯によって、「普遍的」な人類の進歩という特定の概念が、発祥の地をはるかに超えて、当たり前と感じられるようになったのか、をこそ問えと言う。Chakrabarty 2000: 43. また、ヨーロッパだけでなく、何世紀にもわたって実験室のように扱われてきた非西欧地域でいかにそれが発展しえたのかをも問う。この議論については Mitchell 2000: 1-34 を参照のこと。植民地主義を対象とする歴史家は、人種、文化、特に宗教を近代化の妨げとしてのみなす視座が、いかに大英帝国統治を特徴づける卑劣な統治形態から人々の関心を逸らせたかを教えてくれる。Pierce and Rao（Eds.）2006.

（17） Chakrabarry 2000: 27 を参照のこと。個別と普遍についての議論を深めるためには、Abu-Lughod 2010b: 69-93 を参照のこと。

（18） タラル・アサドが述べたように、人権は、人間に関わる厚い記述の上に築かれてはいるが、それらは文化的にも歴史的にも個別で偏狭である。また特定の人間〔像〕を、押し付けようとするものでもある。Adad 2003, Abu-Lughod 2010b.

（19） Ahmad 2009.

（20） Yegenoglu 1998, Alloula 1986, Sommer and Zwemer 1907, Nochlin 1983, Said 1979, Kabbani 1986.

（21） Mahmood 2008.

（22） Volpp 2000.

（23） Kwon 2005.

（24） このつながりは、その二〇年後に出版されベストセラーとなったメモワール、『私はノジュオド、一〇歳で離婚（*I am Nujood, Age 10 and Divorced*）』でも強調されている。このジャンルの他の本同様、これは「語られたまま」の物語である。作者は受賞歴を持つフランス人ジャーナリスト、デルフィーヌ・ミヌイである。他の犠牲者／ヒロインと同じように、この少女は西欧でもてはやされ、イエメンがテロとアル＝カーイダに密接に結びつけられた時代と相俟って、イスラーム・ランドの野蛮性を強調する〔存在となった〕。Ali and Minoui 2010.

（25）Ali with Wain 1995: 88-89.

（26）イスラミック・フェミニストたちもこの問題を取り上げてきた。二〇一二年後半、私は六章で議論するアメリカ・ムスリム振興会（ＡＳＭＡ）を母体とする、敬虔と平等を目指す女性たちのイスラミック・イニシアチブ（ＷＩＳＥ）から「強制結婚」についてのメールの質問票を受け取った。

（27）Leila 2006: 215.

（28）Leila 2006: 216. 彼女は訴えを起こし、接近禁止令が言い渡されたが、彼は出ていかなかった。彼女は一大決戦をすべく彼をアパートに閉じ込めた。闘いは、行き過ぎた暴力が彼女に自責の念を抱かせ、その自責の念が精神疾患と自殺未遂とをもたらしたことで終わった。それでも行間から、夫にとってこの結婚が悲惨なものだったことが窺える。「彼は自分を殴り始め、『この子にはうんざりだ、この子にはうんざりだ。成功したいんだ。息子に一人で育ってほしくないんだ、母親不在で！』と叫んだ。彼はひどく自分を殴ったので、彼の顔と目は腫れあがった。（中略）彼は自分の頭を壁に打ち付け、床を転げ回った。（中略）私は近所の人に助けを求め、その後救急車を呼んだ」。Leila 2006: 222-223.

（29）Sasson 2004: 124.

（30）Sasson 2004: 130.

（31）Sasson 2004: 29.

（32）Sasson 2004: 292-293.

（33）Sasson 2004: 297. スルタナがクリストフを読んでいないことは明らかである。

(34) 一例を挙げれば、Meneley 1996, Altorki 1986, Eickelman 1984, Fernea 1995, Kapchan 1996, Mahmood 2005, Deeb 2008.

(35) Shah 2009: 270.

(36) この論争の優れた分析については以下の文献を参照のこと。Asad, Brown, Butler and Mahmood 2009.

(37) Sasson 1999: 16.

(38) Ali and Wain 1995: 274, 285, Muhsen with Crofts 1991.

(39) 以下の文献を参照のこと。Guénif-Souilamas 2006, Ticktin 2011, Fernando 2010: 19.

(40) Leila 2006: 193. フランス国立人口学研究所と国立統計経済研究所による最近の統計的調査は、合意形成の問題は複雑なこと、また移民女性とその娘たちの間で強制結婚が減少していることを示していた。これらは特筆に値する。Hamel 2011: 1-4. この調査に関し研究を行い、「強制結婚」の希少さと、強制結婚と難民認定証明の取得状況との間に相関関係が見られないという彼女自身の研究成果を含む、情報提供を行ってくれたニスリン・アブー・アマラに謝意を表したい。

(41) Ticktin 2008. 姦通の事例については、以下の文献でさらに議論を展開させている。Ticktin 2011. サルコジの引用は一二八頁にある。

(42) Mai 2006.

(43) 以下の文献を参照のこと。Vance 2011. 人身売買の議論における一九世紀のメロドラマの主題という問題については、以下の文献も併せて参照のこと。Bernstein 2010.

(44) アマゾン・イギリス、"Disgraced: Forced to Marry a Stranger, Btrayed by my Own Family, Sold My Body to Survive, This Is my Story: Amazon.co.uk: Saira Ahmad and Andrew Crfts: books,".

(45) アマゾン・イギリス、"Belonging: Amazon.co.uk: Sameen Ali: Books,".

(46) Shah 2009: vii.

(47) Shah 2009: 80-81.

(48) ここでいう自由は常に世俗的とは限らない。私は、シャーの『イマームの娘』が、クリスチャン・ブックスと呼ばれるウェブサイトで、「文化的抑圧から逃れ、キリストに新たな人生を見出し（中略）、自分の望む相手と結婚した、勇気ある女性の実話。すばらしい神による救いの物語」と宣伝されているのを見つけ驚いた。

(49) この映画の脚本は彼女が執筆し、毒舌と論争好き（ムスリム移民についての人種差別的発言を含む）で知られるオランダ人映画製作者テオ・ファン・ゴッホと組んで映画を製作した。この事象を扱った優れた議論として、オランダ人人類学者による以下がある。Moors 2005: 329.

(50) ヒルシ・アリの映画『サブミッション（服従）』への応答としてアンネリーズ・ムーアスは、以下のように言う。「ヒルシ・アリは、他の人々が隠そうとしてきた女性に対するイスラームの残忍さを、大きな個人的リスクを背負って明らかにしようとするただ一つの声であるとみなされてきた。彼女が大きなリスクを負ってきたのは確かに真実である。しかし、オランダ社会における彼女の立場を、ただ一つの声と表現することには注目すべきだ。男性女性を問わずムスリムからの彼女への支援はそれほどないが、非常に強力なプレーヤーとの間に協力関係があった」Moors 2005: 9. オランダを拠点とする別の研究者、ハラ・ゴラシは、ヒルシ・アリのことを「オランダにおけるイスラームに関する主流言説の、歓迎される代弁者であり、その言説はイスラーム系移民（Islamic migrants）を問題として、また国の敵として描いた」と解説する。Ghorashi 2003: 163-173. 映画公開時にオランダにいた研究者、イヴェッタ・ジュソヴァは、オランダのムスリム女性と同盟関係を結ぶことや、自分の映画がイスラモフォビアに盗用されていないか確認することに、ヒルシ・アリがいかに無関心だったかを書き留めている。反対に〔ヒルシ・アリは〕「映画の中でムスリム女性を行為主体性を持たない被害者として描く、クルアーンから専制的な声を示す章句だけを恣意的に引用する、二一世紀に相応しいクルアーン解釈を新たに行おうとするムスリム女性の伝統を無視するなど、映画全体の議論のあり方が、映画『サブミッション（服従）』を、イスラモフォビア言説に容易く流用されるものにしてしまった」とジュソヴァは記している。Jusova 2008.

(51) De Leeuw and van Wichelen 2005: 329.

(52) Moors 2005: 8.

(53) Hirsi Ali 2006: 141-150.

(54) Wood 2002: 87.

(55) Wood 2002: 96.

(56) 以下の文献も併せて参照のこと。Dean 2003.

(57) Bernstein 2004.

(58) Wood 2002: 102-103.

(59) 他の議論については、以下の文献を参照のこと。Ahmed 2009, Lalami 2006, Bahramitash 2005.

(60) Mahmood 2008: 92-93. 彼女は、「悪の枢軸」国家の内部に私たちを招き入れてくれる、アイヤーン・ヒルシ・アリのような「ネイティブ」は、新保守主義のアメリカン・エンタープライズ研究所〔共和党系のシンクタンク〕を信奉するような男性や女性のみならず、西欧のフェミニストたちにも歓迎されている、と書いている。

(61) Razack 2007.

(62) Hirsi Ali 2007: 85.

(63) Hirsi Ali 2007: 207-208.

(64) Hirsi Ali 2007: 209.

(65) 以下の文献を参照のこと。Abu-Lughod 2010b.

(66) Das 1995, Menon and Bhasin 1998, Butalia 2000.

(67) このことを教えてくれたパルタ・チャタジーには感謝している。

4 「名誉犯罪」という誘惑

(1) 詳細については、本章の原型となった、より長い以下の版を参照のこと。Abu-Lughod 2011b.

(2) この用語は、今や第三世界の開発産業に関する古典となったジェームズ・ファーガソンの研究から借用した。Ferguson 1994.

(3) Amnesty International July 20, 2005.

(4) クリストフが言うように、「処女膜――この壊れやすく、目にすることもなく、意味もないもの――は、世界中の多くの宗教と社会で崇拝の対象となっている」Kristof and WuDunn 2010: 90.

(5) Abu-Lughod 1993: 192, 184.

(6) 愛の詩が死の原因となるような、特に感動的な事例については以下の文献を参照のこと。Abu-Lughod 1990b. 美しい、「ロミオとジュリエット」タイプの伝統的なロマンス、すなわち、悲劇の恋人たちの二つの墓から木が生え、葉が茂り、葉が空の高いところで交差する、などの物語については、以下の文献を参照のこと。Abu-Lughod 1986: 249-250.

(7) Appiah 2010: 172.

(8) Wikan 2008: 62.

(9) Wikan 2008: 117.

(10) Wikan 2008: 110.

(11) Wikan 2008: 236.

(12) Wikan 2008: 167.

(13) Wikan 2008: 275.

(14) リーマーはスウェーデンのメディアによるこの出来事の取り上げ方を分析し、あるパターンを特定した。彼女によれば、「新聞はファディメ・サヒンダールを、平等、近代、自由、啓蒙という特徴をもつスウェーデン的ライフスタイルの殉教者として描いた。この表象は文化的人種差別、性差別、そして階級に対する偏見に基づいて、何度も繰り返し用いられた」。こうした表象は、女性への暴力に対する、スウェーデン人と移民との違いを誇張し、際立たせた。Riemers 2007: 239-255. 引用は二五二ページより。私が分析を終えた後、レマ・ハマニはこの記事を寛大にも、私に紹介してくれた。ヴィカンはカナダでのこの事件の表象について鋭い批評を行った。それについては以下の文献を参照のこと。Razack 2008.

(15) Van Sommer and Zwemer 1907: 16.

(16) Khouri 2004: 8, 10-11.

(17) Husseini 2009.

(18) 二〇〇七年、アンナ・ブロイノウスキー作のノーマ・コウリーについての素晴らしいドキュメンタリー映画『禁じられた嘘 (*Forbidden lie$*)』が公開された。この事件を明らかにしたオーストラリア人ジャーナリスト、マルコム・ノックスのインタビューが映画の目玉だったが、他にもコウリーの亡命がブッシュ政権の最上層部主導で行われたことを明らかにした他の人々のインタビューもあった。この事件のさらなる議論と新聞報道については、以下の論文を参照のこと。Mahmood 2008, Husseini 2007.

(19) オーストラリア人の歴史家かつメモワール専門家が論じているように、それが注意深く読まれなければならないものであることは間違いない。Taylor May 2, 2005.

(20) Souad and Cuny 2004: 68.

(21) Wikan 2008: 24.

(22) 二〇〇七年九月八日、メールでのやり取りによる。親サイト「中東の若者 (Mideast Youth)」は、「イランとアラブの若者の対話のためのプラットフォーム」として二〇〇五年に立ち上げられた。それ以来サイトは、マイノリティの権利や他の数多くの課題を取り上げ、サイバーアクティビズムの賞を受けるまでに成長した。アル＝アズラクはヨルダン人とデンマーク人との対話の企画運営で忙しくなり、「名誉なし (No Honor)」サイトでのボランティア活動を諦めなくてはならなかった。彼はヨルダンとアメリカの若者で行う同様の対話プロジェクトと、アメリカの国際関係や中東に興味のある大学生を対象としたバーチャル講義を行うためのスポンサーになるよう、アメリカ大使館に働きかけていた。最終アクセス日二〇一〇年一一月三日。だが、サイトのこの部分はもう存在しない。

(23) Human Rights Watch 2006. この報告書については五章で議論する。

(24) Koğacioğlu 2004: 119, 141.

(25) 名誉と伝統との関係への批判については、Parla 2001 を参照のこと。

(26) Fahmy 1998, Kozma 2004, Ruiz 2005.

(27) Shalhoub-Kevorkian and Daher-Nashif December 17, 2002.

(28) Human Rights Watch 2006: 49.

(29) Ewing 2008, chap. 5.

(30) Ewing 2008: 153.

(31) Ewing 2008: 154.

(32) マリアム・ティクタンはフランスにおける、スラムでのレイプと街中での性的誘惑への過剰な関心を分析し、「フランスにおける議論をより広い文脈、すなわち移民、国家の安全保障、ヨーロッパ全土でのイスラモフォビアの拡大などのなかに置いてみれば、セクシュアリティ、特に性的暴力に関心を絞ることは、国境警備の言説と化し、国境が監視される方法となっている、という説明が成り立つ」と述べている。Ticktin 2008: 864.

(33) Guénif-Souilamas 2006: 27.

(34) Rose 2009: 5-8.

(35) Korteweg and Yurdakul October 2010.

(36) El Guindi 1999, Mahmood 2005.

(37) Deeb and Harb 2013, 2007: 12-19, Hasso 2011.

(38) Hoodfar 1997, Macleod 1991, Mahmood 2005.

(39) Abu-Odeh 1996.

(40) サバ・マフムードは以下のように記している。「それが称するとされる現実と、単純な〔対応〕関係を築いている論証的な物（object）などない。むしろ、事実、物、出来事の表象は権力の〔働く〕場に深く媒介されており、その場で流布し、そこを通り抜けることでそれらは緻密な形状や形態を獲得する」。Mahmood 2008: 97.

(41) Halley, Kotiswaran, Shamir and Thomas 2006.

5 「ムスリム女性の権利」の社会生活

(1) アルジュン・アパドゥライは彼の提唱するモノの社会生活（social life of things）という概念を通じてモノの流通を考えるべきだと主張した（Appadurai (ed) 1988b）。サリー・エンゲル・メリーは女性の人権に、ヴァナキュラー化（現地語化）という考えを導入した（Merry 2006）。そしてブルーノ・ラトゥールをはじめとする科学民族誌家たちは、概念を媒介する道具を見るように教えてくれた（Latour 1999）。別の視点から権利に迫る民族誌的アプローチとしては、スーザン・スライオモビクス（Slyomovics）の、アートを対象としたアプローチがある（Slyomovics 2005）。

(2) 私の挙げる例は、自分の調査地であるアラブ世界のものだが、世界中にムスリムが暮らす今この時に至ってもなお、この歪みがいかにイスラームとアラブ世界とを永続的に結び付けているかについて鋭い自覚がある。「女ムスリム」についての優れた批判的な分析としては、以下の文献を参照のこと。Cooke 2007: 139-154. アラブ世界以外を重んじた議論としては、以下の文献を参照のこと。Chowdhury, Farsakh and Srikanth 2008: 439-454.

(3) 初期のエジプトや中東フェミニズムについてのさらなる議論は、以下を参照のこと。Lila Abu-Lughod (ed.) 1998, Badran 1995, Baron 2005, Booth 2001, Najmabadi 1998a, El Sadda, Abu Ghazi and 'Usfur 2001.

(4) 国家フェミニズムについては以下の文献を参照のこと。Bier 2011, Hatem 1992, 2006, Nelson 1996, El Sadda, Abu Ghazi and 'Usfur 2001.

(5) Abdelrahman 2004: 54, 2007: 285-300.

(6) Al-Ali 2007, 'Abd al-Salam 2005.

(7) エジプトの女性運動の構造と障害についての鋭い分析として、以下の文献を参照のこと。El Mahdi 2010.

(8) Al-Ali 2000: 20.

(9) Abdelrahman 2004: 182-183.

(10) 多くの論文がまたたく間に発表され、女性にとっての「アラブの春」の含意に関する議論は一層の盛り上がりをみせている。メディア表象についての早期の批判的評価については、以下の文献を参照のこと。Abu-Lughod and El Mahdi 2012: 683-691. El Tahawy 2013.

(11) ファイルーズやアーイシャの村における「革命」経験の民族誌的考察については、以下の文献を参照のこと。Abu-Lughod 近刊、2012: 16-20.

(12) Sakr 2004: 166.

(13) 海外とのつながりを理由にした、小規模NGOに対するナショナリストによるネガティブ・キャンペーンは、サクルが議論するように「陽動作戦」の一つとみなさなければならない。サクルは、〔そもそも〕エジプトは米国国際開発庁から二番目に大きな規模の援助を受ける被援助国であり、「外国の権力への依存状態が長く続くことに関し、NGOは政府よりはるかに非難に値する、という解釈はひねくれたものにみえる」と結論づけている。Sakr 2004: 172. NGO団体にかかる複雑な状況についてのさらなる議論については、以下の文献を参照のこと。Carapico 2000: 12-15.

（14） United Nations Egypt 2006: 22. 同様に、欧州近隣政策を扱った欧州共同体委員会による年次報告書は、二〇〇八年に一千七〇〇万ユーロがエジプトにおける人権、女性の権利、子どもの権利に関するプロジェクトに割り当てられたと記している。Commission of the European Communities（CEC）2009: 22.

（15） 政府機関を立ち上げ、かつてはより批判的なNGOが得意領域としてきた権利向上をめざしつつ、同時にNGOを海外の陰謀の一部とみなしてその評価を下げる戦術は、人権においても模倣された。国家女性協議会（National Council for Women）設立の三年後、国家人権委員会（National Council for Human Rights）が設立された。マハ・アブドゥルラフマーンが言うように、NGOに厳しい制約を課し、「人権と、西欧の植民地主義勢力の代理人としてそれを宣伝する団体」という誤ったイメージをNGOに与えようとするキャンペーンを実施することで、政権は人権団体を、エジプトの国家安全保障とエジプトのイメージに対する脅威と位置づけて貶めた。その間、政権は「国益の保護者としての、自らの正当性を世間から得た。より近年には、二〇〇三年に人権の議論が広がり、国家人権委員会が設立されると、国家は、市民社会と人権団体の役割に関わる言説を刷新し、自らこそが市民社会団体の真の守護者であり、ナショナリズムに沿って定義される人権擁護運動の『公的な主体』であるというイメージを流布させた」。Abdelrahman 2007: 287.

（16） Halley（ed.）2006: 335-509. 女性のエンパワーメントや女性の権利への莫大な資金援助を、政府が監視するという傾向は、ヨルダンやシリアでもみられた。二〇一三年三月二七日、コロンビア大学におけるボアズ・セミナーでのスカリエの報告を参照のこと。Sukarieh 2013.

（17） Association for the Development and Enhancement of Women 2008.

（18） 資金援助者には、エジプト系が一つ（開発のためのサウィリス財団）とアラブ系が一つ（国連開発機関アラビア湾プログラム、あるいはAG財団）が含まれていて、それ以外は海外あるいは国連財団や国連のエージェンシーの次のような錚々たる名前が連ねられていた。欧州エジプト委員会代表、スイス開発基金、フォード財団、日本大使館、オランダ大使館、オランダ国際開発協力（NOVIB）、ドイツ技術協力（GTZ）、イタリア債務スワップ・プログラム、国連開発プログラム（UNDP）、オーストラリア大使館、フィンランド大使館。

（19）二〇〇八年三月、カイロでかわされたナエラ・リファートとの個人的なやり取りに基づく。

（20）エジプト女性のための法支援センター（CEWLA）は、パートナーとしてひっぱりだこである。たとえばロンドン大学アジア・アフリカ研究学院（SOAS）は名誉犯罪についてのマルチレイヤー調査を行うにあたって、パートナー協力を求めた。Welhman and Hossein 2005を参照のこと。CEWLAは自ら調査委託も行っている。

（21）エジプトでは、コプト教徒とムスリムの双方のNGOが、女性への支援を長きにわたって提供してきた。ただしエジプト人研究者兼活動家のイマーン・ビバルスはジェンダー役割に対する固定観念があるとしてこれらのNGOを批判した。特にムスリムの社会福祉団体は、女性とは、ヴェール着用が絶対で、「孤独で、病気で貧しい」ものとして自分を演出するものだという先入観があると批判した。Bibars 2001, Abdelrahman 2004：116.

（22）Seham Ali Interview, 2008. CEWLAの代表者であるアッザ・スレイマーンは、二〇〇九年にクアラルンプールで結成された、イスラーム家族法の枠内で正義と平等をめざす、ムスリム・フェミニストのトランスナショナルネットワーク、ムサワの関係者である。この団体については六章を参照のこと。

（23）United Nations Egypt 2006. エジプトにおける国家とアズハルの同盟関係の詳細については以下の文献を参照のこと。Zeghal 1999, Moustafa 2000.

（24）ビバルスはリズ・ハーンを聞き手とするアルジャジーラのインタビューに答えている。Ashoka September 22, 2008.

（25）アショーカ中東・北アフリカ・フェロー・プログラムは、ADEW同様（おそらくどちらもビバルスが運営しているゆえに）コロンビア大学国際関係・行政大学院とパートナーシップ協定を結ぶ機会を得た。二〇〇八／二〇〇九年の開発専攻の学生は、ナイキとアショーカ・フェローの資金提供をうけた、上エジプトにおける女子スポーツプログラムについての評価を委託された。エジプトの農村の少女たちの解放を想像する際のスポーツの役割についての批判的な分析としては、以下の文献を参照のこと。Sweis 2012.

(26) エジプト、女性の権利センター（ＥＣＷＲ）による反セクハラ・キャンペーンについての報告書には、反セクハラ・キャンペーンがデモの女性参加者に対するハラスメントに新しい方法で対応し、それが二〇一一年のタハリール広場での出来事以降組織的な動きとなっていったことが記されている。この報告書はセンターのウェブサイトで確認できる。以下のサイトを参照のこと。Ecwronline. org/blog/2012/12/16/publications-of-sexual-harassment-campaign/.

(27) エジプト、女性の権利センター（ＥＣＷＲ）は、「ストリートは私たちのもの」というスローガンを採用した。もともとこのスローガンは二〇〇五年の夏、政治的なキファーヤ（もうたくさん）運動〔キファーヤは、アラビア語でもうたくさん、の意。ムバーラク大統領の再選に対する非暴力的抗議運動〕の一環として行われた、平和的な民主主義支持のデモンストレーションに加わったデモ参加女性に対し、警察の黙認／教唆を受けて暴漢が攻撃を加えたことをきっかけに立ち上げられたラディカルな連合が使ったものだった（二〇〇八年のラバブ・エル＝マフディーとの個人的なやりとりによる）。以下の文献を参照のこと。El Mahdi 2010. 同様の攻撃は、タハリール広場でのデモの初期にもみられ、二〇一一年一月二八日〔この日は「怒りの金曜日」と呼ばれる〕にテレビで報道されたが、この時はそれでデモが中止になることはなかった。匿名のセクハラに対して立ち上がったエジプト、女性の権利センターのキャンペーンは、この問題を、政府による抑圧や警察とその後継組織の暴力から切り離した。

(28) この活動の成果については、harassment.org を参照のこと。

(29) Abaza 2006, Singerman and Ammar (eds.) 2006, De Koning 2009. 現代カイロの社会階層を横断するインフォーマルな開発については以下の文献を参照のこと。Sims 2011.

（30） サリー・エンゲル・メリーによれば、一九九〇年代以降、暴力はトランスナショナルなフェミニストのコミュニティで取り組むべき主要問題であり続けたが、それには常に懐疑的な批判が向けられていたという。Merry 2006.

（31） One in Three Women（oneinthreewomen.com）. このウェブサイトは商業と素晴らしい仕事が興味深く混じり合うさまを示している。そこには、「ワンインスリーウーメンは、ワシントン州シアトルの、シェイラ・マコーナック（Cheyla McCornack）とエヴェリン・ブロムが設立したモクシー社（Moxie Company）の活動である。モクシー社は女性に対する暴力に終止符を打つための活動や団体を支援する社会的企業である」とある。Oneinthreewomen.com/index.cfm? action=about.

（32） PeaceKeeper Cause-metics 2013.

（33） WLUML 2009.

（34） WLUMLの立場と歴史についての優れた説明については、Moghadam 2005を参照のこと。

（35） WLUML 2007.

（36） 一例として、Spencer and Chesler 2007を参照のこと。

（37） Amnesty International January 27, 2009, Hider Januray 22, 2009.

（38） 新たな証拠が、ガザ紛争についての国連事実認定ミッション（the UN fact finding mission）によって二〇〇九年九月に提出された以下の報告書から見つかっている。「ゴールドストーン報告書」については、UN/HRC September 15, 2009を参照のこと。ゴールドストーンは圧力に屈し、この報告書〔の内容〕を否認しているが、他の委員会メンバーは否認していない。

（39） Carapico 2000, Hanafi and Tabar 2005, Jad 2005, 2008, Johnson 2008.

（40） 優れた分析として、以下の文献を参照のこと。Shalhoub-Kevorkian 2009, Abdo 2011.

（41） Shalhoub-Kevorkian 2004. この論文は、スウェーデンのクヴィナ・ティル・クヴィナ（女性から女性へ）とスウェーデン国際開発機構（Swedish International Development Cooperation Agency）の助成金を受けて執筆された。

(42) Shalhoub-Kevorkian 2004: 17-31.

(43) パレスチナの政治、表象、主体に人権が与えた影響についての緻密な分析としては、以下の文献を参照のこと。Allen 2009: 161. ディディエール・ファッシーン（Didier Fassin）もまた、第二次インティファーダの間のトラウマに、政治色を払拭したうえで焦点を当てることに対してコメントしている。Fassion 2012 を参照のこと。パレスチナのビルゼート大学を拠点とするイスラーハ・ジャドはUNDPの『アラブ人間開発報告書2005』の共著者となることを選択した。ナデラ・シャルフーブ゠ケヴォルキアンのような研究者／活動家たちも、ヒューマン・ライツ・ウォッチに協力し、パレスチナの女性と少女たちに対する暴力を扱った報告書『安全という問題（A question of Security）』を作成した。

(44) Johnson 2008: 125.

(45) こうした批判は、人権報告書がアメリカのメディアで果たした役割に焦点を当てたものとは一線を画す。報告書に対する反応は、私たちを「女性の殺害と石打ちをやめて」というキャンペーンをとりまく高密度の領域、すなわち「ムスリム女性の権利」が横断するトランスナショナルな領域にひきとどめる。アナリストたちによれば、パレスチナにおける暴力を扱うアメリカのルポルタージュは歪められている。二〇〇〇年以降、パレスチナ－イスラエル紛争で八〇件の人権侵害が報告されたが、イスラエルに非があるとされた七六件のうちたったの二件だけが『ニューヨーク・タイムズ』紙で取り上げられた。他方、パレスチナに非があるとされた四件のうち二件が報道された。そのうちの一つが二〇〇六年の地域内安全保障を扱ったヒューマン・ライツ・ウォッチによる報告だった。加えて、ヒューマン・ライツ・ウォッチ二〇〇六の報告書の表象は恣意的で、ムスリム女性は家父長制と家族内暴力の受け身な犠牲者だから、彼女たちには救済が必要であるかのような強い印象を与えた。さらに、報告書に名前を連ねる二一人の、パレスチナ人女性の権利を求める活動家の誰からもコメントを得られず、〔別の〕コメンテーターたちが言及するところによれば、『ニューヨーク・タイムズ』紙の記事は、外国人だけが女性の問題を特定し、その解決を担うことができるかのような論調だった。これはヒューマン・ライツ・ウォッチの立場とは異なる。O'Connor and Roberts November 17, 2006.

(46) Jad 2008.

(47) Jad 2009.

(48) Aweidah 2004: 102.

(49) 個別のケースを持ち出すことの危険性は十分認識している。ここでそれを行ったのは、そうした女性を被害者として提示することで支援を求めたり効果のあった取り組みを正当化するためでもなければ、遠く離れた地で家父長制に抵抗する無名のヒロインの役割を振り当てるためでもない。批評家の非難にさらされるのはNGOの活動やフェミニスト・エスノグラフィーの常である。Lazreg 2002, Writers and Nagar 2006を参照のこと。彼女たちの声をここで引き合いに出したのは、「ムスリム女性の権利」に関心のある読者に向けてのことである。その目的とは、彼女たちを「女性の権利」の主体たらしめる、まさにその言説と実践にこうした農村の女性たちを、組み入れるためである。

(50) アラブ女性と教育のさらなる議論については以下の文献を参照のこと。Adely 2012, 2009. 農村の教育についてのさらなる議論については、以下の文献を参照のこと。Abu-Lughod 2005.

(51) 彼女はイスラーム法の一要素である、男性2に対して女性は1を相続するということについて説明した。

(52) これはラシーダ・チィ(Rachida Chi)のこれに関する研究と、別のスーフィー教団、ハルワティー教団について上エジプトで行った研究によって確認された。九〇年代に行った調査をもとに彼女は、「女性も男性と同じように、シャイフに彼のバラカ〔baraka, 神に由来する聖なる力〕や彼とのスピリチュアルなカウンセリングを求めて会いたがるばかりか、シャイフに冷酷な夫からの保護や取り成しや、強制結婚から逃げ出すための取り成しを求めたりした(中略)。シャイフの取り成しは非常に人気があり、村人はそれを善き裁定(hukm hasani)と呼び、被害者に償いをし、そして血の復讐を回避しうる、公平で迅速な正義と考えていた。」Chih 2004: 162.

(53) Swéis 2012. スウェイスが主張するように、この「農村少女を救え」プロジェクトでは、「思春期の少女の体を、このように活動的で、健康で、権利の対象とすることが、開発主義者のモデルにそった健康的な国民形成にとっての至上命令」とみなされた。Swéis 2012: 37.
(54) 蜂起にいたるまでの農村の反応については、以下の文献を参照のこと。Abu-Lughod 近刊。
(55) Walley（未刊の書籍原稿）
(56) Goodale 2006: 3, Wilson 2006: 81.
(57) Lavie 2011: 56.

6 権利という領域のただなかに、文化人類学者として

(1) 私は、自分の民族誌『女性の世界を書く』の一五周年記念版の「はじめに」で、権利の議論を扱うフェミニスト民族誌がもつ含意について示した。Abu-Lughod 2008.
(2) ここではもちろんクリフォード・ギアツを参照している。Geertz 1973. ジョージ・マーカスはこれを自分の本のタイトルに使った。Marcus 1998.
(3) Merry 2006.
(4) フェミニスト人類学者はむしろ、国連の女性差別撤廃条約の公聴会であれ、ローカルな女性団体であれ、女性の権利が、特定の文脈でどのように機能するのかを観察することに関心を抱いてきた。これらの団体の発展はしばしば、その国のエリートとトランスナショナル・フェミニスト、さらにはドナー団体の希望と、コミュニティの女性たちの優先順位との間の緊張関係を伴った。以下の文献を参照のこと。Hodgson 2011, Walley（未刊の書籍原稿）。
(5) 概念と実践、双方の権利を対象に、人類学者は文化やパフォーマンスとしての権利から、権利の語りが持ち出されるに至る全てを考察対象としてきた。Hodgson 2002a, 2002b, 2011. 人類学者は、〔権利という概念が〕

輸送されることのダイナミクスや、権利という枠組みのヴァナキュラー化（現地語化）、さらには社会装置としての権利の形成や再生産をも研究してきた。特に以下の文献を参照のこと。Merry 2011. 土着のコミュニティを支援する方法として、人権〔問題〕に関わる研究者もいる。Stamatopoulou and Robbins 2004. 大きな貢献をもたらした「権利丸裸（Rights Inside Out）」という、うまいタイトルの論稿においてライルズは、フィジーの女性たちが「女性の権利は人権である」という言い回しをフレームワークとして採用し、実は自らはそれに疑念を抱いていたにも関わらず、言説の有効性を確信し、彼らが想像する「どこかそとに」いる他者に対して説得力を持つと考えた。以下の文献を参照のこと。Riles 2002.

（6）　Povinelli 2002.

（7）　マラウィーについての以下の文献を参照のこと。Englund 2006, 2005. シエラレオネに関する以下の文献を参照のこと。Jackson 2005. 合わせて、Ferguson and Gupta 2002 も参照のこと。

（8）　Allen 2009: 161. 以下の文献も参照のこと。Fassin 2011, Redfield 2005, Ticktin 2006.

（9）　Brown 2004, Meister 2011.

（10）　Kapur 2002, Grewal 2005: 125.

（11）　イスラームの姉妹たちの創立者の一人のノラニ・オスマンが説明するように、「この二〇年間ムスリム国家で運営されてきた多くの女性団体の経験から、日々の戦いにおいては、宗教、文化のパラダイムへの働きかけによって、多くの前進を得られることが明らかになった。」Othman 1999.

（12）　焦点が当てられたのは、女性の権利のある重要な「侵害」だった。それこそが家庭内暴力（ＤＶ）であり、それが近年のトランスナショナル・コミュニティを動かしてきた。以下の文献を参照のこと。Grewal 2003.

（13）　女性の権利に関心を持つ人々は、「草の根」――彼らの関心の客体であり、受益者と目される――においては、イスラームへの忠実さという道徳的魅力は決して揺らがず、むしろ教育やメディアの普及、そしてイスラーム的教育やその伝道への資金援助の増加と相俟って、その魅力がここ数十年の間に強化されていることに気が付いている。

(14) サバ・マフムードによって議論されたイルシャッド・マンジはその好例である。Mahmood 2008. アイヤーン・ヒルシ・アリも同様である。

(15) 二〇一二年、解放党（Hizb ut-Tahrir）の広報担当者ナズリーン・ナワーズは興味深い新たなコラボレーションを発表した。それが、「カリフ制――女性の権利と政治的役割の輝かしいモデル」と呼ばれる国際的なキャンペーンである。そこでは、女性の権利の言語と「イスラーム法とその原則だけに則った統治システム」という急進的なビジョンの融合が提示された。

(16) 幾人かの意見によれば、著書『ジェンダー聖戦のただなかで（*Inside the Gender Jihad*）』（2008）と男女混合礼拝を先導したことで有名な神学者アミーナ・ワドゥードがマレーシアに教えに来た際、イスラームの姉妹たちはそれに触発されたという。Sunder Februaly 16, 2009. クルアーンのフェミニスト解釈を通じて女性の権利擁護を目指す他の重要な議論については、以下の文献を参照のこと。Anwar 2005, Barlas 2005, al-Hibri 2000a, 2000b. 問題の概要については、Badran 2009 を参照のこと。

(17) しかしイスラームの姉妹たちについての博士論文を執筆中のバサールッディーンは、よりニュートラルに、「自らの宗教的、文化的枠組みの内側から活動をする」団体だと説明している。Basarudin March 1, 2009.

(18) Musawah 2009.

(19) この宣言は、「今日のムスリム家族法は、法理論や推論〔イジュマーとキャースのことか〕に基づく人間によるシャリーア解釈です。そのためその時々と場所における現実や正義の解釈の変化に合わせて変化しうるものなのです」と続く。

(20) Musawah 2009.

(21) Musawah の資料集に収められた、ズィーバー・ミール＝ホセイニーによる論稿が「ジェンダー平等に向けて――ムスリム家族法とシャリーア（Towards Gender Equality: Muslim Family Laws and the Shari'ah）」2009 である。ただ、この問題について彼女は、「限界を引き伸ばす――ホメイニ後のイランでフェミニストがシャリーアを読む(Stretching the Limits: A Feminist Reading of the Shari'a in Post-Khomeini Iran)」1996という素晴らしい論文から、「平等を求めるムスリム女性の探求――イスラーム法とフェミニズムの狭間で(Muslim women's Quest for Equality: Between Islamic Law and feminism)」2006というエッセイに至るまで、すでに幅広く発表している。

(22) 二つ目の論稿は、マフムードの論文に、「よきムスリム(Good Muslims)」の一人として登場する穏健なムスリム思想家、ハーレド・アブー＝ファデルによって執筆された。アメリカ政府は、彼がアメリカの中東政策には批判的なのにも関わらず、彼と手を結びたがっている。

(23) Mahmood 2006.

(24) Anwar 2009.

(25) バサールッディーンは、立ち上げとその課題について説明している。その中で彼女は、博士論文でムサワとイスラームの姉妹たちを取り上げると書いている。Basarudin 2009.

(26) Musawah December 12, 2011.

(27) Sunder 2009. ナフィーシィについては三章と以下の文献を参照のこと。Lalami June 19, 2006, Bahramitash 2005, Dabashi June 1, 2006, Mahmood 2008.

(28) ムサワの構造とその改革プロジェクトをめぐる、考えるべき三つ目の課題は、大きく距離をとっているはずの別の政治的取り組みとの相似性である。サバ・マフムードの挑発的な論文「世俗主義、解釈学、帝国――イスラーム的改革の政治(Secularism, Hermeneutics, and Empire: The politics of Islamic Reformation)」において彼女は、リベラリズムと、ムスリム世界を対象としたアメリカの帝国主義プロジェクトとのぎくしゃくした関係に着目した。世俗国家としてはある意味で驚くべきことに、「アメリカは、国務省によって原理主義的イスラーム解釈に危険なほど傾きすぎているとみなされた一般ムスリムを対象に、彼らの感受性に働きかける野心的な神学論キャンペーンに乗り出した」と彼女は述べている(Mahmood 2006: 329)。マフムードは、「世俗的規範」とは、今まで主張されてきたように、教会と国家を分離することや多様性への寛容ではなくて、「宗教的主体の再形成」なのだと断言する（Mahmood 2006: 328）。これは、アメリカの恐怖の対象（「伝統主義的ムスリム」）、彼らの改革活動のゴール（「穏健なムスリム」への奨励）、さらには、マフムードが神学的と評する彼らの手法に見ることができる。たとえば、ムスリム世界アウトリーチ・プログラム（Muslim World Outreach Initiative）に費やされた一三億ドルは、イスラーム説教師のトレーニング、「マドラサ」（「学校」という意味の〔アラビア語の〕単語。しかし現在西欧のメディアは、過激派を生むと考えられている保守的な宗教学校だけをこの言葉で表している）に対抗するイスラーム学校の設立、そして宗教議論を扱うメディアコンテンツの制作に使われた。これは、メディアを利用したエジプトのような国家の取り組みと完全に一致する。そこでは、穏健的で啓蒙された良きイスラームと、誤った悪しき過激派の間にくさびを打ち込むことが試みられている（Abu-Lughod 2005）。しかしここでマフムードが論じているのは、こうしたアメリカのプログラムが支援してきたパートナーである、自らを穏健なムスリム改革主義者とみなす人々こそが、「ムスリム社会の中心的な問題は、神聖なテキストと世界との臨界距離〔二つの間の距離がこの距離以下に縮まると、防衛のために激しい攻撃を行うとされる距離〕を取ることができないことにあるという診断」に賛成することで、自らを差別化してきた、ということである。つまり、イデオロギーや実践だけでなく、解釈の在り方が、称揚されるべき者としての改革主義者と、社会のその他の、危険な直解主義者で儀式にがんじがらめになっているため、過激派のメッセージに魅了される危険のなかにいる人々とを区別する（Mahmood 2006: 330-331）。

(29) Mir-Hosseini 2011: 67-77. 特に七一ページ。

(30) Mir-Hosseini 2011: 75.

(31) Women's Islamic Initiative in Spirituality and Equality（WISE）の「ＷＩＳＥムスリム女性」は、彼らの洗練されたニュース・ウェブサイトである。

(32) 「コルドバ・イニシアティブ」を参照のこと。また以下の文献も参照のこと。Hicks 2008. ニューヨークのコスモポリタンなスーフィー思想やイマーム・フェイサルの仕事については、以下の文献を参照のこと。Hicks 2010.

(33) Brown 2006. この本は現代のリベラルの寛容言説が、不快な政治を覆い隠していることを明らかにしている。アブドゥル・ラオフはしつこいほどに自由主義〔的主張〕を繰り返したにも関わらず、ニューヨークのグラウンド・ゼロの近くに文化センターを建設するという彼の努力は、イスラモフォビアによる激しい抗議によって水泡に帰した。

(34) 女性らしさが示すものすら多様である。WISEという略語の頭文字には意味があると主張する女性もいれば、女性の英知は権威の源なのだという女性もいた。また中には、女性らしさが想起してしまう本質主義的な理解に不快感を示す女性もいた。

(35) WISEのウェブサイトのポスターを参照のこと。Women's Islamic Initiative in Spirituality and Equality, July 2009.

(36) このグループの中で最も力のある女性は、イデオロギー的な立ち位置によって、マフムードが改革主義者と呼ぶ集団に公平に位置づけられた。彼女の伝記的記述によれば、彼女は「過去一〇年、世界中の穏健派のムスリム・コミュニティを、イスラーム過激派によるイデオロギー的攻撃に耐えうるよう支援した。政府および民間の指導者に対し、過激派がもたらす脅威についてだけでなく、抑圧されたムスリム社会を自由な社会の進歩的な一員へと変革させるための政策について助言した」。

(37) この盟約に続いて、何がWISEの女性たちが重視する六つの分野なのか、に関するいくつもの宣言がなされた。たとえば宗教の保護という分野については、盟約には以下のようにある。「我々は、ムスリム女性の地位を宗教的・精神的指導者になれる位にまで向上させるよう尽力する」。知性の分野では、「特にイスラームの一次文書〔クルアーンやハディースを指すか〕に関し、解釈、思考、表現に関わるムスリム女性の自由を擁護すべく尽力する」とある。所有の分野で彼女たちが支持するのは、「ムスリム女性の経済的自立」である。そして尊厳の分野では、「個人、家族、そしてキャリアに関わる尊厳のある選択ができるように、ムスリム女性をエンパワーすることに尽力する」とある。Women's Islamic Initiative in Spirituality and Equality 2010a.

(38) 皮肉なことに、同時期に、イスラーム世界・ムスリム世界を対象とするベンチャーのなかでも素晴らしく学術的なベンチャーの一つである、現代世界のイスラーム研究(Study of Islam in the Modern World, ISIM)は、オランダ政府からの資金援助を絶たれた。

(39) 興味深いことに、アメリカ・ムスリム振興会(American Society of Muslim Advancement)のもう一つの大きな活動は、若い世代のリーダー育成である。

(40) サリー・エンゲル・メリーの民族誌『人権とジェンダー暴力(*Human Rights and Gender Violence*)』には、ニューヨーク、ジュネーブ、北京で開かれた、女性差別撤廃条約に関する女性の地位委員会が開く公聴会や、合意形成を結実させるために、多数の国の代表団が文書やプラットフォームを紆余曲折の果てに作りだす諸会議に参加するトランスナショナル・フェミニストについての描写がある。

(41) オランダ外務省からの巨額競争的資金に加え、WISEの支援者には〔以下のような〕錚々たる団体が名を連ねている。国連人口基金、ウィリアム/メアリー・グリーブ財団、ロックフェラー・ブラザーズ基金、ザ・シスター基金、フォード財団、女性のためのグローバル基金、ダニー・カイエ/シルビア・ファイン・カイエ財団、グラハム慈善財団、ディーク・ファミリー財団、ヘンリー・ルース財団、エリザベス財団、Ms. 財団。マレーシアに拠点を持つNGO、イスラームの姉妹たちもまた資金集めに成功してきた。ただし、精力的なボランティア活動が長年にわたって活動を支えてきた。二〇〇五年以降は、例えば、国際的な人権活動に援助を行うと謳うシグリッド・ラウジング信託から援助をうけており、彼らが現在受け取っている一〇万ポンドの助成金はムサワ設立のために使われたようである。

北アフリカ発祥のある興味をそそる取り組みは、様々なヨーロッパ政府からの援助を受け、しっかりとした形のものを作り出した。その試みは、女性の権利を、婚前契約というイスラームの伝統において合法な装置によって保障しようとするものだった。二〇〇八年には結婚契約書のひな型が出版されたが、それはモロッコ、チュニジア、アルジェリアと、グローバル・ライツという、三〇年の歴史をもつ国際的な人権擁護団体と自称する団体（globalrights.org）との協働のもとに開発された。この結婚契約書のひな型を開発した北アフリカのフェミニストたちは一般女性を対象に幅広く聞き取りを行い、結婚にまつわる経験や望みを収集し、そして出版された契約書は「話し合うべきトピックや明文化する条項例の提案を通じ、未来の配偶者を、結婚契約書を書くよう導くことを意図していた」。パンフレットでは、契約は個々の状況に合わせてカスタマイズされるべきであると認めたうえで、しかし契約書は「女性にとっての権利を保障」し、「婚姻内の平等」を促進させるものであるべきだと主張する。ここ一五年に行われてきたイスラームの枠組みでの改革を求める多くのフェミニストのプロジェクト同様、そのプロジェクトは外部からの熱意のある資金援助を得ることができた。謝辞の対象には、英国外務・英連邦省グローバル・オポチュニティーズ基金、駐ラバト英国大使館、ノルウェー王国外務省、そして駐ラバト・ノルウェー大使館などの名前が並ぶ。続いてムサワが、起草者の専門性を追求した。Global rights 2008.

（42）司法委員会にもちこまれた法案は、〔アメリカの〕移民国籍法に改定をもたらすだろう。それを提案したのはトム・タンクレド下院議員だった。この法案に私の関心を向けさせてくれたマフムード・マムダーニに感謝する。これに続いて、オクラホマで同様にばかばかしいシャリーア法禁止法案が提出され、あたかも「それ」が〔アメリカの法に〕組み込まれる、という脅威が〔現実に〕あるかのようであった。

（43）Sakr 2004, Abdelrahman 2004, 2007.

（44）しかし、彼らが取り組む課題の射程は見事なまでに幅広い。WISE wisemuslimwomen.org/currentissues/.

（45）Modirzadeh 2006: 192.

（46）Modirzadeh 2006: 207.

（47）モディルザーデの発表は、「シャリーアなんて怖くない」という二〇〇八年一〇月三日、コロンビア大学の社会的差異の批判的分析センター（宗教・文化・公的生活研究所共催）主催のワークショップで行われた。この求人広告について教えてくれたキャサリン・フランケに感謝する。これは二〇〇七年に掲示された、「女性の権利分野におけるシャリーア・アドバイザー」を求めるものだった。その職責とは、ヒューマン・ライツ・ウォッチに「法システムとしてのシャリーアの適用、世界の様々な地域での国家や他のエージェントによるシャリーア利用の多様なあり方、市民権、政治的権利、家族法、セクシュアリティといった分野で、女性の人権の推進あるいは制約のためにいかにそれが使われているか、といった事柄に関してアドバイスを行う」というものだった。応募の必須条件には、「イスラームの法制度と歴史についての専門知識がある」こと、「ムスリム・コミュニティにおける女性団体や人権団体への参加経験」が含まれていた。さらには大学院資格、就労経験、流暢な英語力とアラビア語上級者であることも求められていた。「考慮」する条件として言語力が挙げられ、「アジア、アフリカ、あるいは中東の、ムスリム人口が多い地域の言語一つ以上に精通していること」、さらには、「国際人権法に精通し、フィールド調査、報告書執筆、宣伝、メディア対応の経験をもつこと」、換言するとトランスナショナルな権利の言語に精通していること、という無理難題が要求されていた。イスラーム法やムスリム社会について研究する二人のフェミニスト人類学者が応募したが、選考に漏れた。彼女たちは、ヒューマン・ライツ・ウォッチは特定の人物、イスラーム法の教育を受けたより「本物の」ムスリム女性で、おそらくヒジャーブを纏っているような人物、を候補者として想定したに違いないと信じていた。このような女性を、女性シューラー評議会（Women's Shura Council）はユニオン神学校（Union Theological Seminary）の代表として育て上げようとしていると、二〇〇九年のクアラルンプールの会議でリヴェレンド・セレーナ・ジョーンズは述べていた。Rasha Elass July 20, 2009.

(48) イスラーム政党における様々な女性の扱いやイスラーム政党と女性との多様な関係については、以下の文献を参照のこと。Deeb 2006, Hafez 2011, Jad 2005, Salime 2011, Shehabuddin 2008. ＮＧＯやエジプトにおけるシャリーアの入門書としては、五章の長い版である、以下の文献を参照されたい。Abu-Lughod 2010a.

(49) ハワイで成功を収める反家庭内暴力のソーシャルワーク・プロジェクトについてメリーが記しているように、男性を対象にしたアンガーマネジメントと警察を対象とした研修というのは、女性の「権利意識」向上の取り組みとして現場で行われる活動の一つである。Merry 2006.

(50) エジプトとパレスチナにおける同様の取り組みの事例については、以下の文献を参照のこと。Abu-Lughod 2010a.

(51) 私は、エジプト人フェミニストであり、研究者であり、いつかは国会議員になるだろうイマーン・ビバルス相手に論争をしているわけではない。彼女は、自分の対象が都市部の貧困層のみであることが批判の的となることを予期し、「西欧化したミドルクラスである私の先入観が、この研究で扱った女性のストーリーの評価、解釈、分析に反映されているという批判はあるだろう」が、その課題は、女性たちの方から持ち込まれたのだと述べている。「彼女たちが記した言葉によれば、夫に暴力を振るわれることは、暴力的で恥ずべき経験なのである」。そして彼女は、「私は死んでしまうと思いました。彼を憎み、自分の暮らしを憎みました」というあるインフォーマントの発言を引用している。Bibars 2001. 代わりに私が問うのは、こうした女性たちが自分の夫、兄弟、あるいは父親について述べることが、報告書や権利擁護プロジェクトといった媒体によって、いかに女性の権利の言語に翻訳されるのか、ということである。そしてまた、それが再度内面化されることで、彼女たち自身の読み方がどう変わるのか、ということである。私は、民族誌の一事例としての自分のハディージャの物語の解釈もまた、権利言説の一部になっていくことに自覚的である。この問題の批判的考察については、以下の文献を参照のこと。Lazreg 2002.

(52) エンローは、ヨーロッパとアメリカの女性たちによる巨大観光産業がもたらす、移り変わるジェンダー・ダイナミクスに着目する必要性を示してきた。Enloe 2000.

(53) Mitchell 2002, 1995, Van Der Spek 2011.

結論　人道主義の記録

（1）Asad 2003: 140.

（2）ガティーファとその夫と私の関係をめぐる内省については、以下の文献を参照のこと。Abu-Lughod 2011a: 8-21.

（3）Division for the Advancement of Women, Department of economic and Social Affairs June 12, 2009.

（4）この点については六章で議論した。多くの国において、保守的なムスリム学者による運動だけでなくフェミニストによる運動においても、同意年齢や結婚年齢は争点となった。年齢をめぐる議論には、英国統治時代から続く長い系譜がある。Agnes 2011: 1-16.

（5）この部分は、私が執筆した民族誌に登場する少女の作文とそれに対するコメントから引用した。Abu-Lughod 1993: 211-213.

（6）Starrett 1998.

（7）Abu-Lughod 1990a.

（8）Messick 2008, Welchman 2011.

（9）Abu-Lughod 1993で述べた通り、彼女の父親はしばらくすると彼女の結婚話を進めた。その相手は、ベドウィン出自であるという点以外は、彼女の条件全てを満たしていた。

（10）女性が働かず、一人暮らしをしない彼女のコミュニティでは、まだこれが理想とされている。女性と就労についてのさらなる議論は以下の文献を参照のこと。Abu-Lughod 2009.

（11）Hasso 2011.

（12）今日私たちが扱っている個人という概念は、エミール・デュルケムが優れた表現で示唆した近代的な労働の細分化や、あるいはマルセル・モースが一九七九年に記した〔原文ママ〕ような社会進化の結果として、個人的人格のカルトの一部として発展した。人類学者は、個人という概念に関して、多くの社会における、実に様々な個人についての感覚を探求してきた。インドを事例にマッキム・マリオットは、個人（インディビジュアル）ではなく「分離した（ディビジュアル）〔もの〕」と呼ぶ。ドロシー・リーはこの問題に早くから取り組んできた論者だが、シェリー・ロサルドもこの議論に貢献している。Mauss 1979, Daniel による Marriott の引用（Daniel 1984）、Lee 1987, Rosaldo 1980.

（13） Geertz 1973.

（14） 以下の文献を参照のこと。Abu-Lughod 1986, 2008（1993）, 2010b.

（15） Butler 2011.

（16） 人権と潜在能力の議論は、この「普遍的論理」の一部だが、それ自体を地方的なものとしなければならない。西欧起源だという理由で切り捨てるのでも、他の宗教や文化的伝統でも同じ価値観が共有されていることを持ち出してなあなあにするのでもなく、どのような歴史的過程を経て、どういった制度が国民国家によって整備されることで、トランスナショナル・ガバナンス、アドボカシー、そして人道主義の華々しい姿が、こんなにも多くの場所で、この普遍主義の一方言に埋め込まれたのかを問わなければならない。さらにアサドの議論を参考にするならば、人類（女性も含む）を「伝統的文化」から請け出し、「結局は同じものに由来する」とアサドがいう、不可侵な権利を取り戻す政治的権力を持つのは誰なのかを問わなければならない。Asad 2003: 154.

（17） ここで言及した、世界を巡回した有名な写真展は、一九五二年にモダン・アート博物館（ＭＯＭＡ）で始まった。キュレーターは、オブライアンが記しているように、「ヴィジュアル・アートが世界人権宣言の情報提供にいかにして貢献できるかを研究する」ユネスコの委員会のメンバーだった。そこでは、「普遍的要素と人間関係という側面、そして人類共通の経験」を強調することが意図されており、展覧会では、リンチや日本に投下された原爆の影響を扱ったものは検閲により除外され、そしてそれは冷戦下におけるアメリカのプロパガンダの一部として利用された。O'brian July 11, 2008.

（18） こうした再考の広がりについては、以下の文献を参照のこと。Franklin and McKinnon（Eds.）2001.

（19） この節を書き終えた後、マーシャル・サーリンズが二〇〇八年に発行したパンフレット『人類の本質についての西欧の幻想（*The Western Illusion of Human Nature*）』の四四ページに以下のように書いていることを知り嬉しくなった。「西欧の伝統は、人類学者がよく考察対象にしてきたような、秩序と存在に関するオルタナティブな理解を抱いてきた。それが親族コミュニティである。確かに西欧では、家族や血縁関係は、感情を大きく揺さぶり、愛着を呼び起こすものであるにも関わらず（あるいは、おそらくそれゆえに）、注目されることのなかった人類の状態である」。しかし、サーリンズは家族を権力と愛着が錯綜する混合物とは考えなかった。

（20） Barthes 1972［1957］: 100-102.

（21） たとえば、以下の文献を参照のこと。Munro 2004. 個の民族誌の重要性を詳細に議論したものとして、Abu-Lughod 1993の「はじめに」を参照のこと。

（22） エジプトにおいてすら「女性の権利」が虚飾としても解決法としても適当でないと議論したのは私が初めてではない。カイロの貧困層の女性を研究したヘバ・エル＝ホウリーもまたこの考え方を否定した。そしてその理由として「女性に課される、微妙で捉えがたく、重なり合っていて、それでいて拡散するという性質を持つ制約、幾重にも重なった搾取と相互依存、ライフサイクルの変化によって変動する権力の所在、さらには明確な個人、集団、階級といった衝突対象の不在」を挙げた。El-Kholy 2002: 25-26.

（23） Sweis 2012: 29.

（24） これは、「ダルフールを守ろう」キャンペーンのスローガンだったが、マフムード・マムダーニはこれを「テロとの戦いが持つ人道主義的顔」と呼ぶ。彼は、知る前に行動せよ、という「ダルフールを守ろう」キャンペーンのモットーを対置する。「〔そのキャンペーンは、〕道徳的確信に即して行動せよという呼びかけではなく、道徳的確信を知識に置き換える人々や、全く知識がないまま行動しているのに自分は善良だと感じる人々に対する議論だった。確かに、ダルフールの事例は、理解に先立ち行動しようとする人々への警告となった。知識を取るに足らないものとみなし、自らの行動の結果を気にする必要がなかったのは、不均衡な権力を持つ〔側の〕者だけだった」と述べている。Mamdani 2009: 6.

(25) 中東のさらなる事例については、以下の文献を参照のこと。Abu-Lughod (ed.) 1998.

謝辞

複雑な世界を捉えようとするにあたり、協力してくれた人々の名前を一人も洩らさず謝辞に入れられる人間などいるのだろうか。本書は、この一〇年間、女性の権利について考え、何かを言わんとした時に私が想起した全ての人々の軌跡に満ちている。その中には著作を通じてしか知らない人々も含まれる。それらの人々への感謝は、とてもここに書き記すことはできない。

私は、エジプトで出会った女性と男性——本書は彼らの物語に満ちている——たちに非常に多くを負っている。彼らの人生に温かく迎え入れられた経験がなかったら、私は女性の権利やムスリム女性に関する常識的言説に対して、批判的であらねばと思えなかったかもしれない。この人たちは、私がその目を通じて世界を見る手助けをしてくれた。この人たちの経験と視座、そして彼女らの複雑な状況に関する私の分析が、本論をとりまく情勢の、変化の原動力になればと願う。一人ひとりの名前をここに記せないのは残念だが、彼女らは私が彼女らから何を学んだか、わかってくれるだろう。

世界中の、そして二〇〇〇年から私の知的なホームであるコロンビア大学の同僚や友人は、草稿にコメントし、切り抜きや引用を送付し、未刊行の仕事をシェアし、励まし、そして私を勇気づけてくれた。これらの人々全員に感謝したい。ウエンディ・ブラウン、キャサリン・ルッツ、アナパマ・ラオ（Anupama Rao）はもう何年も、私の妥協ない対話者でいてくれた。彼らなくして、私の〔思考〕形成やこの本はありえなかった。私は彼らに言葉で言い表せる以上のものを負っている。それは彼らの才気や、政治的関与、熱意、そしてユーモアのためだけではなく、彼らが私に自信を与えてくれたからである。一人ひとりのかけがえのない貢献に対し、私はナハラ・アブドゥ、ロリ・アレン、ソラヤ・アルトルキ、パルタ・チャタジー、ジェーン・コーワン（Jane Cowan）、スーザン・クレーン、ララ・ディーブ、ラバブ・エル＝マフディー、ホダ・エル＝サッダ、キャサリン・ユーイング、ハーリド・ファフミー、キャサリン・フランク、マイケル・ギルセナン、ヴィクトリア・デ・グラツィア、ハッヴァ・ギュネイ＝ルーベネッカー（Havva Guney-Ruebenacker）、ジャネット・ハーレイ、レマ・ハマニ、サイディーヤ・ハートマン、マリアン・ヒルシュ、ドロシー・ホッグソン、ジーン・ハワード、マーサ・ハウエル、ラナ・フセイニ、イスラー・ハ・ジャド、ペニー・ジョンソン、デニーズ・カンディヨティ、アリス・ケスラー＝ハリス、ラシッド・ハリーディー、ドロシー・コウ、ナンシー・クリコリアン（Nancy Kricorian）、サバ・マフムード、マフムード・マムダニ、シャロン・マーカス、サリー・エンゲル・メリー、ブリンクレイ・メシック（Brinkley Messick）、ズィーバー・ミール＝ホセイニー、ミラ・ネイル、アフサネ・ナジュマバーディー、エリザベス・ポビネリ、ナエラ・リファート、スーザン・ロジャーズ、リーム・サアド、キャロル・サンガー、ナデラ・シャルフーブ＝ケヴォルキアン、ディーナ・マフナーズ・シッディーキー、スーザン・スライオモビックス、パメラ・スミス、メイズン・スカリーエ、ネフェルティ・タディアル、マリアム・ティクタン、レティ・ヴォップ、ブトロス・ワディーエ、そしてエリザベス・ウィードらにも感謝したい。

学生にも恵まれた。彼らに教えられたことをどのように捉えたらいいのだろう。コロンビア大学女性・ジェンダー・セクシュアリティ研究所で開講された近年の大学院コースは学術的に非常に優れていた。それは、参加してくれた全ての熱意ある院生のおかげである。過去一五年間に深く関わることができた院生たちは、特に素晴らしい対話者となってくれた。本書を生み出すのに様々な方法で貢献してくれたのは、フィダ・アデリー、アマル・ビシャラ（Amahl Bishara）、ナディア・ゲソス（Nadia Guessous）、シェリーン・ハムディ、ローズマリー・ヒックス、マヤ・ミクダシ、アイセ・パーラ、ソフィア・スタマトポロウ＝ロビンズ（Sophia Stamatopoulou-Robins）、シャハラ・タレビ、アミーナ・タワシィル（Amina Tawasil）、クリスティーン・ウォーリリー、ジェシカ・ウィネガー、そしてベルナ・ヤジチである。

それぞれの時点での成果発表の機会を与えてくれた全ての大学では、論点をより明確にしてくれる聴衆に出会うことができた。彼らの指摘に対し、十分な応答ができていたとは言い難い。特に忘れられないのは、ブラウン大学のペンブロークセンター（故ディジレ・コアジュオールは、そこで我々全員を鼓舞した）、デューク大学、ハーヴァード世界宗教センター、ハーヴァード法科大学院、マケレレ社会調査研究所、ラトガース〔大学〕、マサチューセッツ大学ボストン校、そしてウィスコンシン大学での国際会議である。ベイルート・アメリカン大学、イギリス学士院、ケンブリッジ大学、ニューヨーク市立大学、マダ・アル＝カーメル、サイモンフレーザー大学、ブリティッシュコロンビア大学、カリフォルニア大学バークレー校、カリフォルニア大学サンタバーバラ校、ペンシルベニア大学、ワシントン大学、そしてイェール大学での招待講演でも生産的な意見交換をもつことができた。招待してくれた人々、また私の仕事に建設的に関わってくれた人々に感謝する。

多大なる資金援助を受けられたことは、このプロジェクトにおいて非常に重要だった。研究者は資金援助を利用しながら、慎重に長期調査を行い、授業や〔大学の〕管理経営業務と並行して読み、考え、書くための時間を捻り出し、同僚に会って着想を共有し互いに学び合う時間を作っている。アメリカン・カウンシル・オブ・ラーンド・ソサイエティ（＊原文はAmerican Council for Learned Society だがofの間違いか）の研究助成金と、二〇〇七―二〇〇九年のカーネギー財団の資金援助に感謝する。コロンビア大学も、私が研究休暇を取ることを快く許してくれた。そしていつでも支援してくれた、ニコラス・ダークスにも感謝したい。

コロンビア大学による、多学期に渡る学術協働への支援は、私の着想を発展させるのに非常に重要だった。女性・ジェンダー・セクシュアリティ研究所は私の完璧な本拠地であり、そこを離れた時には社会的差異研究センターがその役割を果たしてくれた。私はそこで願ってもない最良の同僚に恵まれ、ローラ・ツィオルコウスキー（Laura Ciolkowski）、ビナ・トランをはじめとする才気あふれるスタッフがチームを作り上げてくれた。社会経済調査政策研究所、ルース基金（民主主義・寛容・宗教センター（CDTR）の主導のもと、宗教と国際情勢にかかる新規計画として立ち上げられた）、宗教・文化・公的生活研究所、そして最大は社会的差異研究センター（高度研究センターとして、コロンビア大学の学術研究を牽引している）、彼らからの熱心な支援のおかげで、教員からなるワーキンググループを立ち上げ、国際ワークショップを開催し、そこで議論を深化させ、多くの素晴らしい研究者たちとつながることができた。ルース基金のトビー・ヴォルクマンには、強固な支援の提供だけでなく、アンマンとパリで開催したワークショップへの出席にも感謝する。ただし、これらの諸機関や個人は、本書で提示される意見の責任を負うものではない。

書籍を形にするには多くの人の労力が必要である。私が何を言いたいかを、たちどころに理解し鋭い助言をくれた（そして完成するようにプレッシャーをかけてくれた）、大胆で理想的な編集者シャルミラ・セン、彼女を紹介してくれたエローラ・シェハーブッディーンに感謝する。ヘザー・ヒューズは、プロジェクトが形になるよう専門的技能をもって誘導してくれた。注意深く原稿に目を通してくれたブライアン・オストランダーと、私の単調な文章を手際よく明快なものにしてくれたフラン・リオンに、謝意を表する。そして、本書をこんなにも完璧なものに仕上げることに貢献してくれた、ハーヴァード大学出版会の全ての人々にも。

本書を実現させるには、呆れるほど多くの才気あるリサーチ・アシスタントたちの尽力が必要だった。アリー・アーティフ、アミーナ・アヤド、エリザベス・ジャケット、メンナ・ハリール、アナ・マリア・レベダ、サラ・レイトン、サラ・ポレフカ（Sarah Polefka）、リア・リヴィエラ、モラ・ソレイマーン、ニコラス・スパークス、ジョン・ワーナーに感謝する。索引作成におけるアナ・マリア・レベタの尽力には多大なる感謝を禁じ得ない。知性と学識のある人間によって、索引はすばらしいものになった。

本書には、既刊の原稿の改訂版が一部収められている。該当論文については、改訂の上、許可を得て載録した。一章では"Do Muslim Women Really Need Saving? Anthropological Reflections on Cultural Relativism and Its Others," *American Anthropologist* 104, no. 3（2002）: 783-790 の内容を更新し、加筆した。四章は"Seductions of the 'Honor Crime'," *Differences: A Journal of Feminist Cultural Studies* 22, no. 1（2011）: 17-63 の改訂圧縮版である。五章では"The Active Social Life of 'Muslim Women's Rights': A Plea for Ethnography, not Polemic, with Cases from Egypt and Palestine," *Journal of Middle East Women's Studies* 6, no.1（Winter 2010）: 1-45 を簡略化し、情報の更新を行った。六章と結論の一部は私の二〇〇九年の「社会人類学ラドクリフ＝ブラウン・レクチャー」の講義をもとにしており、それは"Anthropology in the Territory of Rights, Human, Islamic and Otherwise," *Proceedings of the British Academy* 167（2010）: 225-262 として出版された。

最後に家族に感謝したい。ティム、アディー、そしてＪＪは人生と時間をこの本のために共有してくれた。彼らは私の日常生活と思考とを形作り、すでに私たちの一部となっているエジプトや他の私たちが居た場所での経験と友情を通じてだけではなく、彼らのプロジェクトと視座を持つことを通じて、私のプロジェクトを発展させてくれた。彼らの才能と意欲、誠実さを私は高く評価している。原稿を読み、課題の把握を促し、難題を投げかけ、情報提供を行い、世界の異なる場所へと私を導いてくれるなど、多岐にわたる彼らの本書への貢献にも感謝したい。世界のあちこちで彼らとともに暮らせたことに感謝する。ともに暮らしている間、彼らは、このプロジェクトが成長し、時にはこのプロジェクトに私が疲弊させられるのを許してくれた。〔父方・母方〕双方の拡大家族の全ての世代の人々が私の人生を豊かにしてくれた。特にシャフラとラジャに感謝する。

本書を母、ジャネット・アブー＝ルゴドに捧げる。母は私が政治的にも学術的にも適切な立ち位置を見つけるべく奮闘するのを注意深く見守ってくれた。母からの懐疑的反応は私の議論を磨きあげたし、彼女が見せたこの本と私の関係についての鋭い指摘は、時には私を驚かせた。それはまさに、彼女にしか贈れない、私への贈り物だった。

NGO等団体名一覧（英語アルファベット順）

American Society for Muslim Advancement（ASMA）
　アメリカ・ムスリム振興会
the American Sufi Muslim Association
　アメリカン・スーフィー・ムスリム協会
Amnesty International
　アムネスティ・インターナショナル
the Association for the Development and Enhancement of Women（ADEW）
　女性開発促進協会
Convention on the Elimination of all forms of Discrimination Against Women（CEDAW）
　女性差別撤廃条約
the Center for Egyptian Women's Legal Assistance（CEWLA）
　エジプト女性のための法支援センター
Doctors of the World / Medecins du Monde（MdM）
　世界の医療団
Egyptian Center for Women's Rights（ECWR）
　エジプト、女性の権利センター
The Feminist Majority Fund（FMF）

　フェミニスト・マジョリティ財団
The Global Campaign to Stop Killing and Stoning Women
　女性の殺害と石打ちをやめてグローバルキャンペーン
The Global Fund for Women
　世界女性基金
Global Muslim Women's Shura Council
　グローバル・ムスリム女性評議会
Human Rights Watch
　ヒューマン・ライツ・ウォッチ
National Council for Childhood and Motherhood（NCCM）
　国家母子協議会
National Council for Women（NCW）
　国家女性協議会
The One in Three Women Global Campaign
　三人に一人の女性グローバルキャンペーン
The Open Society
　ジ・オープン・ソサイエティ
PeaceKeeper Cause-metics
　ピースキーパー・コズメティック
Revolutionary Association of Women of Afghanistan（RAWA）
　アフガニスタン女性革命協会
Sisters in Islam
　イスラームの姉妹たち

The Union of Palestinian Medical Relief Committee
　パレスチナ医療救援委員会連合
United Nations Development Fund for Women（UNIFEM）
　国連女性開発基金
World Health Organization WHO
　世界保健機構
the Women's Islamic Initiative in Spirituality and Equality（WISE）
　敬虔と平等を目指す女性たちのイスラミック・イニシアチブ
Women's Center for Legal Aid and Counseling（WCLAC）
　法的支援とカウンセリングのための女性センター
Women for Afghan Women（WAW）
　アフガン女性のための女性たち
Women Living under Muslim Laws（WLUML）
　ムスリム法のもとに生きる女性たち
Women in Black
　ウィメン・イン・ブラック

訳者あとがき

本書は、Lila Abu-Lughod, *Do Muslim Women Need Saving?*, Harvard University Press, Cambridge, Massachusetts & London, England, 2013. の全訳である。著者のライラ・アブー＝ルゴドは一九五二年生まれ、アメリカの文化人類学者で、ハーヴァード大学で人類学の学位を取得し、現在はコロンビア大学で教鞭を執る。本書は彼女の母に捧げられているが、その母、ジャネット・アブー＝ルゴド（1928-2013）も、書籍が日本語訳されるなど（『ヨーロッパ覇権以前――もうひとつの世界システム』佐藤次高・斯波義信・高山博・三浦徹訳、二〇〇一年、岩波書店）社会学者・歴史学者として広く知られている。なおパレスチナ出身の父、イブラーヒーム・アブー＝ルゴドもまた著名な政治学者であり、著者が中東にルーツを持つアメリカ人として、アメリカの学術的な雰囲気のなかで育っただろうことは容易に想像できる。長じて彼女は中東をフィールドとし、ジェンダーや女性の問題に取り組んできた実績を持つ、アメリカを代表する人類学者の一人となった。彼女の編著『「女性をつくりかえる」という思想』には既に日本語訳があり、ライラ・アブー＝ルゴドの経歴および研究歴についてはこの本の訳者あとがきに詳しいので、ここで屋上屋を架すことは避ける。彼女の著作については本文中にも言及があるので、興味のある読者諸賢は本文を参照されたい。

本書の意義は、文化人類学で扱う「現地」の情報やその分析よりはむしろ、二一世紀初頭のアメリカやヨーロッパに対する鋭い社会批判にある。彼女が本書で取り上げるのは、現在のアメリカの中東政策において実は中心的役割を果たしている、ムスリム女性の表象のポリティクスである。彼女はそれを、長年にわたる自らの、あるいは旧知の女性の日々の経験を通して詳細に検討し、表象の誤謬を暴く。だからこそ本書は、文化人類学者だけではなく、広くジェンダー研究者、開発学の専門家や実践家、政治学者、政治家、国際関係学者、宗教学者、それらを志す学徒など、彼女がギアーツを引用して言うところの「一粒の砂から世界を見」ようとはしない人たちにこそ、読まれるべきである。

先進国で起こったフェミニズムを批判的に継承／あるいは現地語として用い換骨奪胎しようとする第三世界フェミニズム（第三世界の女性が担うフェミニズム、あるいは第三世界の女性を視座に組み込んだフェミニズムという意味でここでは使う）は、フェミニズムやジェンダー研究の世界では、いまだゲットー化される傾向がある。本著の核が、欧米での「ムスリム女性の権利」や「ムスリム女性」の表象への批判であることは論を俟たない。表象形成やその流通過程で、イスラーム圏出身のムスリム女性、あるいはフェミニストやジェンダー研究者らが積極的役割を果たしている場合も少なくない。欧米のフェミニストやジェンダー研究者たちは、自分たちがムスリム女性について実は何も知らないのに「ムスリム女性は抑圧されている」という「定説」を信じ込んでいるという事実に、どうやら自覚的ではないようなのである。本書のもともとのターゲットは、こうした、社会問題には敏感でありながら、第三世界フェミニズムの主張に無自覚な欧米の善意の人々である。欧米とは政治的な文脈がやや異なるが、現代の日本社会に生きる人々にも本書の主張は有効性をもつ。なぜなら、教養のある多くの日本人もまた、9・11以降の現代政治の文脈で政治的に利用されてきた「ムスリム女性は抑圧されている」という言説を、条件反射のように受け入れているように見えるからである。本書は、この特定の言説が政治利用される過程を丁寧に描いた、第三世界フェミニズムおよび人類学の優れた成果である。本書の日本語訳の意義はそこにこそある。二一世紀のグローバルな政治状況のなかに、ムスリム女性の表象や「ムスリム女性の権利」なるものを置き、文脈に位置づけたときに何が見えてくるのか。それはぜひ本書を紐解いていただきたい。

ゲットー化された感のある第三世界フェミニズムだが、それは幾重にも絡まりあう力関係の只中の差別や、重なり合う構造を視野に入れつつ、不均衡な力関係を丁寧に紐解いていくことを志向する。そのような志向にこそジェンダー学の可能性も力も宿る、というのが訳者二人の共通見解である。どこに生きようと、例外なく多層的な力関係と多様な権力に晒されるのが現代社会の現実であるなら、第三世界フェミニズムこそ、ジェンダー学の最先端なのだ。

「個人的なことは政治的である」とは、第二派フェミニズムの金言である。本書に出てくる市井の女性たちの経験は個人的でありながら、グローバルな経済構造や政治状況の影響を受け、そしてそれを形作ってもいる。彼女たちの経験とその解釈は、「個人的なことがいかに政治的か」を余すところなく我々に教えてくれる。それらを導きの糸として、「先進国の恵まれた我々」と「イスラームに虐げられるかわいそうな彼女たち」という単純な二項対立に絡め取られるのではなく、その二項対立を脱構築し、揺るがし、そしてその先に思いを馳せてほしいと、訳者の一人として願う。

訳者の嶺崎と鳥山はアブー＝ルゴドと同様、エジプトをフィールドとする文化人類学者であり、ともにジェンダーを専門とする。訳者の一人、嶺崎はＪＩＣＡエジプト事務所に、ちょうどアブー＝ルゴドが五章で論じた、女性の権利問題が沸騰した時期に現地採用の在外専門調整員として勤務した経験がある。それは開発学界隈のジェンダー専門家がいかにムスリムの気持ちや論理を知らないかを実感し、日々親しく接するエジプト人女性の言語と、援助界隈の言語との明らかな落差、通じなさにえもいわれぬ違和感を覚える日々だった。あの違和感が、個人的には、この本の訳出につながった気がしている（ともあれ援助の現場を垣間見、様々な経験をしたという意味では貴重な日々で、ＪＩＣＡには感謝している）。他方鳥山は、エジプト人男性と現地で結婚し、拡大家族とともに暮らした経験から、日本における「中東の女性たち」の消費のされ方に大きな違和感を抱いた経験を持つ。

本書の訳は、鳥山がまず直訳で訳出した原稿を、嶺崎が原文とつき合わせて日本語として整え、訳注をつけた後、これを二人で確認し、決定稿を作るという形で進めた。出来た訳文と原文をすべて照合してチェックするという、手間のかかる仕事を引き受け、訳の不明点などについて迅速に適切なコメントをくださった、南山宗教文化研究所客員研究所員の村山由美さんに深謝したい。村山さんを紹介してくださった、名古屋工業大学の川橋範子先生に感謝する。人名や機関名は、トルコ語については宇野陽子さん、フランス語については岡本尚子さん、アルメニア系については池田昭光さん、インド系についてはアニース・アハマド・ナディームさん、パレスチナの機関名については鈴木啓之さんにご教示いただいた。参考文献の日本語訳の有無のチェックは保井啓志さんに、原注などで引用があるが参考文献にない文献のチェックは都築亜紀さんにご協力いただいた。記して感謝する。しかし、もちろんすべての訳の責任は訳者二人にある。第三世界の問題を扱う書籍の常で、さまざまな出自の固有名詞が入り乱れる本書の、全ての人名を正しく転写できたという確信はない。読者諸賢のご指摘とご叱正を賜りたい。なお翻訳にかかる諸費用は、京都大学の田中雅一先生を代表とする基盤研究Ａ「〈ジェンダーに基づく暴力複合〉の文化人類学的研究」（二〇一六―一九年度、16H01969）の分担金から主に支出した。ここに感謝を表したい。

そもそもこのプロジェクトは、書肆心水の清藤洋さんが、嶺崎に本書でも引用されているサバ・マフムードの *Politics of Piety* の翻訳を依頼し、それに対し嶺崎が、それよりアブー＝ルゴドの本書がより翻訳に価する、と返答したことに始まる。しかし論文や学会発表、そして雑多な再生産労働やケア労働に追われる日々のなかで、翻訳は順調には進まなかった。この無謀な試みに乗ってくれ、前向きに最後まで付き合ってくれた共訳者の鳥山純子さんと、訳者二人を鼓舞し叱咤激励（…叱咤…？）してくださった書肆心水の清藤さんなくして、この翻訳が形になることは絶対になかっただろう。結果的に、最強の布陣で望めたことはまことに僥倖であった。

本書が広く読まれ、日本の人々のムスリムや、第三世界のジェンダー状況に対する理解が深まる一助となることを願う。

訳者を代表して
嶺崎　寛子

二〇一八年七月、訳者二人の母校であるお茶の水女子大学が、日本の女子大として初めて、トランスジェンダーの受入れを発表した記念すべき週末に

なお、訳注で参照した文献は以下の通り。


Artwords http://artscape.jp/dictionary/modern/index.html
ハーシュ、エリック・ドナルド、中村保男・川成洋（訳）『アメリカ教養辞典』丸善、一九九七。

大塚和夫ほか（編）『岩波イスラーム辞典』CD-ROM版、岩波書店、二〇〇九。

トルストイ、レフ、望月哲男（訳）『アンナ・カレーニナ』光文社古典新訳文庫、二〇〇八。

西川正雄ほか（編）『角川世界史辞典』角川書店、二〇〇一。

日本イスラム協会・嶋田襄平ほか（監修）『新イスラム事典』平凡社。

Wolf and Roxane Witke. Stanford, Calif.: Stanford University Press, 1975.
Women Living under Muslim Laws (WLUML). "The Global Campaign 'Stop Stoning and Killing Women!' Concept Paper." 2007. wluml.org/english/news/stop_stoning_and_killing_women%20_concept_paper.pdf.
——. "Violence Is Not Our Culture: The Global Campaign to Stop Violence against Women in the Name of Culture." 2009. stop-stoning.org/.
Women's Islamic Initiative in Spirituality and Equality (WISE). *Jihad against Violence: Muslim Women's Struggle for Peace.* 2009. wisemuslimwomen.org/pdfs/jihad-report.pdf.
——. "Resources." 2010a. wisemuslimwomen.org/resources/.
——. "WISE Muslim Women." 2010b. wisemuslimwomen.org/.
Wood, Marcus. *Slavery, Empathy, and Pornography.* Oxford: Oxford University Press, 2002.
Woolf, Virginia. *A Room of One's Own.* London: Hogarth Press, 1929.〔ウルフ, ヴァージニア、片山亜紀（訳）『自分ひとりの部屋』（平凡社ライブラリー）平凡社、2015年。〕
Wright, Melissa W. *Disposable Women and Other Myths of Global Capitalism.* New York: Routledge, 2006.
Yegenoglu, Meyda. *Colonial Fantasies: Towards a Feminist Reading of Orientalism.* Cambridge: Cambridge University Press, 1998.
Zeghal, Malika. "Religion and Politics in Egypt: The Ulema of Al-Azhar, Radical Islam, and the State (1952-94)." *International Journal of Middle East Studies* 31, no. 3 (1999): 371-399.

United Nations General Assembly, and 183rd Plenary Session. *Universal Declaration of Human Rights*. General Assembly Resolution 217 A (III). Geneva: UN Official Records, 1948.

United Nations Human Rights Council (UN/HRC). *Human Rights in Palestine and Other Occupied Arab Territories: Report of the United Nations Fact Finding Mission on the Gaza Conflict*. 2009. www2.ohchr.org/english/bodies/hrcouncil/specialsession/9/FactFindingMission.htm.

Vance, Carole S. "Thinking Trafficking, Thinking Sex." *GLQ: A Journal of Lesbian and Gay Studies* 17, no. 1 (2011): 135-143.

Van Der Spek, Kees. *The Modern Neighbors of Tutankhamun: History, Life, and Work in the Villages of the Theban West Bank*. Cairo, Egypt: American University in Cairo Press, 2011.

Van Sommer, Annie, and Samuel Zwemer. *Our Moslem Sisters: A Cry of Need from Lands of Darkness Interpreted by Those Who Heard It*. New York: F. H. Revell, 1907.

Volpp, Leti. "Blaming Culture for Bad Behavior." *Yale Journal of Law & the Humanities* 12 (2000): 89-116.

——. "Feminism versus Multiculturalism." *Columbia Law Review* 101, no. 5 (2001): 1181-1218.

Walley, Christine J. "Searching for 'Voices': Feminism, Anthropology, and the Global Debate over Female Genital Operations." *Cultural Anthropology* 12, no. 3 (1997): 405-438.

——. "What We Women Want: An Ethnography of Transnational Feminism." Unpublished manuscript.

Welchman, Lynn. "Consent: Does the Law Mean What It Says?" *Social Difference Online* 1 (2011).

Welchman, Lynn, and Sara Hossein. *Honour: Crimes, Paradigms and Violence against Women*. London: Zed Press, 2005.

Wickett, Elizabeth. *For the Living and the Dead: The Funerary Laments of Upper Egypt, Ancient and Modern*. London: I. B. Tauris, 2010.

Wikan, Unni. *In Honor of Fadime: Murder and Shame*. Chicago: University of Chicago Press, 2008.

Wilson, Richard Ashby. "Afterword to 'Anthropology and Human Rights in a New Key': The Social Life of Human Rights." *American Anthropologist* 108, no.1 (2006): 77-83.

Wimpelmann, Torunn. "The Price of Protection: Gender, Violence and Power in Afghanistan." Ph. D. diss., Department of Development Studies, School of Oriental and African Studies, University of London, 2013.

Wolf, Margery. *Revolution Postponed: Women in Contemporary China*. Stanford, Calif.: Stanford University Press, 1985.

——. "Women and Suicide in China." In *Women in Chinese Society*, edited by Margery

South Atlantic Quarterly 103, nos. 2-3 (2004): 419-434.
Starrett, Gregory. *Putting Islam to Work: Education, Politics, and Religious Transformation in Egypt*. Berkeley: University of California Press, 1998.
Stengel, Richard. "The Plight of Afghan Women: A Disturbing Picture." *Time*, July 29, 2010. time.com/time/magazine/article/0,9171,2007415,00.html.
Strathern, Marilyn. "An Awkward Relationship: The Case of Feminism and Anthropology." *Signs* 12, no. 2 (1987): 276-292.
Suad, Joseph. "Elite Strategies for State Building." In *Women, Islam, and the State*, edited by Deniz Kandiyoti. Philadelphia: Temple University Press, 1991.
Sukarieh, Mayssoun. "The First Lady Phenomenon: Women's Empowerment and the Colonial Present in the Contemporary Arab World." Paper presented at the Boas Seminar, Columbia University, March 27, 2013.
——. "The Hope Crusades: Culturalism and Reform in the Arab World." *PoLAR: Political and Legal Anthropology Review* 35, no. 1 (2012): 115-134.
Sunder, Madhavi. "Reading the Quran in Kuala Lumpur." University of Chicago Law School Faculty Blog. 2009. uchicagolaw.typepad.com/faculty/2009/02/reading-the-quran-in-kuala-lumpur.html.
Sunder Rajan, Rajeswari. *Real and Imagined Women: Gender, Culture, and Postcolonialism*. London: Routledge, 1993.
Sweis, Rania Kassab. "Saving Egypt's Village Girls: Humanity, Rights, and Gendered Vulnerability in a Global Youth Initiative." *Journal of Middle East Women's Studies* 8, no. 2 (2012): 26-50.
Taylor, Thérèse. "Truth, History, and Honor Killing: A Review of *Burned Alive*." AntiWar.com. 2005. antiwar.com/orig/ttaylor.php?articleid=5801.
Ticktin, Miriam. *Casualties of Care: Immigration and the Politics of Humanitarianism in France*. Berkeley: University of California Press, 2011.
——. "Sexual Violence as the Language of Border Control: Where French Feminist and Anti-immigrant Rhetoric Meet." *Signs* 33, no. 41 (2008): 863-889.
——. "Where Ethics and Politics Meet: The Violence of Humanitarianism in France." *American Ethnologist* 33, no. 1 (2006): 33-49.
Tjaden, Patricia, and Nancy Thoennes. *Extent, Nature, and Consequences of Rape Victimization: Findings from the National Violence against Women Survey*. Special Report. Washington, D. C.: National Institute of Justice and the Centers for Disease Control and Prevention, 2006.
UN Development Programme, Regional Bureau for Arab States. *The Arab Human Development Report 2005: Towards the Rise of Women in the Arab World*. New York: United Nations Publications, 2006.
United Nations Egypt. *United Nations Development Assistance Framework 2007-2011 Egypt: Moving in the Spirit of the Millennium Declaration: The DNA of Progress*. Egypt: United Nations, 2006.

uma among Palestinian Women in the Second Intifada." *Social Service Review* 79, no. 2 (2005b): 322-343.

Shalhoub-Kevorkian, Nadera, and Suhad Daher-Nashif. "The Politics of Killing Women in Colonized Contexts." *Jadaliyya*, December 17, 2012, jadaliyya.com/pages/contributors/110635.

Shehabuddin, Elora. "Gender and the Figure of the 'Moderate Muslim': Feminism in the Twenty-First Century." In *The Question of Gender: Joan W. Scott's Critical Feminism*,edited by Judith Butler and Elizabeth Weed.Bloomington:Indiana University Press, 2011.

——. *Reshaping the Holy: Democracy, Development, and Muslim Women in Bangladesh.* New York: Columbia University Press, 2008.

Siapno, Jacqueline Aquino. "Shari'a Moral Policing and the Politics of Consent in Aceh." *Social Difference Online* 1 (2011): 17-29.

Siddiqi, Dina. "Crime and Punishment: Laws of Seduction, Consent, and Rape in Bangladesh." *Social Difference Online* 1 (2011): 46-53.

Sims, David. *Understanding Cairo: The Logic of a City Out of Control.* Cairo, Egypt: American University in Cairo, 2011.

Singerman, Diane, and Paul Ammar, eds. *Cairo Cosmopolitan: Politics, Culture, and Urban Space in the Globalized Middle East.* Cairo, Egypt: American University in Cairo Press, 2006.

Slaughter, Joseph R. *Human Rights, Inc.: The World Novel, Narrative Form, and International Law.* New York: Fordham University Press, 2007.

Slyomovics, Susan. *The Performance of Human Rights in Morocco.* Pennsylvania Studies in Human Rights. Philadelphia: University of Pennsylvania Press, 2005.

Snel, Erik, and Femke Stock. "Debating Cultural Differences: Ayaan Hirsi Ali on Islam and Women." In *Immigrant Families in Multicultural Europe: Debating Cultural Difference*, edited by Ralph Grillo. Amsterdam: Amsterdam University Press, 2008.

Sommers, Christina Hoff. "The Subjection of Islamic Women and the Fecklessness of American Feminism." *Weekly Standard*, May 21, 2007. weeklystandard.com/Content/Public/Articles/000/000/013/641szkys.asp.

Souad, and Marie-Thérèse Cuny. *Burned Alive.* London: Bantam, 2004.〔スアド、松本百合子（訳）『生きながら火に焼かれて』ヴィレッジブックス、2006年。〕

Spencer, Robert, and Phyllis Chesler. *The Violent Oppression of Women in Islam.* Los Angeles: David Horowitz Freedom Center, 2007.

Spivak, Gayatri Chakravorty. "Can the Subaltern Speak?" In *Marxism and the Interpretation of Culture*, edited by Cary Nelson and Lawrence Grossberg. Urbana: University of Illinois Press, 1988.〔スピヴァク，ガヤトリ・C、上村忠男（訳）『サバルタンは語ることができるか』みすず書房、1998 年。〕

Stamatopoulou, Elsa, and Bruce Robbins. "Reflections on Culture and Cultural Rights."

Ruiz, Mario M. "Virginity Violated: Sexual Assault and Respectability in Mid- to Late-Nineteenth-Century Egypt." *Comparative Studies of South Asia, Africa and the Middle East* 25, no. 1 (2005): 214-227.

Sahlins, Marshall. *The Western Illusion of Human Nature*. Chicago: Prickly Paradigms Press, 2008.

Said, Edward W. *Orientalism*. New York: Vintage Books, 1979.〔サイード, エドワード・W、今沢紀子（訳）、板垣雄三・杉田英明（監修）『オリエンタリズム（上・下）』（平凡社ライブラリー）平凡社、1993年。〕

Sakr, Naomi. "Friend or Foe? Dependency Theory and Women's Media Activism in the Arab Middle East." *Critique: Critical Middle Eastern Studies* 13, no.2 (2004): 153-174.

Salime, Zakia. *Between Feminism and Islam: Human Rights and Sharia Law in Morocco*. Minneapolis: University of Minnesota Press, 2011.

Sanday, Peggy Reeves. *Fraternity Gang Rape: Sex, Brotherhood, and Privilege on Campus*. New York: New York University Press, 1990.

Sangtin Writers, and Richa Nagar. *Playing with Fire: Feminist Thought and Activism through Seven Lives in India*. Minneapolis: University of Minnesota Press, 2006.

Sasson, Jean P. *Desert Royal*. London: Bantam, 2004 (1999).〔*Desert Royal* はシリーズ3巻目、*Desert Royal* は英国での題名、アメリカでの題名は *Princess Sultana's Daughters*。シリーズの一巻目（*Princess: A True Story of Life Behind the Veil in Saudi Arabia*）のみ翻訳あり。サッソン, ジーン、三田公美子（監訳）『プリンセススータナ――ロイヤル・ファミリーの隠された真実！』星雲社、1994年。〕

Scott, Joan Wallach. *The Politics of the Veil*. Princeton, N. J.: Princeton University Press, 2007.〔スコット, ジョーン・W、李孝徳（訳）『ヴェールの政治学』みすず書房、2012年。〕

＊ Seierstad, Asne. *The Bookseller of Kabul*. Virago Press Ltd, 2003.〔セイエルスタッド, アスネ、江川紹子（訳）『カブールの本屋――アフガニスタンのある家族の物語』イースト・プレス、2005年。〕

Shah, Hannah. *The Imam's Daughter*. London: Rider, 2009.

Shalhoub-Kevorkian, Nadera. "Conceptualizing Voices of the Oppressed in Conflict Areas." In *Women, Armed Conflict and Loss: The Mental Health of Palestinian Women in the Occupied Territories*, edited by Khawla Abu Baker. Jerusalem: Women's Studies Centre, 2004.

——. "Counter-Spaces as Resistance in Conflict Zones: Palestinian Women Recreating a Home." *Journal of Feminist Family Therapy* 17, no. 3 (2005a): 109.

——. *Militarization and Violence against Women in Conflict Zones in the Middle East: A Palestinian Case-Study*. Cambridge Studies in Law and Society. Cambridge: Cambridge University Press, 2009.

——. "Voice Therapy for Women Aligned with Political Prisoners:A Case Study of Tra-

2013. iamapeacekeeper.com/peacekeeperadvocacyissuesnew.htm?

Pettit, Becky, and Bruce Western. "Mass Imprisonment and the Life Course: Race and Class Inequality in U. S. Incarceration." *American Sociological Review* 69, no. 2 (2004): 151.

Pierce, Steven, and Anupama Rao, eds. *Discipline and the Other Body: Correction, Corporeality, Colonialism.* Durham, N. C.: Duke University Press, 2006.

＊ Pogrebin, Letty Cottin, "Gloria Steinem," in *Jewish Women: A Comprehensive Historical Encyclopedia — Jewish Women's Archive,* March 20, 2009, jwa.org/encyclopedia/article/steinem-gloria.

Povinelli, Elizabeth. *The Cunning of Recognition: Indigenous Alterities and the Making of Australian Multiculturalism.* Durham, N. C.: Duke University Press, 2002.

Puar, Jasbir, and Amit Rai. "Monster, Terrorist, Fag: The War on Terrorism and Production of Docile Patriots." *Social Text* 20, no. 3 (2002): 117-148.

"QuiverFull.com." 2010. quiverfull.com/.

Razack, Sherene H. *Casting Out: The Eviction of Muslims from Western Law and Politics.* Toronto: University of Toronto Press, 2008.

——. "Stealing the Pain of Others: Reflections on Canadian Humanitarian Responses." *Review of Education, Pedagogy, and Cultural Studies* 29, no. 4 (2007): 375-394.

Redfield, Peter. "Doctors, Borders, and Life in Crisis." *Cultural Anthropology* 20, no. 3 (2005): 328-361.

Riemers, Eva. "Representations of an Honor Killing: Intersections of Discourses on Culture, Gender, Equality, Social Class, and Nationality." *Feminist Media Studies* 7, no. 3 (2007): 239-255.

Riesman, Paul. *Freedom in Fulani Social Life: An Introspective Ethnography.* Chicago: University of Chicago Press, 1977.

Riles, Annelise. "Rights Inside Out: The Case of the Women's Human Rights Campaign." *Leiden Journal of International Law* 15, no. 2 (2002): 285-305.

Rodriguez, Deborah, and Kristin Ohlson. *Kabul Beauty School: An American Woman Goes behind the Veil.* New York: Random House Trade Paperbacks, 2007.〔ロドリゲス，デボラ、仁木めぐみ（訳）『カブール・ビューティー・スクール——デビーとアフガニスタン女性たちのおしゃれ奮闘記』早川書房、2007年。〕

Rofel, Lisa. *Other Modernities: Gendered Yearnings in China after Socialism.* Berkeley: University of California Press, 1999.

Rosaldo, Michelle Zimbalist. *Knowledge and Passion: Ilongot Notions of Self and Social Life.* Cambridge: Cambridge University Press, 1980.

Rose, Jacqueline. "A Piece of White Silk." *London Review of Books* 31, no. 21 (2009): 5-8.

Roy, Ananya. *Poverty Capital: Microfinance and the Making of Development.* New York: Routledge, 2010.

『クオリティー・オブ・ライフ――豊かさの本質とは』里文出版、2006 年。〕
――. *Women and Human Development: The Capabilities Approach*. John Robert Seeley Lectures. Cambridge: Cambridge University Press, 2000.〔ヌスバウム，マーサ、池本幸生・田口さつき・坪井ひろみ（訳）『女性と人間開発――潜在能力アプローチ』岩波書店、2005 年。〕
*――. "Veiled Threats?," *New York Times: Opinionator*, July 11, 2010, opinionator.blogs.nytimes.com/2010/7/11/veiled-threats/.
*――. "Beyond the Veil: A Response," *New York Times: Opinionator*, July 15, 2010, opinionator.blogs.nytimes.com/2010/7/15/beyond-the-veil-a-response/.
O'Brian, John. "The Nuclear Family of Man." *Asia-Pacific Journal: Japan Focus*, July 11, 2008.
O'Connor, Patrick, and Rachel Roberts. "The *New York Times* Marginalizes Palestinian Women and Palestinian Rights." *Electronic Intifada*, November 17, 2006. electronicintifada.net/content/new-york-times-marginalizes-palestinian-women-and-palestinian-rights/6544#.TsHn0HERpp4.
Okin, Susan Moller. *Is Multiculturalism Bad for Women?* Edited by Joshua Cohen, Matthew Howard, and Martha Craven Nussbaum. Princeton, N. J.: Princeton University Press, 1999.
One in Three Women. "One in Three Women: A Global Campaign to Raise Awareness about Violence against Women, Domestic Violence, Sexual Assault, Human Trafficking." 2009. oneinthreewomen.com/.
Ong, Aihwa. "Colonialism and Modernity: Feminist Re-presentations of Women in Non-Western Societies." *Inscriptions* 3, no. 4 (1988): 79-93.
――. "State versus Islam: Malay Families, Women's Bodies and the Body Politic in Malaysia." *American Ethnologist* 17, no. 2 (1990): 258-276.
Osanloo, Arzoo. "The Measure of Mercy: Islamic Justice, Sovereign Power, and Human Rights in Iran." *Cultural Anthropology* 21, no. 4 (2006): 570-602.
――. *The Politics of Women's Rights in Iran*. Princeton, N. J.: Princeton University Press, 2009.
Othman, Norani. "Grounding Human Rights Arguments in Non-Western Culture: Shari'a and the Citizenship Rights of Women in a Modern Islamic State." In *The East Asian Challenge for Human Rights*, edited by Joanne R. Bauer and Daniel A. Bell. Cambridge: Cambridge University Press, 1999.
Pagels, Elaine H. *The Gnostic Gospels*. New York: Random House, 1979.
Papanek, Hannah. "Purdah in Pakistan: Seclusion and Modern Occupations for Women." In *Separate Worlds*, edited by Hannah Papanek and Gail Minault. Delhi: Chanakya Publications, 1982.
Parla, Ayse. "The 'Honor' of the State." *Feminist Studies* 27, no. 1 (2001): 65-88.
Pathak, Zakia, and Rajeswari Sunder Rajan. "Shahbano." *Signs* 14, no3 (1989): 558-582.
PeaceKeeper Cause-metics. "Women's Health Advocacy and Urgent Human Rights."

University Press, 2010.
Muhsen, Zana, and Andrew Crofts. *Sold: A Story of Modern-Day Slavery*. London: Sphere, 1991.
＊ Mukhtar, Mai, *In the Name of Honor: A Memoir*, trans. Linda Coverdale, New York: Washington Square Press, 2006.
Munro, Alice Ann. *Runaway*. Toronto: McClelland & Stewart, 2004.
Musawah: For Equality in the Family. "Musawah Framework for Action." 2009. musawah.org/sites/default/files/Musawah-Framework-EN_1.pdf.
＊——. "CEDAW and Muslim Family Laws," December 12, 2011, musawah.org/cedaw-and-muslim-family-laws-search-common-ground.
Mutua, Makau W. "Savages, Victims and Saviors: The Metaphor of Human Rights." *Harvard International Law Journal* 42, no. 1 (2001): 201-245.
Najmabadi, Afsaneh. "Crafting an Educated Housewife in Iran." In *Remaking Women: Feminism and Modernity in the Middle East*, edited by Lila Abu-Lughod. Princeton Studies in Culture/Power/History. Princeton, N.J.: Princeton University Press, 1998a.
——. "Feminisms in an Islamic Republic." In *Islam, Gender, and Social Change*, edited by Yvonne Yazbeck Haddad and John Esposito. Oxford: Oxford University Press, 1998b.
——. "(Un) Veiling Feminism." *Social Text* 18, no. 3 (2000): 29-45.
——. *Women with Mustaches and Men without Beards: Gender and Sexual Anxieties of Iranian Modernity*. Berkeley: University of California Press, 2005.
Nelson, Cynthia. *Doria Shafik, Egyptian Feminist: A Woman Apart*. Gainesville: University Press of Florida, 1996.
Nguyen, Mimi Thi. "The Biopower of Beauty: Humanitarian Imperialisms and Global Feminisms in an Age of Terror." *Signs* 36, no. 2 (2011): 359-383.
Nielsen, Hans Christian Korsholm. *The Danish Expedition to Qatar, 1959: Photos by Jette Bang and Klaus Ferdinand*. English-Arabic version. Moesgård Museum, 2009.
Nochlin, Linda. "The Imaginary Orient." Art in America 71, no. 5 (1983): 118-131, 187-191.
Nussbaum, Martha C. *Creating Capabilities: The Human Development Approach*. Cambridge, Mass.: Harvard University Press, 2011.
——. "Human Capabilities, Female Human Beings." In *Women, Culture, and Development: A Study of Human Capabilities*, edited by Martha Craven Nussbaum and Jonathan Glover. Oxford: Oxford University Press, 1995.
——. *The New Religious Intolerance: Overcoming the Politics of Fear in an Anxious Age*. Cambridge, Mass.: Harvard University Press, 2012.
——. "Non-Relative Virtues: An Aristotelian Approach." In *The Quality of Life*, edited by Martha Nussbaum and Amartya Sen. Oxford: Oxford University Press, 1993. 〔ヌスバウム，マーサ、セン，アマルティア、竹友安彦・水谷めぐみ（訳）

Islamic Marriage Contract: Case Studies in Islamic Family Law, edited by Asifa Quraishi and Frank E. Vogel. Cambridge, Mass.: Islamic Legal Studies Program, Harvard Law School, 2008.

Mir-Hosseini, Ziba. "Beyond 'Islam' vs. 'Feminism.'" *IDS Bulletin* 42, no. 1 (2011): 67-77.

——. *Islam and Gender: The Religious Debate in Contemporary Iran*. Princeton Studies in Muslim Politics. Princeton, N. J.: Princeton University Press, 1999.〔ミール＝ホセイニー，ズィーバー、山岸智子・中西久枝（訳）『イスラームとジェンダー――現代イランの宗教論争』明石書店、2004 年。〕

——. "Muslim Women's Quest for Equality: Between Islamic Law and Feminism." *Critical Inquiry* 32, no. 4 (2006): 629-645.

——. "Stretching the Limits: A Feminist Reading of the Shari'a in Post-Khomeini Iran." In *Feminism and Islam: Legal and Literary Perspectives*, edited by Mai Yamani and Andrew Allen. New York: New York University Press, 1996.

——. "Towards Gender Equality, Muslim Family Laws and the Shari'ah." In *Wanted: Equality and Justice in the Muslim Family*, edited by Zainah Anwar. Selangor, Malaysia: Musawah, 2009. musawah.org/background_papers.asp.

Mitchell, Timothy. *Rule of Experts: Egypt, Technopolitics, Modernity*. Berkeley: University of California Press, 2002.

——. "The Stage of Modernity." In *Questions of Modernity*, edited by Timothy Mitchell. Contradictions of Modernity, vol. 11. Minneapolis: University of Minnesota Press, 2000.

——. "Worlds Apart: An Egyptian Village and the International Tourism Industry." *Middle East Report* 196 (September-October 1995): 8-23.

Modirzadeh, Naz K. "Taking Islamic Law Seriously: INGOs and the Battle for Muslim Hearts and Minds." *Harvard Human Rights Journal* 19 (2006): 191-233.

Moghadam, Valentine M. *Globalizing Women: Transnational Feminist Networks*. Themes in Global Social Change. Baltimore, Md.: Johns Hopkins University Press, 2005.

Moghissi, Haideh. *Feminism and Islamic Fundamentalism: The Limits of Postmodern Analysis*. London: Zed Books, 1999.

Mohanty, Chandra Talpade. *Feminism without Borders: Decolonizing Theory, Practicing Solidarity*. Durham, N. C.: Duke University Press, 2003.

Moors, Annelies. "The Affective Power of the Face Veil: Between Disgust and Fascination." In *Things: Material Religion and the Topography of Divine Space*, edited by Birgit Meyer and Dick Houtman. New York: Fordham University Press, 2012.

——. "Submission." *ISIM Review* 15 (2005): 8-9.

Moustafa, Tamir. "Conflict and Cooperation between the State and Religious Institutions in Contemporary Egypt." *International Journal of Middle East Studies* 32, no. 1 (2000): 3-22.

Moyn, Samuel. *The Last Utopia: Human Rights in History*. Cambridge, Mass.: Harvard

Essential Texts in Transnational Theory. New York: Columbia University Press, 20 13.

Lutz, Catherine. Homefront: A Military City and the American Twentieth Century. Boston: Beacon Press, 2001.

MacKinnon, Catharine A. *Are Women Human? And Other International Dialogues*. Cambridge, Mass.: Harvard University Press, 2006.

Macleod, Arlene Elowe. *Accommodating Protest: Working Women, the New Veiling, and Change in Cairo*. New York: Columbia University Press, 1991.

Mahdavi, Pardis. *Passionate Uprisings: Iran's Sexual Revolution*. Stanford, Calif.: Stanford University Press, 2009.

Mahmood, Saba. "Feminism, Democracy, and Empire: Islam and the War of Terror." In *Women's Studies on the Edge*, edited by Joan Wallach Scott. Durham, N. C.: Duke University Press, 2008.

——. "Feminist Theory, Embodiment, and the Docile Agent: Some Reflections on the Egyptian Islamic Revival." *Cultural Anthropology* 16, no. 2 (2001): 202-236.

——. *Politics of Piety: The Islamic Revival and the Feminist Subject*. Princeton, N. J.: Princeton University Press, 2004.

——. "Secularism, Hermeneutics, and Empire: The Politics of Islamic Reformation." *Public Culture* 18, no. 2 (2006): 323-347.

Mahmoud, Shatha. "Princess Basma Calls for End to Violence against Women." UN Women: United Nations Entity for Gender Equality and the Empowerment of Women, 2008. unifem.org.jo/pages/articledetails.aspx?aid=1246.

Mamdani, Mahmood. *Saviors and Survivors: Darfur, Politics, and the War on Terror*. New York: Pantheon Books, 2009.

Mani, Lata. "Contentious Traditioris: The Debate on Sati in Colonial India." *Cultural Critique* 7, The Nature and Context of Minority Discourse II (1987): 119-156.

Marcus, George E. *Ethnography through Thick and Thin*. Princeton, N. J.: Princeton University Press, 1998.

Mauss, Marcel. *Sociology and Psychology: Essays*. London: Routledge, 1979.

Meister, Robert. *After Evil: A Politics of Human Rights*. New York: Columbia University Press, 2011.

Meneley, Anne. *Tournaments of Value: Sociability and Hierarchy in a Yemeni Town*. Toronto: University of Toronto Press, 1996.

Menon, Ritu, and Kamla Bhasin. *Borders and Boundaries: Women in India's Partition*. New Brunswick, N. J.: Rutgers University Press, 1998.

Mermin, Liz. *Beauty Academy of Kabul*. Sma Distribution, 2006.

Merry, Sally Engle. *Human Rights and Gender Violence: Translating International Law into Local Justice*.Chicago Series in Law and Society.Chicago:University of Chicago Press, 2006.

Messick, Brinkley. "Interpreting Tears: A Marriage Case from Imamic Yemen." In *The tion, Corporeality, Colonialism*, edited by Steven Pierce and Anupama Rao. Durham, N. C.: Duke University Press, 2006.

Koğacioğlu, Dicle. "The Tradition Effect: Framing Honor Crimes in Turkey." *Differences: A Journal of Feminist Cultural Studies* 15, no. 2 (2004).

Korteweg, Anna C., and Gökçe Yurdakul. "Religion, Culture and the Politicization of Honour-Related Violence." Paper no. 12, Gender and Development Programme, UN Research Institute for Social Development, October 2010.

Kozma, Liat. "Negotiating Virginity: Narratives of Defloration from Late Nineteenth-Century Egypt." *Comparative Studies of South Asia, Africa and the Middle East* 24, no. 1 (2004): 55-65.

Kristof, Nicholas D. Foreword to *In the Name of Honor: A Memoir* by Mukhtar Mai, translated by Linda Coverdale. New York: Atria Books, 2006.

Kristof, Nicholas D., and Sheryl WuDunn. *Half the Sky: How to Change the World*. London: Virago, 2010. 〔クリストフ, ニコラス・D、ウーダン, シェリル、北村陽子（訳）『ハーフ・ザ・スカイ――彼女たちが世界の希望に変わるまで』英治出版、2010 年。〕

Kwon, Young Hee. "Searching to Death for 'Home': A Filipina Immigrant Bride's Subaltern Rewriting." *NWSA Journal* 17, no. 2 (2005): 69-85.

Lalami, Laila. "The Missionary Position." *Nation*, June 19, 2006. thenation.com/article/missionary-position.

Latour, Bruno. "Circulating Reference: Sampling the Soil in the Amazon Forest." In *Pandora's Hope: Essays on the Reality of Science Studies*. Cambridge, Mass.: Harvard University Press, 1999.

Lavie, Smadar. "Mizrahi Feminism and the Question of Palestine." *Journal of Middle East Women's Studies* 7, no. 2 (2011): 56-88.

Lazreg, Marnia. "Development: Feminist Theory's Cul-de-Sac." In *Feminist Post-Development Thought: Rethinking Modernity, Post-Colonialism and Representation*, edited by Kriemild Saunders. Zed Books on Women and Development. London: Zed, 2002.

——. *The Eloquence of Silence: Algerian Women in Question*. New York: Routledge, 1994.

Lee, Dorothy. *Freedom and Culture*. Prospect Heights, Ill.: Waveland Press, 1987.

Leila, and Marie-Thérèse Cuny. *Married by Force*. Translated by Sue Rose. London: Portrait, 2006.

Levitt, Peggy, and Sally Engle Merry. "Making Women's Human Rights in the Vernacular: Navigating the Culture/Rights Divide." In *Gender and Culture at the Limit of Rights*, edited by Dorothy Hodgson. Philadelphia: University of Pennsylvania Press, 2011.

Library of Congress. "Bill Text, 110th Congress (2007-2008), H. R. 6975. IH." September 18, 2008. thomas.loc.gov/cgi-bin/query/z?c110:H.R.6975:.

Liu, Lydia H., Rebecca E. Karl, and Dorothy Ko, eds. *The Birth of Chinese Feminism:*

Simone. New York: Feminist Press at the City University of New York, 2005.
——. "The Demobilization of the Palestinian Womeri's Movement in Palestine: From Empowered Active Militants to Powerless and Stateless 'Citizens.'" *MIT Electronic Journal of Middle East Studies* 8 (2008): 94-111.
*——. "The Politics of Group Weddings in Palestine: Political and Gender Tensions," *Journal of Middle East Women's Studies* 5, no. 3 (2009): 36-53.
Johnson, Penny. "Violence All Around Us: Dilemmas of Global and Local Agendas Addressing Violence against Palestinian Women, an Initial Intervention." *Cultural Dynamics* 20, no. 2 (2008): 119-131.
Jones, Ann. "Afghan Women Have Already Been Abandoned." *Nation*, August 12, 2010. thenation.com/article/154020/afghan-women-have-already-been-abandoned.
Jordan-Young, Rebecca M. *Brain Storm: The Flaws in the Science of Sex Differences*. Cambridge, Mass.: Harvard University Press, 2010.
Joyce, Kathryn. *Quiverfull: Inside the Christian Patriarchy Movement*. Boston: Beacon Press, 2009.
Jusová, Iveta. "Hirsi Ali and Van Gogh's *Submission*: Reinforcing the Islam vs. Women Binary." *Women's Studies International Forum* 31, no. 2 (2008): 148-155.
Kabbani, Rana. *Europe's Myths of Orient*. Bloomington: Indiana University Press, 1986.
Kandiyoti, Deniz. "The Lures and Perils of Gender Activism in Afghanistan." Presented at the Anthony Hyman Memorial Lecture, School of Oriental and African Studies, University of London, 2009. mrzine.monthlyreview.org/2009/kandiyoti041109p.html.
——. "Old Dilemmas or New Challenges? The Politics of Gender and Reconstruction in Afghanistan." *Development and Change* 38, no. 2 (2007): 169-199.
Kapchan, Deborah. *Gender on the Market*. Philadelphia: University of Pennsylvania Press, 1996.
Kapur, Ratna. "The Tragedy of Victimization Rhetoric: Resurrecting the 'Native' Subject in International/Post-Colonial Feminist Legal Politics." *Harvard Human Rights Law Journal* 1 (2002): 1-38.
Karim, Lamia. *Microfinance and Its Discontents: Women in Debt in Bangladesh*. Minneapolis: University of Minnesota Press, 2011.
Khouri, Norma. *Honor Lost: Love and Death in Modern-Day Jordan*. New York: Atria Books, 2003.
*——. *Forbidden Love*, 2nd ed. New York: Bantam Books, 2004.
Ko, Dorothy. *Cinderella's Sisters: A Revisionist History of Footbinding*. Philip E. Lilienthal Asian Studies Imprint. Berkeley: University of California Press, 2005.〔コウ，ドロシー、小野和子・小野啓子（訳）『纏足の靴——小さな足の文化史』平凡社、2005 年。〕
——. "Footbinding and Anti-Footbinding in China: The Subject of Pain in the Nineteenth and Early Twentieth Centuries." In *Discipline and the Other Body: Correc-*

3 (2007): 711-735.
Hider, James. "Names of Commanders to Be Kept Secret as Gaza Weapons Inquiry Begins." *Times of London: TimesOnline*, January 22, 2009. timesonline.co.uk/tol/news/world/middle_east/article5563082.ece.
Hinton, Carma, and Richard Gordon. *Small Happiness*. Ronin Films, 1984.
Hirschkind, Charles, and Saba Mahmood. "Feminism, the Taliban, and the Politics of Counter-Insurgency." *Anthropological Quarterly* 75, no. 2 (2002): 339-354.
Hirsi Ali, Ayaan. *The Caged Virgin: An Emancipation Proclamation for Women and Islam*. New York: Free Press, 2006.
——. *Infidel*. New York: Free Press, 2007.〔ヒルシ・アリ，アヤーン、矢羽野薫（訳）『もう、服従しない——イスラムに背いて、私は人生を自分の手に取り戻した』エクスナレッジ、2008年。〕
——. *Nomad: From Islam to America; A Personal Journey through the Clash of Civilizations*. New York: Free Press, 2010.
——. *Submission*. Directed by Theo Van Gogh. 2004.
Hochschild, Adam. *King Leopold's Ghost: A Story of Greed, Terror, and Heroism in Colonial Africa*. Boston: Houghton Mifflin, 1998.
Hodgson, Dorothy L. "Introduction: Comparative Perspectives on the Indigenous Rights Movement in Africa and the Americas." *American Anthropologist* 104, no.4 (2002a): 1037-1049.
——. " 'These Are Not Our Priorities': Maasai Women, Human Rights and the Problem of Culture." In *Gender and Culture at the Limit of Rights*, edited by Dorothy L. Hodgson. Philadelphia: University of Pennsylvania Press, 2011.
——. "Women's Rights as Human Rights: Women in Law and Development in Africa (WiLDAF)." *Africa Today* 49, no. 2 (2002b): 3-26.
Honig, Emily, and Gail Hershatter. *Personal Voices: Chinese Women in the 1980's*. Stanford, Calif.: Stanford University Press, 1988.
Hoodfar, Homa. *Between Marriage and the Market: Intimate Politics and Survival in Cairo*. Berkeley: University of California Press, 1997.
Human Rights Watch. *A Question of Security: Violence against Palestinian Women and Girls*. November 11, 2006. unhcr.org/refworld/docid/4565dd724.html.
Husseini, Rana. *Murder in the Name of Honour: The True Story of One Woman's Heroic Fight against an Unbelievable Crime*. Oxford: Oneworld, 2009.
Hyneman, Esther. "Staying Honest about Afghanistan." *HuffpostWorld*, September 20, 2010. huffingtonpost.com/esther-hyneman/staying-honest-about-afgh_b_732185.html.
Jackson, Michael. *Existential Anthropology: Events, Exigencies and Effects*. Methodology and History in Anthropology. New York: Berghahn Books, 2005.
Jad, Islah. "Between Religion and Secularism: Islamist Women of Hamas." In *On Shifting Ground: Muslim Women in the Global Era*, edited by Fereshteh Nouraie-

Guénif-Souilamas, Nacira. "The Other French Exception: Virtuous Racism and the War of the Sexes in Postcolonial France." *French Politics, Culture & Society* 24, no. 3 (2006): 23-41.

Hafez, Sherine. *An Islam of Her Own: Reconsidering Religion and Secularism in Women's Islamic Movements*. New York: New York University Press, 2011.

Halley, Janet, Prabha Kotiswaran, Hila Shamir, and Chantal Thomas. "From the International to the Local in Feminist Legal Responses to Rape, Prostitution/Sex Work, and Sex Trafficking: Four Studies in Contemporary Governance Feminism." *Harvard Journal of Law & Gender* 29 (2006): 335-509.

Halttunen, Karen. "Humanitarianism and the Pornography of Pain in Anglo-American Culture." *American Historical Review* 100, no. 2 (1995): 303-334.

* Hamel,Christelle "Fewer Forced Marriages among Immigrant Women and Daughters of Immigrants." *Population and Societies* 479 (2011): 1-4.

Hanafi, Sari, and Linda Tabar. *The Emergence of a Palestinian Globalized Elite: Donors, International Organizations and Local NGOs*. Ramallah, Palestine: Institute of Jerusalem Studies; Muwatin, Palestinian Institute for the Study of Democracy, 2005.

Hasso, Frances Susan. *Consuming Desires: Family Crisis and the State in the Middle East*. Stanford, Calif.: Stanford University Press, 2011.

——. "Empowering Governmentalities rather than Women: The Arab Human Development Report 2005 and Western Development Logics." *International Journal of Middle East Studies* 41, no. 1 (2009): 63-82.

Hastrup, Kirsten. "Violence, Suffering and Human Rights: Anthropological Reflections." *Anthropological Theory* 3, no. 3 (2003): 309-323.

Hatem, Mervat F. "Economic and Political Liberation in Egypt and the Demise of State Feminism." *International Journal of Middle East Studies* 24, no.2 (1992): 231-251.

——. "In the Eye of the Storm: Islamic Societies and Muslim Women in Globalization Discourses." *Comparative Studies of South Asia, Africa and the Middle East* 26, no. 1 (2006): 22-35.

Hershatter, Gail. *The Gender of Memory: Rural Women and China's Collective Past*. Berkeley: University of California Press, 2011.

Hesford, Wendy S. *Spectacular Rhetorics: Human Rights Visions, Recognitions, Feminisms*. Durham, N. C.: Duke University Press, 2011.

Hicks, Rosemary R. "Creating an 'Abrahamic America' and Moderating Islam: Cold War Political Economy and Cosmopolitan Sufis in New York after 2001." Ph. D. diss., Columbia University, New York, 2010.

——. "Translating Culture, Transcending Difference? Cosmopolitan Consciousness and Sufi Sensibilities in New York City after 2001." *Journal of Islamic Law and Culture* 10, no. 3 (2008): 281-306.

Hicks, Rosemary R., and Jodi Eichler-Levine. " 'As Americans against Genocide': The Crisis in Darfur and Interreligious Political Activism." *American Quarterly* 59, no.

Power in Lesotho. Minneapolis: University of Minnesota Press, 1994.
Ferguson, James, and Akhil Gupta. "Spatializing States: Toward an Ethnography of Neoliberal Governmentality." *American Ethnologist* 29, no. 4 (2002): 98-110.
Fernando, Mayanthi. "Reconfiguring Freedom: Muslim Piety and the Limits of Secular Law and Public Discourse in France." *American Ethnologist* 37, no. 1 (2010): 19.
Fernea, Elizabeth Warnock. *Guests of the Sheik: An Ethnography of an Iraqi Village*. 3rd ed. New York: Anchor Books, 1995.
Fleischmann, Ellen. "'Our Moslem Sisters': Women of Greater Syria in the Eyes of American Protestant Missionary Women." *Islam and Christian-Muslim Relations* 9, no. 3 (1998): 307-323.
Franklin, Sarah, and Susan McKinnon, eds. *Relative Values: Reconfiguring Kinship Study*. Durham, N. C.: Duke University Press, 2001.
Fremson, Ruth. "Allure Must Be Covered: Individuality Peeks Through." *New York Times*, November 4, 2011.
Geertz, Clifford. *The Interpretation of Cultures: Selected Essays*. New York: Basic Books, 1973.〔ギアーツ，クリフォード、吉田禎吾・柳川啓一・中牧弘允・板橋作美（訳）『文化の解釈学（1・2）』（岩波現代選書）岩波書店、1987年。〕
Ghorashi, Halleh. "Ayaan Hirsi Ali: Daring or Dogmatic? Debates on Multiculturalism and Emancipation in the Netherlands." In *Multiple Identifications and the Self*, edited by Henk Driessen and Toon van Meijl. Utrecht, Netherlands: Stichting Focaal, 2003.
＊Gill, Aisha, Karl Roberts, and Carolyn Strange. For the "Shop Honour" campaign and tote bag offer, theahafoundation. org/getinvolved/honour/shop-honour/
Gilligan, Carol. *In a Different Voice*. Cambridge, Mass.: Harvard University Press, 1993 (1982).〔ギリガン，キャロル、岩男寿美子（監訳）、生田久美子・並木美智子（共訳）『もうひとつの声――男女の道徳観のちがいと女性のアイデンティティ』川島書店、1986年。〕
Global Rights. *Conditions, Not Conflict: Promoting Women's Human Rights in the Maghreb through Strategic Use of the Marriage Contract*. Rabat, Morocco: Global Rights, 2008.
Goldenberg, Suzanne. "The Woman Who Stood Up to the Taliban." *Guardian*, January 23, 2002. guardian. co. uk/world/2002/jan/24/gender. uk1.
Goodale, Mark. "Introduction to 'Anthropology and Human Rights in a New Key.'" *American Anthropologist* 108, no. 1 (2006): 1-8.
Grewal, Inderpal. "On the New Global Feminism and the Family of Nations: Dilemmas of Transnational Feminist Practice." In *Talking Visions: Multicultural Feminism in a Transnational Age*, edited by Ella Shohat. Documentary Sources in Contemporary Art. Cambridge, Mass.: MIT Press, 1998.
——. "'Women's Rights as Human Rights': The Transnational Production of Global Feminist Subjects." In *Transnational America: Feminisms, Diasporas, Neoliberalisms*. Durham, N. C.: Duke University Press, 2005.

明化の過程（下）』（叢書・ウニベルシタス）法政大学出版局、改装版、2010年（1978年）。〕
El-Kholy, Heba Aziz. *Defiance and Compliance: Negotiating Gender in Low-Income Cairo.* New Directions in Anthropology. New York: Berghahn Books, 2002.
El Mahdi, Rabab. "Does Political Islam Impede Gender-Based Mobilization? The Case of Egypt." *Totalitarian Movements and Political Religions* 11, no.3 (2010): 379-396.
El Sadda, Hoda, 'Imad Abu Ghazi, and Jabir 'Usfur. *Significant Moments in the History of Egyptian Women.* Cairo, Egypt: National Council for Women, Committee for Culture and Media, 2001.
El Tahawy, Mona. "Why Do They Hate Us? The Real War on Women is in the Middle East." *Foreign Policy,* Sex Issue, May/June 2013. foreignpolicy.com/articles/2012/04/23/why_do_they_hate_us.
Englund, Harri. *Prisoners of Freedom: Human Rights and the African Poor.* California Series in Public Anthropology. Berkeley: University of California Press, 2006.
Enloe, Cynthia H. *Bananas, Beaches and Bases: Making Feminist Sense of International Politics.* Berkeley: University of California Press, 1990.
——. *The Curious Feminist.* Berkeley: University of California Press, 2004.
——. *Globalization and Militarism.* New York: Rowman and Littlefield, 2007.
——. *The Morning After: Sexual Politics at the End of the Cold War.* Berkeley: University of California Press, 1993.〔エンロー，シンシア、池田悦子（訳）『戦争の翌朝――ポスト冷戦時代をジェンダーで読む』緑風出版、1999年。〕
Erlanger, Steven. "At Bonn Talks, 3 Women Push Women's Cause." *New York Times,* November 30, 2001.
Ewing, Katherine Pratt. *Stolen Honor: Stigmatizing Muslim Men in Berlin.* Stanford, Calif.: Stanford University Press, 2008.
Fahmy, Khaled. "Women, Medicine, and Power in Nineteenth Century Egypt." In *Remaking Women: Feminism and Modernity in the Middle East,* edited by Lila Abu-Lughod. Princeton Studies in Culture/Power/History. Princeton, N. J.: Princeton University Press, 1998.
Fakhraie, Fatemeh. "Just... Ugh." Muslimah Media Watch, 2011. http://muslimahmediawatch.org/2011/04/just-ugh/.
Farrell, Amy, and Patrice McDermott. "Claiming Afghan Women: The Challenge of Human Rights Discourse for Transnational Feminism." In *Just Advocacy?* Women's Human Rights, Transnational Feminisms, and the Politics of Representation, edited by Wendy S.Hesford and Wendy Kozol. New Brunswick, N.J.: Rutgers University Press, 2005.
Fassin, Didier. "Compassion and Repression: The Moral Economy of Immigration Policies in France." *Cultural Anthropology* 20, no. 3 (2005): 362-387.
——. *Humanitarian Reason.* Berkeley: University of California Press, 2012.
Ferguson, James. *The Anti-Politics Machine: Development, Depoliticization, and Bureaucratic*

Crowe, Derrick. "*Time*'s Epic Distortion of the Plight of Women in Afghanistan." myFDL (FireDogLake), 2010. my.firedoglake.com/derrickcrowe/2010/08/02/time's-epic-distortion-of-the-plight-of-women-in-afghanistan/.

Dabashi, Hamid. "Native Informers and the Making of the American Empire." *Al-Ahram Weekly Online*, June 1-7, 2006. weekly.ahram.org.eg/2006/797/special.htm.

Daniel, E. Valentine. *Fluid Signs: Being a Person the Tamil Way*. Berkeley: University of California Press, 1984.

Das, Veena. "National Honor and Practical Kinship: Unwanted Women and Children." In *Conceiving the New World Order: The Global Politics of Reproduction*, edited by Faye D. Ginsburg and Rayna R. Rapp. Berkeley: University of California Press, 1995.

Davin, Delia. "Women in the Countryside of China." In *Women in Chinese Society*, edited by Margery Wolf and Roxane Witke. Stanford, Calif.: Stanford University Press, 1975.

Dean, Carolyn J. "Empathy, Pornography, and Suffering." *Differences: A Journal of Feminist Cultural Studies* 14, no. 1 (2003): 88-124.

——. *The Fragility of Empathy after the Holocaust*. Ithaca, N. Y.: Cornell University Press, 2004.

Deeb, Lara. *An Enchanted Modern: Gender and Public Piety in Shi'i Lebanon*. Princeton Studies in Muslim Politics. Princeton, N. J.: Princeton University Press, 2006.

Deeb, Lara, and Mona Harb. *Leisurely Islam*. Princeton, N. J.: Princeton University Press, 2013.

——. "Sanctioned Pleasures: Youth, Piety and Leisure in Beirut." *Middle East Report* 245 (2007): 12-19.

De Koning, Anouk. *Global Dreams: Class, Gender, and Public Space in Cosmopolitan Cairo*. Cairo, Egypt: American University in Cairo Press, 2009.

De Leeuw, Marc, and Sonja van Wichelen. "Please, Go Wake Up! *Submission*, Hirsi Ali, and the 'War on Terror' in the Netherlands." *Feminist Media Studies* 5, no. 3 (2005): 325-340.

Dusenbery, Maya. "Agency Is Easily Overlooked if You Actively Erase It." Feministing, 2011. feministing.com/2011/04/14/agency-is-easily-overlooked-if-you-actively-erase-it/.

Eickelman, Christine. *Women and Community in Oman*. New York: New York University Press, 1984.

Elass, Rasha. "Conference Told of Plan for Female Muftis." *National*, July 20, 2009. thenational.ae/news/uae-news/conference-told-of-plan-for-female-muftis.

El Guindi, Fadwa. *Veil: Modesty, Privacy, and Resistance*. Oxford: Berg, 1999.

Elias, Norbert. *The Civilizing Process*. Mole Editions. New York: Urizen Books, 1978. 〔エリアス，ノルベルト、赤井慧爾・中村元保・吉田正勝（訳）『文明化の過程（上）』（叢書・ウニベルシタス）法政大学出版局、改装版、2010年（1978年）。——、波田節夫・溝辺敬一・羽田洋・藤平浩之（訳）『文

Princeton University Press, 2006.〔ブラウン，ウェンディ、向山恭一（訳）『寛容の帝国——現代リベラリズム批判』（サピエンティア）法政大学出版局、2010 年。〕
Bunch, Charlotte. "Women's Rights as Human Rights: Toward a Re-Vision of Human Rights." *Human Rights Quarterly* 12, no. 4 (1990): 486-498.〔バンチ，シャーロット（1997）「人権としての女性の権利——人権概念の見直しに向けての実践的アプローチ」（特集 女性の人権——守ることから創ることへ）アジア女性資料センター編『女たちの 21 世紀』第 12 号、pp. 75-80.〕
Burton, Antoinette. "The White Woman's Burden." In *Western Women and Imperialism*, edited by Nupur Chaudhuri and Margaret Strobel. Bloomington: Indiana University Press, 1992.
Bush, Laura. "Radio Address by Mrs. Bush." *The American Presidency Project*, November 17, 2001. presidency.ucsb.edu/ws/index.php?pid=24992#axzz1Zh0bpVSX.
Butalia, Urvashi. *The Other Side of Silence: Voices from the Partition of India*. Durham, N. C.: Duke University Press, 2000.
Butler, Judith. "Sexual Consent: Some Thoughts on Psychoanalysis and Law." *Columbia Journal of Gender and the Law* 21, no. 2 (2011): 405-429.
Carapico, Sheila. "NGOs, INGOs, GO-NGOs and DO-NGOs: Making Sense of Non-Governmental Organizations." *Middle East Report* 214 (2000): 12-15.
Chakrabarty, Dipesh. *Provincializing Europe: Postcolonial Thought and Historical Difference*. Princeton Studies in Culture/Power/History. Princeton, N. J.: Princeton University Press, 2000.
Chih, Rachida. "The Khalwatiyya Brotherhood in Rural Upper Egypt and in Cairo." In *Upper Egypt: Identity and Change*, edited by Nicholas Hopkins and Reem Saad. Cairo, Egypt: American University in Cairo Press, 2004.
Chowdhury, Elora Halim. *Transnationalism Reversed: Women Organizing against Gendered Violence in Bangladesh*. SUNY Series, Praxis: Theory in Action. Albany: State University of New York Press, 2011.
Chowdhury, Elora Halim, Leila Farsakh, and Rajini Srikanth. "Introduction-Engaging Islam." *International Feminist Journal of Politics* 10, no. 4 (2008): 439-454.
Commission of the European Communities (CEC). *Implementation of the European Neighbourhood Policy in 2008: Progress Report Egypt*. Cairo, Egypt: CEC, 2009. ec.europa.eu/world/enp/pdf/progress2009/sec09_523_en.pdf.
Convention on the Elimination of All Forms of Discrimination against Women. "General Recommendations Made by the Committee on the Elimination of Discrimination against Women." Division for the Advancement of Women, Department of Economic and Social Affairs, 2009. un.org/womenwatch/daw/cedaw/recommendations/recomm.htm.
Cooke, Miriam. "The Muslimwoman." *Contemporary Islam* 1, no. 2 (2007): 139-154.
Cordoba Initiative. 2010. cordobainitiative.org/.

——. *Feminists, Islam, and Nation: Gender and the Making of Modern Egypt.* Princeton, N. J.: Princeton University Press, 1995.

Bahramitash, Roksana. "The War on Terror, Feminist Orientalism and Orientalist Feminism: Case Studies of Two North American Bestsellers." *Critique: Critical Middle Eastern Studies* 14, no. 2 (2005): 221-235.

Baker, Aryn. "Afghan Women and the Return of the Taliban." *Time*, August 9, 2010. time. com/time/world/article/0,8599,2007238-4,00. html.

Barlas, Asma. "Globalizing Equality: Muslim Women, Theology, and Feminism." In *On Shifting Ground:Muslim Women in the Global Era*,edited by Fereshteh Nouraie-Simone. New York: Feminist Press at the City University of New York, 2005.

Baron, Beth. *Egypt as a Woman: Nationalism, Gender, and Politics*. Berkeley: University of California Press, 2005.

Barthes, Roland. "The Great Family of Man." In *Mythologies*, translated by Annette Lavers. New York: Hill and Wang, 1972 [1957].〔バルト, ロラン、篠沢秀夫（訳）『神話作用』現代思潮社、1967 年。〕

Basarudin, Azza. "Musawah Movement: Seeking Equality and Justice in Muslim Family Law." *CSW Update Newsletter, UCLA*, March 1, 2009. repositories. cdlib. org/csw/newsletter/Mar09_Basarudin.

Bernstein, Elizabeth. "Militarized Humanitarianism Meets Carceral Feminism: The Politics of Sex, Rights, and Freedom in Contemporary Antitrafficking Campaigns." *Signs* 36, no. 1 (2010): 45-71.

Bernstein, Jay M. "Bare Life, Bearing Witness: Auschwitz and the Pornography of Horror." *Parallax* 10, no. 1 (2004): 2-16.

Bibars, Iman. *Victims and Heroines: Women, Welfare and the Egyptian State*. London: Zed, 2001.

Bieber, Jodi. "Jodi Bieber Speaking about Her Bibi Aisha Photograph." Audio clip, n. d. audioboo. fm/boos/350494-jodi-bieber-speaking-about-her-bibi-aisha-photograph.

Bier, Laura. *Revolutionary Womanhood: Feminisms, Modernity, and the State in Nasser's Egypt*. Stanford, Calif.: Stanford University Press, 2011.

Booth, Marilyn. *May Her Likes Be Multiplied: Biography and Gender Politics in Egypt*. Berkeley: University of California Press, 2001.

Brenner, Suzanne April. "Reconstructing Self and Society: Javanese Muslim Women and 'the Veil'" *American Ethnologist* 23, no. 4 (1996): 673-697.

Brown, Christopher Leslie. *Moral Capital: Foundations of British Abolitionism*. Chapel Hill: University of North Carolina Press, 2006.

Brown, Wendy. "Civilizational Delusions: Secularism, Tolerance, Equality." *Theory and Event* 15, no. 2 (2012).

——. "'The Most We Can Hope For...': Human Rights and the Politics of Fatalism." *South Atlantic Quarterly* 103, nos. 2-3 (2004): 451-463.

——. *Regulating Aversion: Tolerance in the Age of Identity and Empire*. Princeton, N. J.:

——. "Disgraced: Forced to Marry a Stranger, Betrayed by My Own Family, Sold My Body to Survive, This Is My Story: Amazon.co.uk: Saira Ahmed and Andrew Crofts: Books." 2011. amazon.co.uk/Disgraced-Forced-Stranger-Betrayed-Survive/dp/0755318188/ref=sr_1_1? ie=UTF8&qid=1322254584&sr=8-1.

Amnesty International. *Culture of Discrimination: A Fact Sheet on "Honor" Killings.* New York: Amnesty International, 2005.

——. *Israeli Army Used Flechettes against Civilians.* New York: Amnesty International, 2009. amnesty.org/en/news-and-updates/news/israeli-used-flechettes-against-gaza-civilians-20090127.

Angelou, Maya. *The Complete Collected Poems of Maya Angelou.* New York: Random House, 1994.〔アンジェロウ，マヤ、矢島翠（訳）『歌え、飛べない鳥たちよ——マヤ・アンジェロウ自伝』立風書房、1998 年。〕

——. *I Know Why the Caged Bird Sings.* New York: Bantam Books, 1993.

Anwar, Zainah. "Introduction: Why Equality and Justice Now?" In *Wanted: Equality and Justice in the Muslim Family*, edited by Zainah Anwar. Selangor, Malaysia: Musawah, 2009. musawah.org/sites/default/files/Wanted-EN-intro.pdf.

——. "Sisters in Islam and the Struggle for Women's Rights." In *On Shifting Ground: Muslim Women in the Global Era*, edited by Fereshteh Nouraie-Simone. New York: Feminist Press at the City University of New York, 2005.

Appadurai, Arjun. "Putting Hierarchy in Its Place." *Cultural Anthropology* 3, no. 1 (1988a): 36-49.

——, ed. *The Social Life of Things: Commodities in Cultural Perspective.* Cambridge: Cambridge University Press, 1988b.

Appiah, Anthony. *The Honor Code: How Moral Revolutions Happen.* New York: W. W. Norton, 2010.

Asad, Talal. "Redeeming the 'Human' through Human Rights." In *Formations of the Secular: Christianity, Islam, Modernity.* Cultural Memory in the Present. Stanford, Calif.: Stanford University Press, 2003.〔アサド，タラル、中村圭志（訳）『世俗の形成——キリスト教、イスラム、近代』みすず書房、2006 年。〕

Asad, Talal, Wendy Brown, Judith Butler, and Saba Mahmood. *Is Critique Secular? Blasphemy, Injury, and Free Speech.* Berkeley: University of California Press, 2009.

Ashoka. "Iman Bibars and Sakeena Yacoobi on Al Jazeera." Ashoka: Innovators for the Public, 2008. ashoka.org/video/5007.

Association for the Development and Enhancement of Women. "History of ADEW" 2008. adew.org/en/?action=10000&sub=1.

Aweidah, Sama. "A Glimpse into the Women's Stories." In *Women, Armed Conflict and Loss: The Mental Health of Palestinian Women in the Occupied Territories*, edited by Khawla Abu Baker. Jerusalem: Women's Studies Centre, 2004.

Badran, Margot. *Feminism in Islam: Secular and Religious Convergences.* Oxford: Oneworld, 2009.

Ahmad, Dohra. "Not Yet beyond the Veil: Muslim Women in American Popular Literature." *Social Text* 27, no. 99 (2009): 105-131.

Ahmed, Leila. *A Quiet Revolution: The Veil's Resurgence, from the Middle East to America.* New Haven, Conn.: Yale University Press, 2011.

——. *Women and Gender in Islam: Historical Roots of a Modern Debate.* New Haven, Conn.: Yale University Press, 1992.〔アハメド, ライラ、林正雄・岡真理・本合陽・熊谷繁子・森野和弥（訳）『イスラームにおける女性とジェンダー——近代論争の歴史的根源』（叢書・ウニベルシタス）法政大学出版局、2000 年。〕

Al-Ali, Nadje Sadig. *Iraqi Women: Untold Stories from 1948 to the Present.* London: Zed Books, 2007.

——. *Secularism, Gender, and the State in the Middle East: The Egyptian Women's Movement.* Cambridge Middle East Studies. Cambridge: Cambridge University Press, 2000.

Al-Ali, Nadje Sadig, and Nicola Pratt. *What Kind of Liberation? Women and the Occupation of Iraq.* Berkeley: University of California Press, 2009.

Alexander, Michelle. *The New Jim Crow: Mass Incarceration in the Age of Color-Blindness.* New York: New Press, 2010.

al-Hibri, Azizah. "Deconstructing Patriarchal Jurisprudence in Islamic Law: A Faithful Approach." In *Global Critical Race Feminism: An International Reader*, edited by Adrien Katherine Wing. Critical America. New York: New York University Press, 2000a.

——. "Muslim Women's Rights in the Global Village: Challenges and Opportunities." *Journal of Law and Religion* 15, nos. 1-2 (2000b): 37-66.

Ali, Miriam, and Jana Wain. *Without Mercy: A Woman's Struggle against Modern Slavery.* London: Warner, 1995.

Ali, Nujood, and Delphine Minoui. *I Am Nujood, Age 10 and Divorced.* New York: Crown, 2010.

Allen, Lori. "Martyr Bodies in the Media: Human Rights, Aesthetics, and the Politics of Immediation in the Palestinian Intifada." *American Ethnologist* 36, no. 1 (2009): 161.

Alloula, Malek. *The Colonial Harem.* Minneapolis: University of Minnesota Press, 1986.

al-Sayyid, Ridwan. "The Question of Human Rights in Contemporary Islamic Thought." In *Human Rights in Arab Thought: A Reader*, edited by Salma Khadra Jayyusi. London: I. B. Tauris, 2009.

Altorki, Soraya. *Women in Saudi Arabia: Ideology and Behavior among the Elite.* New York: Columbia University Press, 1986.

Amazon.co.uk. "Belonging: Amazon.co.uk: Sameem Ali: Books." 2011. amazon.co.uk/Belonging-Sameem-Ali/dp/071956462X/ref=sr_1_1? s=books&ie=UTF8&qid=1322254797&sr=1-1.

Press, 2011a.
——. "Living the 'Revolution' in an Egyptian Village: Moral Action in a National Space." *American Ethnologist* 39, no. 1 (2012): 16-20.
——. " 'Orientalism' and Middle East Feminist Studies." *Feminist Studies* 27, no. 1 (2001): 101-113.
——, ed. *Remaking Women: Feminism and Modernity in the Middle East.* Princeton Studies in Culture/Power/History. Princeton, N. J.: Princeton University Press, 1998.〔アブー＝ルゴド，ライラ（編著）、後藤絵美・竹村和朗・千代崎未央・鳥山純子・宮原麻子（訳）『「女性をつくりかえる」という思想——中東におけるフェミニズムと近代性』（明石ライブラリー 132）明石書店、2009 年。〕
——. "The Romance of Resistance: Tracing Transformations of Power through Bedouin Women." *American Ethnologist* 17, no. 1 (1990a): 41-55.
——. "Seductions of the 'Honor Crime'." *Differences: A Journal of Feminist Cultural Studies* 22, no. 1 (2011b): 17-63.
——. "Shifting Politics in Bedouin Love Poetry." In *Language and the Politics of Emotion*, edited by Catherine Lutz and Lila Abu-Lughod. New York: Cambridge University Press, 1990b.
——. *Veiled Sentiments: Honor and Poetry in a Bedouin Society.* Berkeley: University of California Press, 1986.
——. *Writing Women's Worlds: Bedouin Stories.* Berkeley: University of California Press, 1993. 15th anniv. ed., 2008.
*——. "Do Muslim Women Really Need Saving? Anthropological Reflections on Cultural Relativism and Its Others," *American Anthropologist* 104, no. 3 (2002): 783-790.
Abu-Lughod, Lila, and Rabab El-Mahdi. "Beyond the 'Woman Question' in the Egyptian Revolution." *Feminist Studies* 37, no. 3 (2011): 683-691.
Abu-Odeh, Lama. "Crimes of Honour and the Construction of Gender in Arab Societies." In *Feminism and Islam: Legal and Literary Perspectives*, edited by Mai Yamani and Andrew Allen. New York: New York University Press, 1996.
Adely, Fida J. "Educating Women for Development: The Arab Human Development Report 2005 and the Problem with Women's Choices." *International Journal of Middle East Studies* 41 (2009): 105-122.
——. *Gendered Paradoxes: Educating Jordanian Women in Nation, Faith, and Progress.* Chicago: University of Chicago Press, 2012.
Afshar, Haleh. *Islam and Feminisms: An Iranian Case-Study.* New York: St. Martin's Press, 1998.
Agnes, Flavia. "Interrogating 'Consent' and 'Agency' across the Complex Terrain of Family Laws in India." *Social Difference Online* 1 (2011): 1-16.
Agostín, Laura A. "The Soft Side of Imperialism." *Counterpunch*, January 25, 2012. counterpunch. org/2012/01/25/the-soft-side-of-imperialism/.

参考文献

行頭に＊印のあるものは原注に記載のある文献を訳者が追加したものである。日本語訳のあるものは末尾に補った。URL で示されたウェブページが現在存在しないものもそのまま記載した。（訳者）

Abaza, Mona. *Changing Consumer Cultures of Modern Egypt: Cairo's Urban Reshaping.* Social, Economic, and Political Studies of the Middle East and Asia. Leiden, Netherlands: Brill, 2006.

'Abd al-Salam, Siham. *Al-munazzamat al-ahliyya al-saghira al-'amila fi majal al-mar'a* [Small civil society organizations working on women's issues]. Cairo, Egypt: Dar al-'ayn li al-nashr, 2005.

Abdelrahman, Maha M. *Civil Society Exposed: The Politics of NGOs in Egypt.* Library of Modern Middle East Studies. London: I. B. Tauris, 2004.

——. "The Nationalisation of the Human Rights Debate in Egypt." *Nations and Nationalism* 13, no. 2 (2007): 285-300.

Abdo, Nahla. *Women in Israel: Race, Gender and Citizenship*. London: Zed Books, 2011.

Abu El-Haj, Nadia. *The Genealogical Science*. Chicago: University of Chicago Press, 2012.

Abu-Lughod, Lila. "The Active Social Life of 'Muslim Women's Rights': A Plea for Ethnography, Not Polemic, with Cases from Egypt and Palestine." *Journal of Middle East Women's Studies* 6, no. 1 (2010a): 1-45.

——. "Against Universals: The Dialects of (Women's) Human Rights and Human Capabilities." In *Rethinking the Human*, edited by J. Michelle Molina, Donald K. Swearer, and Susan Lloyd McGarry. Cambridge, Mass.: Center for the Study of World Religions, Harvard Divinity School, Harvard University Press, 2010b.

——. "The Debate about Gender, Religion and Rights: Thoughts of a Middle East Anthropologist." *PMLA* 121, no. 5 (2006): 1621-1630.

——. "Dialects of Women's Empowerment: The International Circuitry of the Arab Human Development Report." *International Journal of Middle East Studies* 41, no. 1 (2009): 83-103.

——. *Dramas of Nationhood: The Politics of Television in Egypt.* Lewis Henry Morgan Lectures, 2001. Chicago: University of Chicago Press, 2005.

——. "In Every Village a Tahrir: Rural Youth in Moral Revolution." In *Public Space and Revolt: Tahrir Square 2011*, edited by Elena Tzelepis and Sherene Seikely. Cairo, Egypt: American University in Cairo Press, forthcoming.

——. "A Kind of Kinship." In *Being There: Learning to Live Cross-Culturally*, edited by Sarah H. Davis and Melvin Konner. Cambridge, Mass.: Harvard University

著書・論文・紙誌名

や　行

ら　行

わ　行

ま　行

な　行

は　行

た　行

さ　行

か　行

索　引

本文と原注から拾ったが、原注におけるローマ字表記人名（参考文献リスト参照指示の人名）は拾っていない。原注の範囲は257ページから300ページまでである。非常に多く記されている語句も拾っていない。例）フェミニズム　エジプト　名誉　ムスリム女性の権利

事項・人名

略　号

あ　行

著者紹介

Lila Abu-Lughod（ライラ・アブー＝ルゴド）　主にエジプトを専門とするアメリカの人類学者、ジェンダー学者。コロンビア大学人類学部教授。ハーヴァード大学より博士号取得。研究テーマは、文化様式と権力、知と表象の政治、ジェンダーの多様性と中東における女性の権利。主な著書に *Veiled Sentiments: Honor and Poetry in a Bedouin Society*（1986/2000）, *Writing Women's Worlds: Bedouin Stories*（1993/2008）, *Remaking Women: Feminism and Modernity in the Middle East*（ed., 1998）〔『「女性をつくりかえる」という思想』、明石書店、2009年〕, *Dramas of Nationhood: The Politics of Television in Egypt*（2005）など。

訳者紹介（五十音順）

鳥山純子（とりやま・じゅんこ）　お茶の水女子大学人間文化研究科博士後期課程修了。博士（学術）。立命館大学国際関係学部准教授。専門はジェンダー学、文化人類学。研究テーマは、現代エジプト都市部の女性の自己成型、中東における格差と教育。主な著書に『イスラームってなに？ シリーズ2イスラームのくらし』（かもがわ出版、2017年）、『不妊治療の時代の中東――家族をつくる、家族を生きる』（共著、アジア経済研究所、2017年）、『世界史のなかの女性たち』（共著、勉誠出版、2015年）など。

嶺崎寛子（みねさき・ひろこ）　お茶の水女子大学人間文化研究科博士後期課程修了。博士（学術）。愛知教育大学教育学部准教授。専門はジェンダー学、文化人類学。研究テーマは、エジプトにおけるイスラームとジェンダー、ムスリム移民。主な著書に『イスラーム復興とジェンダー――現代エジプト社会を生きる女性たち』（昭和堂、2015年、第10回女性史学賞、第43回澁澤賞）、『宗教とジェンダーのポリティクス――フェミニスト人類学のまなざし』（共著、昭和堂、2016年）、*Women, Leadership and Mosques: Changes in Contemporary Islamic Authority*（共著、Leiden: Brill, 2012）など。

ムスリム女性に救援は必要か

刊　行　2018年9月©
著　者　ライラ・アブー＝ルゴド
訳　者　鳥山純子・嶺崎寛子
刊行者　清藤 洋
刊行所　書肆心水

135-0016 東京都江東区東陽 6-2-27-1308
www.shoshi-shinsui.com
電話 03-6677-0101

ISBN978-4-906917-83-9 C0036

増補新版　イスラームの構造　タウヒード・シャリーア・ウンマ　黒田壽郎著　四六上製　三八四頁　本体三六〇〇円＋税

イスラーム法理論の歴史　スンニー派法学入門　W・B・ハッラーク著　A5上製　四三二頁　本体六六〇〇円＋税

現代イスラーム哲学　ムハンマド・アッ＝タバータバーイー著　A5上製　二七二頁　本体五五〇〇円＋税

イスラーム概説　ムハンマド・ハミードッ＝ラー著　四六並製　四四八頁　本体二八〇〇円＋税

イラク戦争への百年　中東民主化の条件とは何か　黒田壽郎編　四六上製　三二〇頁　本体二八〇〇円＋税

イラン・イスラーム体制とは何か　革命・戦争・改革の歴史から　吉村慎太郎著　四六上製　三八四頁　本体三八〇〇円＋税

雄弁の道　アリー説教集　アリー・イブン・アビー・ターリブ著　A5上製　二八八頁　本体三三〇〇円＋税

格差と文明　イスラーム・仏教・現代の危機　黒田壽郎著　四六上製　二八八頁　本体三三〇〇円＋税

中国回教史論叢　金吉堂・傅統先著　A5上製　三五二頁　本体六九〇〇円＋税

文語訳　古　蘭（コーラン）　大川周明訳・註釈　上下二分冊　A5上製　三五二頁　各本体五二〇〇円＋税

マホメット伝　大川周明著　四六上製　三八四頁　本体四七〇〇円＋税

安楽の門（大活字愛蔵版）　大川周明著　A5上製　二八八頁　本体五四〇〇円＋税

カリフ制再興　未完のプロジェクト、その歴史・理念・未来　中田考著　四六並製　二五六頁　本体一八〇〇円＋税